सौन्दर्यशास्त्र के प्रश्न

सौन्दर्यशास्त्र के प्रश्न

अजय तिवारी

वाणी प्रकाशन

वाणी प्रकाशन

4695, 21-ए, दरियागंज, नयी दिल्ली 110 002

शाखा

अशोक राजपथ, पटना 800 004

फ़ोन : +91 11 23273167 फ़ैक्स : +91 11 23275710

www.vaniprakashan.in
vaniprakashan@gmail.com

SOUNDARYASHASTRA KE PRASHN
by Ajay Tiwari

ISBN : 978-93-5229-026-0
Criticism

प्रथम संस्करण

मूल्य : ₹ 300

हर्ष प्रिंटर्स, दिल्ली-110 093 में मुद्रित

वाणी प्रकाशन का लोगो मक़बूल फ़िदा हुसेन की कूची से

भूमिका

यह पुस्तक अनेक मित्रों के आग्रह का परिणाम है। मेरी पुस्तक 'प्रगतिशील कविता के सौन्दर्य-मूल्य' 1984 में प्रकाशित हुई थी। उसके बाद अनेक विश्वविद्यालयों के पाठ्यक्रम में सौन्दर्यशास्त्र शामिल हुआ है। विद्यार्थियों को कोई प्रामाणिक सामग्री नहीं मिलती। मुक्तिबोध की प्रसिद्ध पुस्तक है—'नयी कविता का सौन्दर्यशास्त्र तथा अन्य निबन्ध'। वह नयी कविता की समस्याओं और बहसों पर केन्द्रित है। 'आस्था और सौन्दर्य' में रामविलास शर्मा के कुछ निबन्ध हैं। वे बेहद अच्छे हैं किन्तु विद्यार्थियों की दृष्टि से अपर्याप्त हैं। दूसरी पुस्तकें या तो अपठनीय हैं या स्तरहीन। इन बातों को देखते हुए मेरे कई मित्र लगातार दबाव डालते थे कि सौन्दर्य-विषयक सैद्धान्तिक हिस्से को अलग पुस्तक का रूप दे देना चाहिए।

आखिरकार, दूसरे संस्करण के प्रकाशन के समय मैंने प्रियवर अरुण माहेश्वरी से इसकी चर्चा की। वे सहर्ष तैयार हो गये। और अब, यह पुस्तक आपके सामने है।

पुस्तक में सौन्दर्य-मूल्यों के सम्बन्ध में सैद्धान्तिक चर्चा है। उसका कारण यह है कि सौन्दर्यबोध और वैज्ञानिक सौन्दर्यशास्त्र के सम्बन्ध में व्याप्त भ्रान्तियाँ दूर हो सकें, सौन्दर्य-चिन्तन के विकास से सम्बन्धित कुछ बुनियादी स्थापनाओं की रूपरेखा प्रस्तुत की जा सके।

सौन्दर्यशास्त्र से सम्बन्धित अपने आग्रहों को दोहराना यहाँ आवश्यक प्रतीत होता है।

अन्य प्राणियों से मनुष्य का (सौन्दर्य) बोध विशिष्ट है। इसका कारण है। अन्य प्राणी इकाइयों के समुच्चय में रहते हैं इसलिए झुंड कहलाते हैं। मनुष्य आर्थिक और मानवीय सम्बन्धों के दोहरे ताने-बाने में जीता है इसलिए समाज बनाता है। इंद्रिय-बोध के स्तर पर सौन्दर्य की सत्ता व्यापक है, अन्य प्राणियों में भी सहज बोध के कुछ अंकुर सौन्दर्य-चेतना की दिशा में बढ़े हुए दिखायी देते हैं, लेकिन सम्बन्धों के दोहरे ताने-बाने से छनकर आने के नाते मनुष्य में सौन्दर्य का बोध अपनी विशेषता लिए रहता है। इसीलिए एशियाई सौन्दर्य-दृष्टि या अफ्रीकी और यूरोपीय सौन्दर्य-दृष्टि में अन्तर मिलता है। हालाँकि उसकी मूल प्रेरणा में अन्तर नहीं होता।

वह सहजवृत्तियों का ही विकसित-परिष्कृत रूप है।

मनुष्य का सारतत्व रचनात्मक है। वह उत्पादन करता है। अन्य प्राणी प्रकृति के साधनों का उपयोग करते हैं, मनुष्य उनकी रचना भी करता है। इसीलिए मनुष्य के सन्दर्भ में प्रकृति एक नये सौन्दर्य-मूल्य से दीप्त हो उठती है। बकरी निरीह है, लेकिन वह फूल को चर जाती है, मनुष्य ताकतवर है, वह बकरी को खा लेता है लेकिन वह फूल को सजाता है। उपयोगिता और सौन्दर्य के बीच काफी जटिल सम्बन्ध परिलक्षित होता है।

सम्बन्धों के ताने-बाने में रहने से प्रेम और घृणा के भावों का विकास होता है, परिस्थितियों के अनुसार भावों का रूपान्तरण होता है और अनेक नये, जटिल भावों का संसार सामने आता है। सौन्दर्य-मूल्य का बहुत गहरा सम्बन्ध इन भावों से है। इंद्रियबोध के स्तर पर सुन्दर-असुन्दर की चेतना भाव-सम्बन्ध से प्रभावित होती है। अपनी असुन्दर, विकलांग सन्तान भी 'सुन्दर' लगती है। वास्तव में वह 'प्रिय' होती है, प्रेम सौन्दर्य का रूप ले लेता है।

समाज में श्रम का विभाजन होने के बाद क्रमशः वर्गीकरण और प्रभुत्व का विकास होता है। जैसे पिता के गुण-दोष का प्रभाव सन्तान पर पड़ता है, उसी प्रकार समाज के वरेण्य नागरिकों के आचरण का प्रभाव साधारण लोगों पर पड़ता है। 'लोकनारियों के लिए रानियाँ आदर्श हुईं'—निराला। सचेत रूप में वर्चस्वशाली वर्ग अपनी सत्ता कायम रखने के लिए जनता की चेतना को अनुकूलित करते हैं, अचेत रूप में प्रभुत्वशाली वर्गों का सांस्कृतिक प्रभाव अधीनस्थ समुदाय ग्रहण भी करते हैं। इससे वैचारिक स्तर पर सौन्दर्य-बोध का स्वरूप निर्धारित होता है। इसलिए सौन्दर्य-मूल्य का सम्बन्ध इंद्रियबोध, भावधारा के अतिरिक्त विचारधारा से भी है।

यह समझना भूल है कि विचारधारा सौन्दर्य-सृजन में सीधा प्रभाव डालती है। अथवा वह सामाजिक सम्बन्धों का सीधा प्रतिबिम्ब है। रचनाकार की दृष्टि में ही विचारधारा के स्रोत निहित होते हैं। इसलिए विचारधारा को संस्कार से पूर्णतः अलग नहीं किया जा सकता। या तो संस्कार विचारधारा को अनूकूलित करता है या विचारधारा संस्कारों को रूपान्तरित करती है। इसी प्रक्रिया में रचनात्मक अन्तर्दृष्टि निहित होती है। इसलिए विषय का चुनाव करने से लेकर उसे भरा-पूरा रूप देने तक हमारी पूरी रचना-प्रक्रिया विचारधारा से परिचालित होती है। विचारधारा न मिथ्या-चेतना है, न एकमात्र निर्णायक तथ्य। वह अन्य घटकों के सहयोग से सौन्दर्य-सृष्टि का और सौन्दर्य-दृष्टि का निर्धारण करती है। इसीलिए वह सौन्दर्य-मूल्य का अनुपेक्षणीय, अनिवार्य अंग है।

सौन्दर्यशास्त्र मनुष्य की सौन्दर्य-चेतना और कलात्मक-सौन्दर्य का गठन करने वाली प्रक्रिया का अध्ययन करता है। सौन्दर्य-चेतना के गठन में प्रकृति और

मानव-मन का परस्पर-सम्बन्ध अत्यन्त व्यापक और जटिल प्रश्न है। इसलिए प्रकृति में व्याप्त वस्तुगत सौन्दर्य और मनुष्य की चेतना में उत्पन्न सौन्दर्य का बोध, दोनों सौन्दर्यशास्त्र के विवेच्य-विषय हैं।

मन में उत्पन्न सौन्दर्यबोध एक संश्लिष्ट बोध है। उसमें अचेत संस्कार और सचेत विवेक, इंद्रियबोध-भाव और विचार आदि अनेक धरातल सन्निहित रहते हैं। सौन्दर्यशास्त्र इस समस्या का अध्ययन भी करता है।

इस जटिल मनोरचना को, अर्थात् आत्मगत स्तर पर मौजूद सौन्दर्यबोध को, कला में व्यक्त करना पुनः सौन्दर्यशास्त्र की एक विचारणीय समस्या है। इस समस्या के दो पक्ष हैं। एक, आत्मगत सौन्दर्य को वस्तुगत रूप देना, अर्थात् कला में अभिव्यक्त करना। यह पक्ष कला की रचना-प्रक्रिया से सम्बन्ध रखता है। दूसरा, कला के रूप में वस्त्वीकृत सौन्दर्य का अध्ययन करना। कलाकृति एक स्वतन्त्र सत्ता होती है। उसका निर्माण करने वाले घटक कुछ तो उसकी आन्तरिक वस्तु से सम्बन्धित होते हैं, कुछ उसके व्यक्त स्वरूप से। दोनों चीज़ों का संश्लिष्ट विधान ही शिल्प-संरचना है।

इन सभी प्रश्नों का अध्ययन करने वाली विद्या सौन्दर्य-शास्त्र है। इसलिए उसकी विषय-परिधि व्यापक है और उसकी विचारणा-पद्धति बहुआयामी है। यदि वैज्ञानिक ढंग से उसका उपयोग किया जाय तो कलावाद की सीमाओं और इतिहासवाद की अतिरंजनाओं का परिहार करके वह एक स्वस्थ आलोचना-पद्धति का विकास करने में मददगार हो सकती है। उसका विरोध 'यथार्थवाद' से नहीं है बल्कि 'साहित्य का समाजशास्त्र' से है। इसका सबसे बड़ा उदाहरण है मुक्तिबोध की आलोचना-कृति 'कामायनी : एक पुनर्विचार'। वे समाजशास्त्रीय विवेचन करते हुए कामायनी की जितनी कठोर आलोचना करते हैं, उसके श्रेष्ठ सौन्दर्यबोध के प्रति अपने आकर्षण की उतनी ही घोषणा भी करते हैं। किन्तु ऐसी कोई आलोचना-पद्धति नहीं अपना पाते जिसमें दोनों बातों का सन्तुलन होता। कारण यह कि मुक्तिबोध की पद्धति द्वन्द्ववादी और यथार्थवादी नहीं थी। समाजशास्त्र सौन्दर्य की पूर्ण उपेक्षा करता है जबकि सौन्दर्यशास्त्र समाज के प्रभाव की पूर्णतः उपेक्षा नहीं कर सकता।

इससे यह भी स्पष्ट होता है कि सौन्दर्यशास्त्र विषयक अध्ययन साहित्य-आलोचना के लिए भी सहायक हो सकता है।

यह पुस्तक इस दिशा में थोड़ी-सी जागरूकता उत्पन्न कर सके तो लेखक का श्रम सफल होगा।

अन्त में, उन सभी गुरुजनों, अग्रजों, मित्रों और विद्यार्थियों के प्रति धन्यवाद जिन्होंने इस पुस्तक के प्रति रुचि प्रदर्शित की।

मेरे पिता बद्रीनाथ तिवारी सौन्दर्यशास्त्र के प्रश्नों पर गम्भीरतापूर्वक लगातार

सोचते थे। उनसे बातचीत और बहसों के दौरान मेरी मूल धारणाएँ विकसित हुईं। इन धारणाओं में उनके विचार और तर्क भी समाये हुए हैं। उनका अभाव हर कदम पर अनुभव करता हूँ।

डॉ. नित्यानन्द तिवारी और डॉ. विश्वनाथ त्रिपाठी की अभिभावनापूर्ण चिन्ता मेरे लिए कठिन समय में भी साहस का स्रोत रही है। इन दोनों के बिना मैं अपने लेखन की कल्पना नहीं कर सकता। आभार, कृतज्ञता, धन्यवाद जैसी औपचारिकताएँ उनके महत्त्व के आगे छोटी हैं।

अस्तु,

19 सितम्बर, 2014 **अजय तिवारी**
नयी दिल्ली

अनुक्रम

अध्याय-1

सौन्दर्य-मूल्य : द्वन्द्वात्मक आधार

मनुष्य अपने विशिष्ट गुणों के कारण सृष्टि का केन्द्र-बिन्दु बन गया है। वही सृष्टि को अर्थवत्ता प्रदान करता है। मूल्य की अवधारणा इस मानव-विशिष्ट अर्थवत्ता से गहरे तौर पर जुड़ी हुई है। जैविक और सामाजिक विकास के क्रम में मनुष्य अनेक अन्तर्विरोधों से जूझता हुआ विकास करता है। प्रजातीय विकास के क्रम में अपने परिजीवन के लिए उसका संघर्ष बाह्य प्रकृति से होता है। इसे प्रकृति और मानव समाज के बीच का अन्तर्विरोध कहा जाता है। सामाजिक विकास के क्रम में व्यष्टि और समष्टि (व्यक्ति और समाज) के बीच अन्तर्विरोध दिखाई देता है।

इन अन्तर्विरोधों के बावजूद यह कह देना सम्भव नहीं है कि अपने से बाहर की तमाम प्रकृति को नष्ट करके मनुष्य अपने जीवन की निरन्तरता को बनाये रख सकता है; या एक व्यक्ति और पूरे समाज का अन्तर्विरोध हल नहीं हो सकता। वस्तुतः ये विरोध वास्तविक न होकर प्रतीयमान हैं। वास्तविक विरोध वहीं मानना चाहिए जहाँ दोनों तत्त्व परस्पर बहिष्कारी हों। इस प्रतीयमान विरोध को वैज्ञानिक शब्दावली में द्वन्द्वात्मक एकता कह सकते हैं। यह द्वन्द्वात्मकता ही जीवन-जगत् के सभी कार्यकलापों का मूलाधार है। वैज्ञानिक भौतिकवादी चिन्तन में इस द्वन्द्वात्मकता को 'विकास की प्रेरक शक्ति और स्रोत' कहा गया है।[1]

मनुष्य अन्य प्राणियों से इसी अर्थ में भिन्न है कि वह अपने और अपने से बाहर, जीवन-जगत् और प्रकृति से सम्बन्धित तमाम प्रश्नों को समझता और उनका तर्कसंगत हल निकालने की कोशिश करता है। जहाँ उसके समाधान जीवन-मात्र या मनुष्य-मात्र के लिए घातक होते हैं वहाँ असंगति पैदा होती है। मानव समाज विकास की सहज प्रक्रिया में इस असंगत समाधान का परित्याग कर देता है। जहाँ यह समाधान मानव जीवन को तथा मनुष्य से स्वतंत्र प्रकृति के अन्य उपादानों के साथ उसके सम्बन्ध को विवेकसंगत आधार प्रदान करता है वहाँ वह सार्थक होता है। यही सार्थकता मूल्य है।

मूल्य की अवधारणा को बहुधा आर्थिक विषयों से सम्बद्ध करके देखा जाता है। किन्तु ऐसा तभी होता है जब मानव-चेतना के विकास की विशिष्टता और

वस्तुनिष्ठता के प्रति सही दृष्टिकोण न अपनाया गया हो। पाल वैलरी ने ठीक ही कहा है कि "...मूल्य की अवधारणा आर्थिक जगत् की तुलना में मानसिक जगत् में अपेक्षाकृत उच्च स्तर की भूमिका अदा करती है, हालाँकि आत्मिक मूल्य, आर्थिक मूल्य से कहीं अधिक गूढ़ है।"[2]

मूल्य को अर्थशास्त्र तक सीमित कर देने में यह ध्वनि निहित है कि सौन्दर्य-मूल्य अन्ततः आर्थिक मूल्यों का ही एक रूप है। सौन्दर्य-मूल्य आर्थिक मूल्यों से भी जुड़े हैं, यह सही है; किन्तु उनका आर्थिक जगत् से सीधा और स्पष्ट रिश्ता नहीं है। अगर सौन्दर्य-मूल्य आर्थिक मूल्यों के प्रत्यक्ष प्रतिबिम्ब मान लिये जायें तो इस बात की व्याख्या कैसे की जायेगी कि एक आर्थिक ढाँचा बदल जाने पर भी कलात्मक उपलब्धियों का सौन्दर्य-मूल्य नहीं बदलता। डॉ. रामविलास शर्मा ने यह प्रश्न उठाया है और वे इस निष्कर्ष पर पहुँचे हैं कि मनुष्य का सौन्दर्य-बोध उसकी संस्कृति का अभिन्न अंग है किन्तु आर्थिक व्यवस्था बदलने के साथ उसमें आमूल परिवर्तन घटित नहीं होता। डॉ. शर्मा ने 'ताजमहल' और 'अभिज्ञान शाकुन्तल' तथा 'इलियड', 'हैमलेट' को 'मानव संस्कृति की अन्यतम उपलब्धियाँ' बताते हुए यह सिद्ध किया है कि "उनका मूल्य भूमि या कारखानों के स्वामित्व-परिवर्तन के साथ नहीं बदल गया।"[3]

आर्थिक आधार से कलात्मक मूल्यों या सौन्दर्य-बोध की इस सापेक्ष स्वतन्त्रता का निदर्शन स्वयं कार्ल मार्क्स ने किया है। मार्क्स ने कला और समाज के असमान विकास के सन्दर्भ में यूनानी कला का विवेचन करते हुए बताया है कि : "कला के सम्बन्ध में यह एक जानी-मानी बात है कि उसके कुछ उत्कर्ष किसी भी तरह मानव समाज के सामान्य विकास के अनुरूप नहीं होते और इसलिए न ही वे भौतिक नींव के, जो मानो उसके संगठन का ढाँचा हो, अनुरूप होते हैं।"[4] प्रसिद्ध मार्क्सवादी सौन्दर्यशास्त्री अडोल्फो सैंचेज़ वैज़्क्वेज़ के अनुसार कला अपने आर्थिक आधार से लगभग पूर्ण स्वायत्त है; "इस हद तक कि वह अपनी सामाजिक अवस्थाओं की विशिष्टता का अतिक्रमण कर जाती है।"[5]

इस अध्ययन से यह निष्कर्ष नहीं निकाल लेना चाहिए कि कला सामाजिक आधार से पूर्णतः स्वतन्त्र परम सत्ता है। पाश्चात्य विद्वान थेयोडोर मामर ग्रीन का कथन है कि ".... जीवन, चेतना, विवेक और नैतिक सच्चरित्रता की ही भाँति सौन्दर्यात्मक गुण और उसके विभिन्न रूप भी चरम और अद्वितीय हैं।"[6] इस अद्वितीय वैशिष्ट्य को व्यक्ति की सौन्दर्य-चेतना से जोड़कर वे इस नतीजे पर पहुँचते है कि अलग-अलग व्यक्तियों की सौन्दर्य-चेतना में अन्तर होता है हालाँकि यह क्षमता 'अनुकूल प्रशिक्षण द्वारा विकसित' की जा सकती है।[7]

यहाँ यह प्रश्न उत्पन्न होना स्वाभाविक है कि मनुष्य की सौन्दर्य-चेतना का स्परूप है? क्या सौन्दर्य-चेतना को चेतना के अन्य रूपों—धर्म, दर्शन, नैतिकता,

इतिहास-बोध आदि—से स्वतन्त्र, पूर्ण और चरम सत्ता माना जा सकता है? क्या चेतना के अन्य रूप सौन्दर्य-चेतना के साथ घात-प्रतिघात करते हैं या उनमें कोई आपसी सम्बन्ध कायम नहीं होता? वस्तुतः इन प्रश्नों का हल विकास की और मानव-समाज की हमारी व्याख्या पर निर्भर है। यदि इस मानव-समाज और मानव-चेतना के विकास के संश्लिष्ट एवं द्वन्द्वात्मक तर्क को हम समझते और स्वीकार करते हैं तो हमारा उत्तर श्री ग्रीन के उत्तर से भिन्न होगा।

हम मूल्य की अवधारणा को मानव-सापेक्ष मानते हैं। मूल्यों का जन्म मनुष्य और उसकी चेतना की ही भाँति उन बहुमुखी टकरावों से होता है, जिन्होंने मनुष्य को विशिष्ट स्वरूप प्रदान किया है। कला का जन्म श्रम-प्रक्रिया से स्वतन्त्र रूप में नहीं हुआ है। श्रम-प्रक्रिया के वैशिष्ट्य ने ही हमें पशुओं से गुणात्मक दृष्टि से भिन्न, एक नये धरातल पर पहुँचा दिया, जहाँ हम अपनी जन्मदात्री प्रकृति को भी अधिकाधिक नियन्त्रण में करने के लिए संघर्षरत हैं। सौन्दर्य-चेतना का विकास और सौन्दर्य-मूल्यों का प्रश्न हमारे इस समूचे प्रजातीय (मनुष्य के सन्दर्भ में सामाजिक) विकास से सम्बद्ध है। जीवन-प्रक्रिया में यह निहित गुण है कि प्राणी एक साथ व्यष्टि और समष्टि के दोहरे स्तर पर जीता है। यह प्रक्रिया परस्पर-विरोधी न होकर परस्पर पूरक है।

पृथगात्म की हैसियत से जीते हुए हम प्रकृति-प्रदत्त किसी वस्तु का जिस परिमाण में उपभोग करते हैं, उसी अनुपात में दूसरों को वंचित करते हैं। इस स्तर पर परिजीवन का स्वरूप विरोधात्मक नज़र आता है। किन्तु यह भी अकाट्य सत्य है कि प्रजाति के परिजीवन के लिए पृथगात्म स्वेच्छापूर्वक आत्मक्षय करता है। मसलन सन्तानोत्पत्ति के लिए आत्मक्षय या माँ द्वारा शिशु को दुग्धपान कराना, आदि। पृथगात्म और प्रजाति के परिजीवन के लिए किये गये हमारे प्रयत्नों से मिलने वाले आनन्द में अन्तर है। यह अन्तर जीवन-प्रक्रिया में अन्तर्निहित उपयोग के स्तरों से जुड़ा है। यह हमारी चेतना में अनुरंजनात्मक-बोध के अन्तर में प्रतिफलित होता है। पहले आत्मा तब परमात्मा। किन्तु यदि 'आत्मा' की आवश्यकताएँ—जिन्दगी की शर्तें—पूरी होती हैं तभी वह परमात्मा के लिए किये गये प्रयत्नों में सौन्दर्य-बोध और नैतिक-बोध का अनुभव करता है। प्रजातीय परिजीवन के लिए किये गये आत्मक्षय का जितना गहरा सम्बन्ध उपयोग से है, उसकी आनन्दानुभूति भी उतनी ही उच्चतर है। यह गौर करना चाहिए कि इस सम्बन्ध में हमारा नैतिक मूल्य भी सर्वाधिक विकसित है। इससे आनन्द और उपयोग (सौन्दर्य-मूल्य और नैतिक मूल्य) तथा व्यष्टि और समष्टि के बीच द्वन्द्वात्मक एकता का स्वरूप स्पष्ट हो जाता है।

इस बुनियादी स्वरूप को स्वीकार करने पर हम सौन्दर्य-मूल्यों को चरम या अद्वितीय नहीं मानेंगे। दरअसल, उपयोग और अनुरंजन तत्त्व जीवन-प्रक्रिया में

ही निहित है। उन्हें एक-दूसरे से पृथक् नहीं किया जा सकता। अधिरचना के विविध तत्त्वों—नैतिक, आर्थिक, धार्मिक, दार्शनिक, राजनीतिक, सौन्दर्यात्मक आदि—के बीच भी घात-प्रतिघात की क्रिया निरन्तर चलती रहती है। सुन्दर और नैतिक मूल्यों की द्वन्द्वात्मकता को न समझ पाने के कारण किसी एक पक्ष पर अधिक बल दिये जाने का खतरा मौजूद होता है। नैतिक मूल्य के धरातल पर व्यष्टि का अतिरेक सुखवाद की ओर ले जाता है और समष्टि का अतिरेक आत्मनिषेध की ओर। सौन्दर्य-मूल्यों के धरातल पर व्यष्टि का अतिरेक भोगवादी प्रवृत्तियों को जन्म देता है और समष्टि का अतिरेक शुष्क उपयोगितावाद को।

कलात्मक सौन्दर्यरहित कोरी उपयोगिता को, अनुरंजन पक्ष के ऐकान्तिक निषेध को, सौन्दर्य-मूल्य मानने वाली कोई समझदारी अभी तक नहीं देखी गयी है। किन्तु कोरे सुख को, उपयोग-रहित अनुरंजन को, सौन्दर्य-मूल्यों का दर्जा देने वाली अनेक कला-दृष्टियाँ प्रचलित हैं। सुखवाद एक ऐसी ही विचारधारा है। 'चीज़ों में आनन्द और तुष्टि की खोज' करते हुए जार्ज सांतायना आनन्द को 'सकारात्मक मूल्य' बताते हैं।[8] वह सौन्दर्य-मूल्यों को 'आभ्यन्तर आनन्द' की संज्ञा देते हैं।[9] वह सौन्दर्य को आनन्दरूप बताते हैं और आनन्द के मन्दिर से दुख को बहिष्कृत कर देते हैं।[10] इसलिए वह आनन्दरहित कला को सुन्दर की संज्ञा नहीं देते।[11]

सौन्दर्य को 'वस्त्वीकृत आनन्द' कहकर काण्ट भी सौन्दर्य-मूल्यों को 'एक प्रकार के आनन्द में व्यक्त' होता हुआ बताते हैं।[12] यह सही है कि जार्ज सांतायना और इमैनुएल काण्ट दोनों सौन्दर्य को सतही तौर पर स्वीकार नहीं करते। उनके लिए आनन्द एक दार्शनिक प्रत्यय है। सांतायना एक ओर जहाँ आनन्द को सौन्दर्य की एकमात्र कसौटी मान लेते हैं, वहीं दूसरी ओर वह हर प्रकार के आनन्द को कलात्मक मूल्य नहीं मानते; इसके लिए 'कलात्मक परितोष की निःस्वार्थता' को पहली शर्त मानते हैं।[13] इस प्रकार, सौन्दर्य-मूल्य उन निम्नतर मूल्यों से सम्बद्ध नहीं है, जिनकी कोटि में शारीरिक सुखों की गिनती की गयी है। जार्ज सांतायना के अनुसार शारीरिक सुखों से सम्बद्ध मूल्य अनगढ़ होते हैं।[14]

इसी प्रकार काण्ट जिस आनन्द की बात कहते हैं वह किसी दमित इच्छा की तुष्टि से हासिल होने वाला आनन्द नहीं है। वह मानव-मस्तिष्क में अनेक मनःशक्तियों की कल्पना करते हैं, जिन्हें सर्वसामान्य का गुण बताते हैं। वह कला से 'विशुद्ध आनन्द' की माँग करते हैं और इसलिए उसे प्रशंसनीय बताते है। यह आनन्द "अपने निजी प्रयोजन ... की सिद्धि के लिए मनुष्य की दुर्बलताओं से लाभ उठाने" के कारण नहीं, अपितु अपनी निश्छलता एवं निःस्वार्थता के कारण उपादेय है।[15]

सौन्दर्य-मूल्यों से सम्बन्धित आनन्दवादी मत ने हालाँकि चिन्तन के नये आयाम उद्घाटित किये हैं, किन्तु उसकी सबसे बड़ी सीमा यह है कि वह अधिरचना के विभिन्न

तत्त्वों में द्वैतभाव पर आधारित है। यही कारण है कि उनका बल विभिन्न तत्त्वों की द्वन्द्वात्मक अवस्थिति पर न होकर एक पक्ष—आनन्द (अनुरंजन)—पर केन्द्रित हो गया है। आनन्दवादी मत की एकांगिता का तर्कसंगत विकास होता है जीवन और समाज से निरपेक्ष शुद्ध आनन्द की साधना में। क्लाइव बेल इसी आनन्दवादी राह पर चलते हुए केवल उन्हीं 'वस्तुओं' को कलाकृति की संज्ञा से विभूषित करने का आग्रह करते हैं, जो 'विलक्षण संवेग के वैयक्तिक अनुभव' को व्यक्त करती हों।[16] यह वैयक्तिकता सामाजिक सन्दर्भ से सम्पृक्त नहीं है। यह कलात्मक सौन्दर्य में जीवन का निषेध करने वाली वैयक्तिकता है। किसी भी कलाकृति के लिए 'प्रतिमूर्त्यात्मक तत्त्व' को यदि 'अहितकर' नहीं तो कम-से-कम 'अप्रासंगिक' मानते हुए क्लाइव बेल कहते हैं कि "किसी भी कलाकृति के आस्वादन के लिए हमें जीवन से कुछ भी ग्रहण करने की आवश्यकता नहीं है, उसके विचारों और सन्दर्भों का ज्ञान, उसकी भावनाओं से परिचय तक आवश्यक नहीं है।"[17]

समाज-निरपेक्ष व्यक्तिवाद प्रकृति और मनुष्य के विकास की मूलभूत प्रक्रिया को न समझने या उसे अस्वीकार करने का नतीजा है। इसलिए यहाँ यह रेखांकित करना आवश्यक है कि समाज से—आधार से—अधिरचना और उसके सौन्दर्य-पक्ष की स्वायत्तता स्वतन्त्रता का आशय इस आधार का निषेध नहीं है, जैसा कि आनन्दवादी मानते हैं। अडोल्फो सैंचेज़ वैज़्क्वेज़ के शब्दों में, "कला एक स्वायत्व क्षेत्र है किन्तु उसकी स्वायत्तता सामाजिक शर्तों द्वारा, (सामाजिक अनुकूलन) में और (इसी के) ज़रिये सम्भव है।"[18] अर्थात्, सामाजिक अनुकूलन और स्वायत्तता सापेक्ष अवधारणाएँ हैं; कलात्मक मूल्य इन दोनों की द्वन्द्वात्मकता में प्रतिफलित होता है। इसका कारण यह है कि "सामाजिक-आर्थिक स्थितियाँ अधिरचना पर प्रत्यक्ष रूप से क्रिया नहीं करतीं।"[19] कला की सापेक्ष स्वतन्त्रता हमारे अन्तःकरण और वस्तु-जगत् के बीच कायम होने वाले अन्योन्याश्रित (घात-प्रतिघातात्मक) सम्बन्ध पर निर्भर है : "तथापि, कलात्मक विकास का आन्तरिक तर्क कला की सापेक्ष स्वतन्त्रता का कारण बनता है; बदले में यह स्वायत्तता इस बात को साबित करती है कि आभ्यन्तर एवं बाह्य के बीच अर्थात् सामाजिक-आर्थिक और कलात्मक विकास के बीच कोई सपाट सादृश्य क्यों नहीं होता।"[20]

किन्तु इससे यह कतई साबित नहीं हो जाता कि कला पर तत्कालीन समाज और अचार-विचार कोई प्रभाव नहीं डालते। यदि हम प्राचीन कला पर दृष्टि डालें तो पायेंगे कि उसमें मनुष्य की स्थितियों का सीधा प्रतिबिम्ब पड़ता है। जो पशु मनुष्य के जीवन के लिए प्रत्यक्ष रूप से घातक हैं, उन्हें वह अपनी कला में बाण-बिद्ध चित्रित करता है।[21] इसी प्रकार "आदिम जातियों के आभूषणों में पशुओं की खाल, नख, दाँतों आदि को महत्त्वपूर्ण स्थान प्राप्त था।"[22] यहाँ उपयोगिता और सौन्दर्य के

बीच सीधा सम्बन्ध दिखाई देता है। आगे के युगों में यह सम्बन्ध जटिलतर होता जाता है। यहाँ तक कि बहुधा उपयोग और अनुरंजन के अन्तस्सम्बन्ध पर प्रश्नचिह्न लगाया जाने लगता है।

कला और सौन्दर्य-चेतना के सम्बन्ध में इस समझदारी का आधार, कॉडबेल के शब्दों में, यह मान्यता है कि ''कला का जन्म समाज में होता है, जैसे मोती का जन्म सीपी में होता है.... ।''[23] अगर सामाजिक विकास के सन्दर्भ से काटकर हम इन मूल्यों का विवेचन करेंगे तो मनुष्य और मनुष्येतर प्राणियों की चेतना के बीच गुणात्मक अन्तर का कोई कारण बता पाना हमारे लिए सम्भव नहीं होगा। चेतना के स्तर पर इस अन्तर का स्पष्टीकरण करते हुए कार्ल मार्क्स ने कहा था कि पशु तात्कालिक ज़रूरतों को पूरा करने के लिए उत्पादन करता है जबकि "मनुष्य सौन्दर्य-नियमों के अनुसार उत्पादन करता है।"[24] मार्क्स का यह कथन कोरे उपयोगितावाद का खण्डन करता है। इससे मानवीय सृजन में उपयोग और अनुरंजन की द्वन्द्वात्मकता साबित होती है। इस मानव-विशिष्ट सौन्दर्य-चेतना को रेखांकित करते हुए कार्ल मार्क्स के अन्यतम सहयोगी फ्रेडरिक एंगेल्स ने लिखा था, उकाब मनुष्य की अपेक्षा कहीं अधिक दूर तक देख सकता है, परन्तु मनुष्य की आँखें चीज़ों में बहुत-कुछ ऐसा देख सकती हैं जो उकाब की आँखें नहीं देख सकतीं।[25]

इस प्रकार, मनुष्य की आँखें हालाँकि कई पशु-पक्षियों से कम देख पाती हैं, फिर भी उनमें सौन्दर्य-ग्रहण की जो अद्वितीय क्षमता है, वही उन्हें अन्य मनुष्येतर प्राणियों से विशिष्ट बनाती है। इसी अति-विकसित क्षमता के कारण मनुष्य आकाश, नदी, पर्वत आदि प्राकृतिक उपादानों में जो अर्थ पाता है, वह मनुष्येतर प्राणियों के लिए असम्भव है। मनुष्य की इस सौन्दर्य-चेतना का एक विशिष्ट पहलू है—चीज़ों को मानवीकृत करने की उसकी क्षमता। अडोल्फो सैंचेज़ वैज़्क्वेज़ के शब्दों में ''स्वतः प्रकृति में सौन्दर्य-मूल्य नहीं होता है; यह आवश्यक है कि उसे मानवीकृत किया जाय। प्रकृति को अभिव्यंजक बनाने के लिए आवश्यक है कि मनुष्य उसमें अनुप्रविष्ट हो। इस प्रकार स्वयं नैसर्गिक गुणों के ज़रिये प्रकृति एक मानवीय अर्थात् सौन्दर्यात्मक धरातल पर प्रतिष्ठापित हो जाती है। प्रकृति से सौन्दर्य-मूलक सम्बन्ध तथा प्राकृतिक सौन्दर्य की तत्सम्बन्धी प्रतीति का आविर्भाव मनुष्य द्वारा प्रकृति के अधिकाधिक मानवीकृत किये जाने की प्रक्रिया से होता है।''[26]

मनुष्य की यह सकर्मक भूमिका कलात्मक कार्य को विशेषीकृत आत्मिक श्रम के समतुल्य ला खड़ा करती है। मनुष्य जिस प्रकृति की उत्पत्ति है, सौन्दर्य-सृष्टि में उसी प्रकृति को चुनौती देने लगता है। यह कार्य वह दो स्तरों पर करता है। पहला स्तर है श्रम-प्रक्रिया के दौरान अन्य प्राणियों से भिन्न स्वयं मनुष्य का निर्माण और मनुष्य के निर्माण के बाद उसी श्रम की 'व्यापक सृजन-शक्ति' के सहयोग से 'दूसरी

प्रकृति' का निर्माण।[27] यह 'दूसरी प्रकृति' श्रम द्वारा मनुष्य के हित में रूपान्तरित प्रकृति और मानव-समाज के रूपों में हमारे बाहर भी है और बिम्बों, प्रत्ययों आदि से निर्मित हमारे अन्तर्जगत् के रूप में हमारे भीतर भी है। और दूसरा स्तर है मानव-चेतना और उसके अन्तर्जगत् की क्रिया से सम्बद्ध कलात्मक कार्य का। यह कलात्मक कार्य मानवीय सौन्दर्य-चेतना का परिणाम भी है और प्रमाण भी। मनुष्य की सौन्दर्य-चेतना का सृजन होने के कारण ही बर्नार्ड बोसाँके ललित कलाओं को मुख्यतः 'सौन्दर्य जगत् का प्रतिनिधि' मानते हैं।[28]

यदि मनुष्य की सृजनशीलता के विराट् स्वरूप से परिचित हो जाने पर सोवियत सौन्दर्यशास्त्री इवान अस्ताखोव मार्क्सवादी-लेनिनवादी सौन्दर्यशास्त्र की एक महत्त्वपूर्ण प्रस्थापना के बतौर "सौन्दर्य-सृष्टि में मनुष्य को प्रकृति का सफल प्रतिद्वन्द्वी" बताते हैं तो वस्तुतः वे सचाई का ही विश्वसनीय तरीके से बयान करते हैं। इतना ही नहीं, "मनुष्य सौन्दर्य-नियमों के अनुसार जो रचना करता है, वह स्वयं मनुष्य की सौन्दर्य-चेतना और सौन्दर्य-ग्रहण की क्षमता को विकसित करती है।"[29]

कला और श्रम दोनों का स्वभाव रचनात्मक है। इसलिए दोनों किसी-न-किसी किस्म का उत्पादन (सृजन) करते हैं। श्रम का उत्पादन उपयोग-प्रधान होता है और कला का सौन्दर्य-प्रधान। ऐसा नहीं होता कि कला उपयोगरहित हो और श्रम सौन्दर्य-रहित। इसमें सन्देह नहीं कि श्रम और कला दोनों एक-जैसे उपयोगिता-मूल्य का सृजन नहीं करते। कलात्मक सौन्दर्य की उपयोगिता का निर्णय मनुष्य की भौतिक ज़रूरतों की पूर्ति करने की उसकी क्षमता से नहीं किया जा सकता। अडोल्फो सैंचेज़ वैज़्क्वेज़ के शब्दों में, "कला की उपयोगिता इस बात से तय नहीं होती कि वह हमारी भौतिक आवश्यकताओं को कहाँ तक पूरा करती है, वरन् इस बात से तय होती है कि वह मनुष्य की आम ज़रूरतों को, अपने सम्पर्क में आने वाली प्रत्येक वस्तु को मानवीकृत करने की मनुष्य की भावनाओं को, कहाँ तक तृप्त करती है... ।"[30]

कहने की आवश्यकता नहीं कि कलात्मक सौन्दर्य-मूल्यों का यह कार्य उनके मानवीय स्वरूप को प्रकट करता है। उपयोग से सौन्दर्य और सौन्दर्य से उपयोग की द्वन्द्वात्मक प्रक्रिया निरन्तर एक-दूसरे को प्रभावित करती हुई चलती है। कला मनुष्य की रचनात्मक क्षमता को, वस्तुगत मानवीय यथार्थ को इन्द्रियग्राह्य रूप प्रदान करती है। इसलिए उसकी अन्तर्वस्तु उपयोगपरक की अपेक्षा मानवीय अधिक होती है। शुद्ध उपयोगितावाद का अतिक्रमण कर सकने वाला यह नया मूल्य आनन्द प्रदान करता है, जिसे हम आज सौन्दर्य कहते हैं।

कला में आनन्दपरक और उपयोगी मूल्यों के इस नाजुक रिश्ते को न समझ पाने के कारण ही कुछ विद्वान् ऐकान्तिक आनन्द को कला का चरम लक्ष्य घोषित करते हैं। वे जीवन-प्रक्रिया में निहित द्वन्द्वात्मकता—उपयोग और अनुरंजन तत्त्वों की

द्वन्द्वात्मक एकता—को नज़रन्दाज़ करते हैं। उनका तर्क यह होता है कि सौन्दर्य का क्षेत्र व्यापक है जबकि अच्छाई और नैतिकता का क्षेत्र संकीर्ण। पश्चिम में इन धारणाओं का अधिक ज़ोर है। सरसेलो ने अपनी नयी पुस्तक में "अपने आस-पास की सभी वस्तुओं में सौन्दर्य" के दर्शन किये हैं।[31] किन्तु उनके इस नये सौन्दर्य-सिद्धान्त में नैतिकता का पूर्ण निषेध है। वह अच्छाई को उपादेय बताते हुए अच्छाई और नैतिकता में बैर-भाव प्रतिपादित करते हैं।[32] यह आकस्मिक नहीं है। दार्शनिक वैचारिक स्तर पर सौन्दर्य-मूल्यों की एकांगी व्याख्या और कला के स्तर पर रूपवादी आग्रह, दोनों का उत्स एक ही है और वह है, जीवन और समाज से निरपेक्ष सौन्दर्य-मूल्यों की परिकल्पना।

क्लाइव बेल इसका जीता-जागता उदाहरण है। एक ओर आनन्द के उन्माद में वह जीवन की मर्यादाओं का पूर्ण निषेध करता है, दूसरी ओर 'सार्थक रूपतत्त्व' को कलात्मक शक्ति और सौन्दर्य-बोध का आधार घोषित करता है।[33] कलाकृति का निर्णय विषयवस्तु के आधार पर हो, यह पिछड़ापन है, अविकसित सौन्दर्य-बोध का नतीजा है। क्लाइव बेल के शब्दों में, "आप देखेंगे कि जो लोग शुद्ध सौन्दर्यात्मक भावनाएँ अनुभव नहीं कर सकते वे चित्रों को उनकी विषयवस्तु के ज़रिये स्मरण करते हैं।"[34] कलात्मक सृजन को रूप की रचना तक सीमित कर देने का ऐसा ही आग्रह रोजर फ्राय की मान्यताओं में देखा जा सकता है। जी. लाओस डिकिंसन को एक पत्र में उसने अपने उस सिद्धान्त के बारे में बताया कि वस्तु का प्रयोजन सिर्फ रूपतत्त्व है, "तथा सभी अनिवार्य सौन्दर्यात्मक विशिष्टताओं का सम्बन्ध शुद्ध रूप से है।··· मेरे विचार से कविता जैसे-जैसे अधिक सघन होती जाती है, उसी अनुपात में रूप के द्वारा वस्तु का पुनर्निर्माण होता है और रूप से पृथक् उसका (वस्तु का) कोई मूल्य नहीं रहता।"[35]

पहले सौन्दर्य-मूल्यों को जीवन और समाज से स्वतन्त्र किया गया और फिर उसे रूपतत्त्व तक सीमित कर दिया गया। इसका एक तर्क यह है कि सौन्दर्य-मूल्य अभिव्यक्ति से सम्बद्ध होते हैं, सम्प्रेषण से उनका कोई नाता नहीं होता। यदि समाज से सौन्दर्य का रिश्ता नहीं है तो सम्प्रेषण किससे होगा? क्रोचे का अभिव्यंजनावाद ऐसा ही सौन्दर्य-दर्शन है, जो अभिव्यंजना को सौन्दर्य-मूल्यों का निकष मानता है।[36] अभिव्यंजना के लिए आंतरिक अनुभूति पर्याप्त है, उसका अभिव्यक्त होना भी आवश्यक नहीं है।

ये प्रतिपत्तियाँ अनायास पैदा नहीं होतीं। जब हम मानव-समाज की अन्तर्रचना, उसके ऐतिहासिक विकास के सारतत्त्व को ठीक-ठीक नहीं समझ पाते सभी ये भ्रान्तियाँ पैदा होती हैं। इन भ्रान्तियों का आधार भी समाज में मौजूद होता है। प्रत्येक वर्ग-विभक्त समाज तरह-तरह के अन्तर्विरोधों से ग्रस्त होता है। यह अन्तर्विरोध प्रधानतः श्रम और सम्पदा के बीच होता है। जिस श्रम ने हमें इंसान के रूप में

तब्दील किया, वही अब निजी सम्पत्ति के अधीन हो गया। उसका मूल्य घट गया। वर्तमान समय में यह विरोध अधिक उग्र हो गया है। दोनों में कोई मेल सम्भव नहीं दीखता। सम्पत्तिशाली लोग श्रम नहीं करते। श्रमजीवी दरिद्र हैं। सारा जीवन विद्रूपताओं से भर गया है। जीवन असुरक्षित हो गया है। भुखमरी और बेकारी तथा मुनाफा और युद्ध पूँजीवाद के अलिखित कानून होते हैं।

यह साहस किसी में नहीं है कि वह इस वीभत्स यथार्थ को सुन्दर कहे। जो इसका रहस्य समझ जाता है, वह पूँजीवादी वर्ग-विभाजन के उन्मूलन के लिए संघर्षरत श्रमजीवियों के साथ पंक्तिबद्ध होता है। जो नहीं समझता वह यथास्थितिवादी हो जाता है। इस दूसरी कोटि में दो तरह के बुद्धिजीवी होते हैं। एक तो वे जो जान-बूझकर यथास्थिति का पक्ष ग्रहण करते हैं। जीवन की सही समझ उन्हें खतरनाक प्रतीत होती है। इसलिए वे सौन्दर्य-मूल्यों को जीवन और समाज से निरपेक्ष बताते हैं। अभिव्यंजना और रूप के प्रति आग्रह समाज-निरपेक्ष सौन्दर्य-मूल्यों का स्वाभाविक परिणाम है। दूसरे प्रकार के बुद्धिजीवी वे होते हैं, जो भरे पेट तो होते हैं, किन्तु सामाजिक संकट के दबाव से मुक्त नहीं होते। जीवन में श्रम का तिरस्कार और अवमूल्यन देखकर उनका मोहभंग होता है। किन्तु वे असलियत को साफ-साफ समझ नहीं पाते। इसलिए यथार्थ से पलायन कर कल्पना में सौन्दर्य की खोज करते हैं। जाने-अनजाने वे भी यथास्थिति के हिमायती साबित होते हैं। यथास्थितिवाद, इस रूप में, या तो अज्ञान का परिणाम है या वर्गीय पक्षधरता का।

यथार्थ जीवन के असौन्दर्य से उद्विग्न होकर ज्याँ पाल सार्त्र कहते हैं कि "कल्पना में छनकर आया यथार्थ ही सुन्दर होगा, क्योंकि, ...यथार्थ कभी सुन्दर नहीं होता। सौन्दर्य एक ऐसा मूल्य है, जो केवल कल्पना लोक से सम्बन्धित है। और जिसका अर्थ है अपनी अपरिहार्य संरचना में जगत् का निषेध।"[37] अर्थात् कलात्मक अन्तर्वस्तु अवास्तविक होती है।

जीवन में सौन्दर्य नहीं है, इसलिए असुन्दर जीवन को मानवीय कर्मशक्ति और सृजनशीलता के द्वारा सुन्दर बनाने की जगह सौन्दर्य-साधना को परम लक्ष्य मान कर कल्पनावासी हो जाना, यह है आनन्दवाद। कल्पना लोक में हासिल होने वाला यह 'सौन्दर्यात्मक आनन्द'[38] हमें असुन्दर जीवन से मुक्त करता है। इसलिए यह सौन्दर्यात्मक आनन्द मुक्ति का पर्याय हुआ। सार्त्र के अनुसार यही सर्वोच्च सौन्दर्य मूल्य है।[39] यह कोई संयोग की बात नहीं है कि जीवन-जगत् में व्याप्त असुरक्षा की भावना के खिलाफ कल्पना लोक के सौन्दर्यात्मक आनन्द में वह सर्वसत्तात्मक शान्ति की छाप लगाते हुए कहते हैं : "....सौन्दर्य-चेतना में सुरक्षा की भावना होती है और प्रबल-से-प्रबल सौन्दर्य-संवेगों पर भी सर्वसत्तात्मक शान्ति की छाप होती है।"[40] एलेन एच. जानसन भी कला को मुक्ति के अन्तिम दुर्गों में एक मानते हैं।[41]

जिस समाज में अमानवीय विवशताएँ मनुष्य को हर समय घेरे रहती हों, वहाँ कला ही मनुष्यता को वाणी देती है। कला की मानवीय क्षमता का यह पक्का सबूत है। किन्तु कलाकार को इस बीभत्स यथार्थ से पलायन करके कल्पना लोक में नहीं जा बसना चाहिए। आचार्य हजारीप्रसाद द्विवेदी ने ठीक कहा है कि "हम सारे बाह्य जगत् को असुन्दर छोड़कर सौन्दर्य की सृष्टि नहीं कर सकते।"[42] इस असुन्दर यथार्थ को बदलने के दायित्व से सौन्दर्य-स्रष्टा मुक्त नहीं हो सकते। समाज और मानव-जीवन के साथ अपने सम्बन्ध को समझते हुए हमें इस सामाजिक विद्रूप का कारण भी जानना होगा, जिसने मानव-जीवन को असुन्दर बना दिया है। हीगेल की श्रम सम्बन्धी मान्यताओं का विवेचन करते हुए कार्ल मार्क्स ने दो महत्त्वपूर्ण मुद्दे प्रस्तावित किये हैं।

1. हीगेल ने श्रम के केवल सकारात्मक पक्ष की ओर ध्यान दिया है। श्रम ने केवल वस्तुओं को रूप नहीं प्रदान किया बल्कि खुद मनुष्य का निर्माण किया है और उसे रूप दिया है। किन्तु वे निजी सम्पत्ति पर आधारित समाज में प्रकट होने वाले श्रम के नकारात्मक पक्ष को नज़रअन्दाज़ करते हैं। वह है श्रम का परकीयकरण; तथा
2. हीगेल ने अन्तरात्मा के वस्त्वीकरण का हवाला देकर केवल आत्मिक श्रम को, या यों कहें, मनुष्य को केवल आध्यात्मिक प्राणी के रूप में मान्यता दी है।[43]

सामाजिक अन्तर्विरोध के इस चरित्र को, मानवीय श्रम के स्थान पर सम्पत्ति को सर्वोपरि बना देने वाले वर्ग-समाजों के वास्तविक स्वरूप को न समझ पाने के कारण ही आनन्दवादी कलादर्शन कल्पना-लोक में विचरण का सिद्धान्त प्रतिपादित करता है। इसके विपरीत इस अन्तर्विरोध को सही-सही समझने के कारण क्रिस्तोफर कॉडवेल दो-टूक शब्दों में कहते हैं कि : "पूँजीवादी सामााजिक सम्बन्ध, पूँजीवादियों के लिए स्वतन्त्रता और सर्वहारा के लिए परतन्त्रता उत्पन्न करते हुए, अपनी निरन्तरता बनाये रखने के लिए स्वाधीनता और पराधीनता दोनों के अस्तित्व पर निर्भर करते हैं। इस प्रकार, पूँजीवादी सामाजिक सम्बन्धों में चन्द लोगों की स्वतन्त्रता अधिकांश लोगों की परतन्त्रता पर टिकी होती है।"[44]

यह पराधीनता मनुष्य को पंगु बनाती है। सामाजिक अन्याय और उत्पीड़न पर टिका हुआ वर्ग-समाज मनुष्यों को उनके इच्छानुसार कार्य करने से रोकता है। इस अमानवीय पराधीनता में व्यक्ति का सौन्दर्य-बोध कुण्ठित हो जाता है। भूखे पेट तो भगवान् का नाम लेते भी नहीं बनता, कविता और नाटक में सौन्दर्य कहाँ नज़र आयेगा? हो सकता है धनी वर्गों के लिए उन मूल्यों में सौन्दर्य न हो, जो अधिकांश जनता की मुक्ति की प्रस्तावना करते हैं। कहने का आशय यह है कि वर्ग-विभक्त

समाजों में सौन्दर्य-मूल्यों का सम्बन्ध वर्गीय हितों से जुड़ जाता है।

पूँजीवाद प्रत्येक वस्तु को मुनाफे से जोड़ देता है। व्यवसायीकरण की यह प्रवृत्ति आई. ए. रिचर्ड्स के अनुसार 'बेस्ट सेलर' पत्रिकाओं के ज़रिये जन-रुचि को भ्रष्ट करने का काम करती है। इससे केवल साहित्यिकता की नहीं, साहित्य के मूल्य की भी क्षति हुई है।[45] इतना ही नहीं, व्यावसायिकता का यह हमला 'नैसर्गिक वृत्तियों' के नाम पर भी होता है।[46] व्यावसायिकता की इस लाभ-केन्द्रिक वृत्ति का हवाला देते हुए मार्क्स ने कहा था, "खनिजों का व्यापारी खनिज पदार्थों में केवल व्यापारिक मूल्य देखता है न कि सौन्दर्य एवं उसका विशिष्ट स्वरूप : उसे खनिज विज्ञान सम्बन्धी कोई तमीज़ नहीं होती।"[47]

सौन्दर्य-मूल्यों को विकृत करने वाली सामाजिक संरचना के उन्मूलन के लिए उन वर्गों के साथ लेखक की प्रतिबद्धता का स्वागत करना चाहिए, जो वर्ग इस व्यवस्था के स्थान पर वैमनस्यरहित मानवीय सम्बन्धों वाले समाज के निर्माण के अगुआ हैं। यह पक्षधरता लेखकीय दायित्व का निर्वाह है। किन्तु जीवन और सौन्दर्य में वैर मानने वाली साहित्य-दृष्टि पक्षधरता का विरोध करती है। वह इस समाज से तटस्थ रहने का सन्देश देती है। इस समाज ने मनुष्य के हाथ और दिमाग के बीच चौड़ी खाई खोद दी है। ऐसे बुद्धिजीवी श्रम से सौन्दर्य का वैर मानते हैं। वे पूँजीवादी श्रम-विभाजन की उस विसंगति को नज़रन्दाज़ करते हैं, जो मानवीय श्रम के परकीयकरण के द्वारा श्रम के सृजनात्मक चरित्र का हनन करता है।

मानव-जीवन के प्रति इस उपेक्षा भाव का नतीजा होता है कल्पनाविलास। मानवीय अनुभव कलात्मक सामग्री का आधार होता है और अनुभव जीवन-जगत् में ही हासिल होते है। डॉ. जी. बी. मोहन ने इस प्रसंग में लिखा है कि "मनुष्य का अनुभव अपने अनन्त रूपों में कविता के लिए कच्चा माल है। कवि मानव-अनुभवों का एक क्षेत्र चुन लेता है, इस अनुभव-क्षेत्र की योजना-पुनर्योजना करता है तथा इन्हीं में से अभिव्यक्ति के तरीके रूपायित करता है।"[49] कल्पना विलास साहित्य में अनुभवशून्यता को जन्म देता है और अनुभवशून्यता रूपवाद की जननी है।

जनता और लेखक के सम्बन्ध की व्याख्या करते हुए राल्फ फाक्स ने लिखा था, "... जहाँ लेखक अपनी जनता से पृथक् होता है, उसकी उपेक्षा करता है या लेखक की आत्मा इस मामले में अचेत होती है, वहाँ रक्तशून्यता की सम्भावना भी सर्वाधिक रहती है। ऐसा मालूम होता है मानो कल्पना के रसायन में किसी महत्त्वपूर्ण तत्त्व का अभाव है, जिसने लेखक के चिन्तन को खोखला और उसकी शक्तियों को पंगु बना दिया है।"[49]

भारतीय काव्यशास्त्र में साधारणीकरण की परिकल्पना लेखक, उसके पात्र और उसकी जनता के घनिष्ठ अन्तस्सम्बन्ध को रेखांकित करती है। साधारणीकरण तभी सम्भव होता है जब सीतादि विशेष पात्र कामिनी आदि सामान्य

(लौकिक) पात्र होने का भ्रम उत्पन्न करें। काव्यप्रकाश की टीका करते हुए गोविन्द ठक्कुर ने लिखा है–

> "साधारणीकरणं चैतदेव यत्सीतादि विशेषाणां
> कामिनीत्वादिसामान्येनोपस्थितिः।"[50]

जब तक सीतादि विशेष पात्र सामान्य कामिनी आदि पात्रों के रूप में उपस्थित नहीं होते, रसानुभूति बाधित रहती है। इस प्रकार यह "ब्रह्मास्वादसहोदर लोकोत्तर चमत्कारप्राण"[51] रस लौकिक अनुभूति पर आधारित है। रस की लोकोत्तरता लौकिक आधार पर टिकी होती है। इस अन्तस्सम्बन्ध को रेखांकित करते हुए डॉ. रामविलास शर्मा ने लिखा है : "कला का भ्रम जीवन से उत्पन्न होता है और उसे पुष्ट करता है।"[52]

इस अर्थ में सौन्दर्य-मूल्य एकान्ततः अभिव्यंजकता से सम्बद्ध नहीं हैं, अपितु उनका सम्बन्ध प्रतिमूर्त्यात्मकता से भी है। जिस प्रकार अन्तर्वस्तु से रहित रूप की कल्पना नहीं की जा सकती, उसी प्रकार प्रतिमूर्त्यात्मक तत्त्वों के बिना अभिव्यंजकता का अस्तित्व असम्भव है। कहने की ज़रूरत नहीं कि अभिव्यंजकता और प्रतिमूर्त्यात्मकता की द्वन्द्वात्मक एकता के बगैर सौन्दर्य-मूल्यों की सिद्धि सम्भव नहीं है। इन दोनों तत्त्वों की एकता का वर्णन करते हुए सोवियत सौन्दर्यशास्त्री वाई. खाचिक्यान ने "अभिव्यंजकता को कला का लक्ष्य और प्रतिमूर्त्यात्मकता को उस लक्ष्य की प्राप्ति का साधन" बताया है, क्योंकि "वास्तविक कार्य-व्यापार के सौन्दर्य-मूल्य को उद्घाटित करना कलात्मक संज्ञान का लक्ष्य है।"[53]

निस्सन्देह कला-कार्य में, सौन्दर्य-सृष्टि में मनुष्य के अस्तित्व के कारणों के प्रति सजगता ही इस समूचे यथार्थवादी सौन्दर्य-दर्शन को आनन्दवाद की एकांगी राह पर जाने से रोकती है। हमारी यह सजगता हमारे मानवीय विकास और मानवीय बोध का लक्षण है। पशु जिस धरातल पर जीता है, मनुष्य उसी पर नहीं जीता। इसलिए सौन्दर्य-सृष्टि में उन विशिष्ट मानवीय भावनाओं का चित्रण कलात्मक मूल्यों को जन्म देता है, जिन्हें हमने अपने सम्पूर्ण विकास के क्रम में अर्जित किया है। साहित्य के सौन्दर्य-मूल्यों के स्वरूप को समझने के लिए मानव-जीवन, मानव-समाज और मानव-चेतना से सम्बद्ध विविध प्रश्नों, तत्त्वों और पक्षों को समझना ज़रूरी है। मानव-जीवन के विश्वसनीय आधार पर टिके बगैर, मानव-जीवन को पुष्ट किये बगैर सौन्दर्य-मूल्यों का अस्तित्व ही सम्भव नहीं है। कला में व्यक्त उन्हीं मूल्यों को सुन्दर माना जा सकता है, जिनकी मनुष्य के समूचे परिवेश से सन्दर्भवत्ता हो। इस सन्दर्भवत्ता के बिना न कला की विश्वसनीयता सम्भव है और न सौन्दर्य-मूल्य की।

सौन्दर्य-मूल्यों के धरातल पर वस्तुगत और आत्मगत पक्ष अलग-अलग अस्तित्व

में नहीं हो सकते। एन. जी. चेर्नीशेव्स्की ने सौन्दर्य के सम्बन्ध में ठीक कहा था कि ''मानव के लिए सुन्दर वही वस्तु है जिसमें वह जीवन को, जिस रूप में कि वह उसे समझता है, देखता है। सुन्दर वह वस्तु होती है जो उसे जीवन की याद दिलाती है।''[54]

मानव-जीवन के विश्वसनीय आधार पर टिकी हुई कला जिन सौन्दर्य-मूल्यों को अभिव्यक्त करेगी, वे न शुद्ध अनुरंजनात्मक (आनन्दवादी) होंगे और न कोरी उपयोगिता से सम्बद्ध होंगे। दूसरे शब्दों में, कलात्मक अनुभव के मूल्य अनिवार्यतः जीवन-मूल्यों से जुड़े होते हैं। हमारे अनुभव हमारी सौन्दर्य-चेतना को निर्धारित करने में महत्त्वपूर्ण भूमिका अदा करते हैं। यही नहीं, हमारी विचारधारात्मक प्रक्रियाओं से सम्बद्ध होकर हमारे अनुभव हमारी सौन्दर्य-दृष्टि का निर्धारण करते हैं। चूँकि संस्कार, रुचि आदि को जीवन-मूल्यों से अलग नहीं किया जा सकता, अतः सौन्दर्य-मूल्यों के स्वरूप-निर्धारण में भी उनकी भूमिका को घटाकर नहीं आँका जा सकता। बिम्बों और प्रत्ययों से निर्मित मनुष्य का अन्तर्जगत् उसके संस्कारों, विचारों और अनुभवों से शून्य नहीं रह सकता। इस अर्थ में, न सिर्फ कलात्मक अन्तर्वस्तु रूपात्मक सृजन के ज़रिये सौन्दर्य-निर्माण करती है, वरन् बिम्ब-प्रतीक आदि काव्य के रूप के स्तर पर व्यक्त होने वाले मूल्य हमारे जीवन-मूल्यों से गहरे तौर पर जुड़े होते हैं। इसलिए यदि अलेक्सान्दर जी. बाउमगार्तेन सौन्दर्य के रूपपक्ष को सौन्दर्य-मूल्य नहीं मानते तो उसके पीछे एक सुनिश्चित मान्यता है। मूल्य में जो भाव है, वह कला के कथ्य, उसकी सम्प्रेष्य विषयवस्तु पर निर्भर होती है, न कि 'ठंडे निर्जीव बिम्बों' पर। उनके अनुसार, ''बिम्ब मानवीय भावनाओं की तुलना में कम स्पष्ट एवं दीप्त होने के नाते अपेक्षाकृत कम काव्यात्मक होते हैं।''[55] बिम्ब, अपनी सौन्दर्यात्मक अन्तर्वस्तु में मानव-समाज का अतिक्रमण नहीं कर सकते क्योंकि उनका सौन्दर्यात्मक आधार ही मनुष्य है।

सौन्दर्य-मूल्यों की मानव-विशिष्ट सत्ता के अपने तकाजे हैं। मानव-जीवन के लिए घातक किसी भी चीज़ के प्रति हमने सौन्दर्यपरक दृष्टिकोण विकसित नहीं किया है। संक्षेप में, जीवन-प्रक्रिया में निहित उपयोग और अनुरंजन तत्त्वों में से किसी एक का भी सौन्दर्य-मूल्यों के क्षेत्र में निषेध नहीं होता। अवनर ज़िस ने इस अन्तस्सम्बन्ध की व्याख्या करते हुए बताया है कि सौन्दर्य और उपयोगी तत्वों को आपस में बेमेल नहीं मानना चाहिए।

"न तो सुन्दर को नैतिक से पृथक् किया जा सकता है, न ही सौन्दर्य को अच्छाई से। यह ठीक है कि सौन्दर्य का क्षेत्र सच्चरित्रता के क्षेत्र से अधिक व्यापक है, जैसे कि सौन्दर्य का क्षेत्र प्राकृतिक जगत् के सम्बन्ध में भी प्रासंगिक है, जिनमें नैतिक

मानदण्ड निस्सन्देह व्यवहारसंगत नहीं है। फिर भी, सामाजिक जीवन में और कला में, सौन्दर्य और नैतिक पक्ष अभेद्य रूप से अनुस्यूत होते हैं।"[56]

सौन्दर्य-मूल्यों की इस द्वन्द्वात्मक प्रकृति को स्वीकार न करने पर, उन्हें मानव-अनुभवों के व्यापक क्षेत्र—मानव-समाज—से जोड़कर न देखने पर सौन्दर्य-मूल्य एकान्ततः व्यक्तिनिष्ठ हो जायेंगे। हमारी सौन्दर्य-चेतना कुण्ठित होगी, वह अलग। समाज में रहकर ही भाषा, संस्कार, दृष्टि का विकास सम्भव है। अगर जीवन में असौन्दर्य व्याप्त है तो उसे समझना और बदलने का प्रयत्न करना चाहिए। मानव-समाज से च्युत रहकर हम सौन्दर्यानुभूति की अतिविकसित क्षमता हासिल नहीं कर सकते।

सौन्दर्य-बोध के बिना सौन्दर्य-सृष्टि नहीं हो सकती। हम कलात्मक रूप का सृजन करते हैं। इस सृजन के ज़रिये अपने से बाहर की तमाम चीज़ों को सौन्दर्यपूर्ण ढंग से अभिव्यंजक बनाते हैं। यह हमारी मानव-विशिष्ट रचनात्मक शक्ति का सबूत है। यह सृजन-क्षमता हमारे समूचे मानवीय विकास की उपलब्धि है। यह सौन्दर्यात्मक सृजन क्षमता ही हमें सौन्दर्य-सृष्टि में प्रकृति का सफल प्रतिद्वन्द्वी बनाती है।

मूल्यों का सम्बन्ध बहुधा अर्थशास्त्र से जोड़ा जाता है। अर्थशास्त्र में एक सिद्धान्त प्रचलित है कि आवश्यकता आविष्कार की जननी है। मानव-समाज की आरम्भिक अवस्थाओं की व्याख्या करने में यह सिद्धान्त हमारी मदद करता है। आहार की तलाश में भ्रमण करता हुआ आदिमानव प्रकृति की अपार और अनियन्त्रित शक्तियों का सामना करता था। वह उपयोग की चीज़ों का ग्रहण और निर्माण करता था। उसका आदिम श्रम और आदिम हथियार एवं औज़ार उसकी आवश्यकताओं की उपज हैं। आगे चलकर उसने अपने उपयोग की तमाम चीज़ों के प्रति सौन्दर्यात्मक दृष्टि विकसित की। यह गुणात्मक दृष्टि से भिन्न एवं उच्चतर धरातल है। उपयोग और अनुरंजन के द्वन्द्व से विकसित सौन्दर्य-मूल्य मानव-सापेक्ष होते हैं। आवश्यकता का आदिम तर्क उनके आधार से च्युत नहीं हो जाता। हाँ, आदिम समाज में जहाँ मनुष्य की सजग और सक्रिय भूमिका बेहद कम थी, उपयोग और अनुरंजन का द्वन्द्व अधिक स्थूल और अनावृत रूप में देखने में आता है। आज, जब मनुष्य की सजग भूमिका और बाह्य परिवेश में उसका सक्रिय हस्तक्षेप अत्यधिक बढ़ गया है, यह द्वन्द्व, अधिकाधिक जटिल और सूक्ष्म रूपों में व्यक्त हो रहा है। उपयोग और अनुरंजन (शिव और सुन्दर) का सामंजस्य-विधान समूचे परिवेश के साथ मनुष्य की सचेतन भागीदारी का ही परिणाम है। इसलिए यह समझना भूल है कि उपयोग पक्ष का लोप हो जाता है और केवल अनुरंजन पक्ष बच रहता है।

समाज के विकास के साथ सौन्दर्य-मूल्य भी बदलते हैं। अलग-अलग सामाजिक

अवस्थाओं में अर्जित श्रेष्ठतम मूल्य मानव-समाज की अद्वितीय उपलब्धि, हमारी चेतना के नित्य और नैसर्गिक अंग बन जाते हैं। विकास-क्रम में सौन्दर्य-मूल्य परिवर्तित और परिष्कृत होते हैं, उनमें नये-नये तकाजों से उत्पन्न तत्त्व जुड़ते चलते हैं। इस अनवरत प्रक्रिया में मानव-जीवन से सम्बन्धित विविध पक्षों की द्वन्द्वात्मकता का निषेध नहीं होता। भारतीय चिन्तन में सत्य, शिव, सुन्दर के अन्तस्सम्बन्धों पर आधारित दार्शनिक प्रतिपत्तियाँ इस द्वन्द्वात्मक एकता के सिद्धान्त को पुष्ट करती हैं। सत्य अशिव नहीं हो सकता, जो अशिव है उसे सत्य नहीं माना जा सकता। लेकिन जीवन में अशिव की सत्ता है। अशिव सुन्दर नहीं होता। इस प्रकार, एक सन्तुलन-बिन्दु पर तीनों मिलते हैं। इससे यह सिद्ध होता है कि सत्य, शिव और सुन्दर परस्पर बहिष्कारी न होकर परस्पर निर्भर हैं। किसी एक तत्त्व में असन्तुलन आया कि तीनों मूल्यों में व्याघात उत्पन्न हुआ। अर्थात् इनमें से किसी एक तत्त्व का असन्तुलन जीवन में असंगति पैदा करता है। यह असंगति ही काव्य-शास्त्रीय शब्दावली में 'अनौचित्य' है। अनौचित्य के अलावा रसभंग का अन्य कोई कारण नहीं माना गया है :

"अनौचित्यादृते नान्यद्रसभंगस्य कारणं।"[57]

औचित्य का यह बोध जीवन में उत्पन्न असंगति का समाहार करता है। यही मूल्यवत्ता है। कहने की आवश्यकता नहीं कि यह मूल्यवत्ता मानव-जीवन को अधिक-से-अधिक सामंजस्यपूर्ण, शिव एवं सुन्दर बनाने की मानवीय चिन्ता का ही प्रतिफल है।

अतएव हम कह सकते हैं कि सौन्दर्य-मूल्य समूचे मानवीय विकास के सारतत्त्व–उपयोग और अनुरंजन–की शाश्वत द्वन्द्वात्मकता में प्रतिफलित होने वाले जीवनगत मूल्यों का पर्याय हैं; व्यष्टि और समष्टि के बीच कायम होने वाले सन्तुलन-बिन्दु को सौन्दर्य-मूल्यों का उत्स मानना चाहिए; कलात्मक सौन्दर्य वस्तु में निहित गुण और आत्मजगत् में उन गुणों के प्रतिबिम्ब से जन्म लेता है; ये मूल्य कला के स्तर पर व्यक्त होते हैं और हमारी मानवीय चेतना को पुष्ट करते हैं।

सन्दर्भ-सूची

1. दि फण्डामेण्टल्स ऑफ मार्क्सिस्ट-लेनिनिस्ट फिलॉसफी, पृष्ठ 144 (ज़ोर मूल में)
2. दि क्रिएटिव प्रॉसेस, पृष्ठ 94
3. भाषा और समाज, पृष्ठ 480
4. राजनीतिक अर्थशास्त्र की आलोचना में योगदान, पृष्ठ 218
5. आर्ट एण्ड सोसाइटी, पृष्ठ 97
6. दि आर्ट एण्ड दि आर्ट ऑफ क्रिटिसिज्म, पृष्ठ 14
7. वही

8. इन्साइक्लोपीडिया ब्रिटानिका (मैक्रोपीडिक, खण्ड 1, पृष्ठ 151)
9. दि सेन्स ऑफ ब्यूटी, पृष्ट 35
10. दि सेन्स ऑफ ब्यूटी, पृष्ठ 169
11. वही, पृष्ठ 38
12. इन्साइक्लोपीडिया ब्रिटानिका, खण्ड 1, पृष्ठ 153
13. दि सेन्स ऑफ ब्यूटी, पृष्ठ 37
14. वही, पृष्ठ 36-37
15. सौन्दर्य मीमांसा, पृष्ठ 148, (पाद टिप्पणी)
16. आर्ट, पृष्ठ 6
17. वही, पृष्ठ 25
18. आर्ट एण्ड सोसाइटी, पृष्ठ 98
19. वही, पृष्ठ 100
20. वही, पृष्ठ 101
21. वही, पृष्ठ 71
22. द्वन्द्वात्मक और ऐतिहासिक भौतिकवाद की रूपरेखा, पृष्ठ 486
23. इल्यूजन एण्ड रियलिटी, इण्ट्रोडक्शन
24. दि इकॉनामिक एण्ड फिलॉसॉफिकल मैनुस्क्रिप्ट्स ऑफ 1844, पृष्ठ 114
25. डाइलेक्टिक्स ऑफ नेचर, पृष्ठ 233-234
26. आर्ट एण्ड सोसाइटी, पृष्ठ 78
27. प्रॉब्लम्स ऑफ मॉडर्न इस्थेटिक्स, पृष्ठ 103
28. ए हिस्ट्री ऑफ इस्थेटिक्स, पृष्ठ 3
29. प्राब्लम्स ऑफ मॉडर्न इस्थेटिक्स, पृष्ठ 162
30. आर्ट एण्ड सोसाइटी, पृष्ठ 65
31. ए न्यू थियरी ऑफ ब्यूटी, पृष्ठ 3
32. वही, पृष्ठ 85
33. आर्ट, पृष्ठ 8
34. वही, पृष्ठ 30
35. रोजर फ्राय, पृष्ठ 183
36. इन्साइक्लोपीडिया ब्रिटानिका, खण्ड 1, पृष्ठ 154
37. दि सायकॉलाजो ऑफ इमेजिनेशन, पृष्ठ 252
38. ह्वाट इज लिटरेचर, पृष्ठ 41
39. वही, पृष्ठ 43
40. वही, पृष्ठ 42
41. मॉडर्न आर्ट एण्ड दि ऑब्जेक्ट, पृष्ठ 47
42. अशोक के फूल, पृष्ठ 186
43. दि इकॉनामिक एण्ड फिलॉसफिकल मैनुस्क्रिप्ट्स ऑफ 1844, पृष्ठ 177
44. स्टडीज एण्ड करदर स्टडीज इन ए डाइंग कल्चर, पृष्ठ 202
45. प्रिंसिपिल्स ऑफ लिटरेरी क्रिटिसिज्म, पृष्ठ 25
46. वही, पृष्ठ 26

47. इकॉनामिक एण्ड फिलॉसॉफिकल मैनुस्क्रिप्ट्स ऑफ 1844, पृष्ठ 141
48. दि रिस्पांस टु पोएट्री, पृष्ठ 24
49. उपन्यास और लोकजीवन, पृष्ठ 142
50. काव्यप्रदीप, पृष्ठ 66
51. साहित्य दर्पण (विमला टीका, शालग्राम शास्त्री), पृष्ठ 312-13
52. लोकजीवन और साहित्य, पृष्ठ 14
53. मार्क्सिस्ट-लेनिनिस्ट इस्थेटिक्स एण्ड लाइफ पृष्ठ 114
54. दर्शन, इतिहास और आलोचना पृष्ठ 177
55. फिलॉसफीज ऑफ ब्यूटी, पृष्ठ 83
56. फण्डामेण्टल्स ऑफ मार्क्सिस्ट इस्थेटिक्स, पृष्ठ 191
57. ध्वन्यालोक लोचन, (अनु. जगन्नाथ पाठक), पृष्ठ 362

अध्याय-2

सौन्दर्य-संवेदन

जीवन-प्रक्रिया में निहित द्वन्द्वात्मकता का प्रमाण इसी बात से मिल जाता है कि प्राणी निसर्गतः एक साथ दो धरातलों पर जीता है। एक है सम्पूर्ण जैविक विकास का धरातल और दूसरा है प्रजातीय (मनुष्य के सन्दर्भ में सामाजिक) विकास का। कार्ल मार्क्स के अनुसार, "उसे अपने अस्तित्व और ज्ञान, दोनों ही स्तरों पर स्वयं को पुष्ट भी करना पड़ता है और प्रमाणित भी।"[1] पुष्टि का सम्बन्ध भौतिक ज़रूरतों से प्रेरित कार्य-कलाप (अर्थात् श्रम) से है और प्रामाण्य का आत्मिक (अर्थात् बौद्धिक और सामाजिक) क्रियाओं से। इस द्विस्तरीय पृष्ठभूमि के नाते मनुष्य का बोध अद्वितीय (व्यक्तिनिष्ठ) नहीं हो सकता।

प्रजातीय परिजीवन की प्रक्रिया दो स्तरों पर चलती है। एक तो पृथगात्म के जीने की प्रक्रिया और दूसरी प्रजाति के रूप में जीने की प्रक्रिया। बृहत्तर (सामाजिक) परिजीवन के लिए स्वयं को प्रस्तुत करते समय हमें मूल्यवत्ता का जो बोध होता है, वह हमारी अन्तर्रचना का अंग है।

विकास के दीर्घ क्रम में बाह्य प्रकृति से जीवी का द्वन्द्व ही जीवन का आधार बना। प्रतिकूल पर्यावरण में जीवन का विकास नहीं हो सकता था। अनुकूल और प्रतिकूल परिस्थितियों के विविध घात-प्रतिघात में जीवन का आदिम रूप विकसित हुआ।[2] जीवन की ही भाँति संवेदन-तन्त्र का विकास भी बाह्य प्रकृति से जीवी के द्वन्द्व का ही परिणाम है। संवेदन-तन्त्र के विकास के बगैर परिजीवन के द्वन्द्वात्मक धरातल पर बाह्य जगत् की किसी भी वस्तु का संवेदनगत अनुभव असम्भव था।

जीवन-क्रम समग्र रूप से सूर्य की किरणों पर निर्भर है। इन किरणों का प्रभाव पृथ्वी की निश्चित अवस्थाओं से उनके निश्चित सम्बन्धों द्वारा उत्पन्न होता है। अगर पृथ्वी अपने कक्ष से कुछ हजार मील सूर्य के निकट खिसक जाय तो जीवन-क्रम नष्ट हो जायेगा। अथवा, सूर्य से उतनी ही दूर चली जाय तो भूमध्य रेखा के अलावा कहीं भी जीवन का अस्तित्व नहीं रह जाएगा। अर्थात् पृथ्वी पर जीवन के अस्तित्व का सीधा सम्बन्ध पृथ्वी और सूर्य की सापेक्ष स्थिति और इस स्थिति से उत्पन्न वातावरण से है।

यह संयोग की बात नहीं है कि जीवों में चाक्षुष इन्द्रिय-बोध ही सर्वाधिक विकसित हुआ। सौन्दर्य-चेतना और सौन्दर्य-मूल्यों का इस चाक्षुष धरातल से गहरा सम्बन्ध है। हमारा बिम्ब-जगत् मूलतः चाक्षुष है। बिम्ब हमारे संवेदन-जगत् की रचना के आधारभूत तत्त्व हैं। उपमाएँ, प्रतीक, साहचर्य आदि मूलतः हमारे चाक्षुष बिम्बों पर आधारित है।

सौन्दर्य-मूल्यों से सम्बन्धित संवेदन-तन्त्र और जीवन-प्रक्रिया को अलग करके नहीं देखा जा सकता। सौर प्रकाश के इन्द्रधनुषी सात रंगों को ग्रहण करने वाला हमारा संवेदन-तन्त्र सिर्फ इन्हीं रंगों के प्रति संवेदनशील क्यों हुआ? इस परिधि के बाहर की किरणों के व्यापक प्रसर के लिए हमारी कोई ज्ञानेन्द्रिय विकसित नहीं हुई।

संवेदन-तन्त्र परिजीवन की युक्ति के रूप में विकसित हुआ है। विकास सिर्फ उन्हीं तत्त्वों का हुआ, जो परिस्थिति से सीधे जुड़े हुए हैं और जो परिस्थितिजन्य शर्तों के सर्वदा अनुकूल हैं।[3] उपयोग के परिणाम और सौन्दर्य के कारण इस संवेदन-तन्त्र को इस रूप में देखा जा सकता है।

उपयोग (व्यापक अर्थों में)

↓

संवेदन-तन्त्र

↓

सौन्दर्य-बोध

कार्य-कारण का यह सम्बन्ध आवयविक रूप में द्वन्द्वात्मक एकता से आबद्ध है। उपयोगिता के दायरे से बाहर न तो संवेदन-तन्त्र विकसित हुआ है और न सौन्दर्य-बोध। सघनतम उपयोगिता के दायरे के भीतर ही सघनतम संवेदन और सघनतम सौन्दर्य-बोध का विकास हुआ है।

जीवन के आदिम रूपों में प्रकृति से जीवन का सम्बन्ध बेहद चुनौतीपूर्ण था। इस संघर्ष में मनुष्य की बहुत अधिक सीमाएँ थीं। सारी बाह्य शक्तियों की विकराल और विनाशक प्रकृति से मनुष्य की सुरक्षा उसकी कर्मठता (श्रम) ने की। जिन प्राणियों में कर्तृत्व शक्ति नहीं है, उनमें सौन्दर्य-चेतना भी नहीं है। वनस्पतियों में भी जीवन होता है किन्तु उनकी चेतना सर्वथा अविकसित है। वनस्पति ज़मीन तक से स्वतन्त्र नहीं हो सकी, जीवधारियों में सबसे बेबस वनस्पतियाँ ही हैं। सक्रिय भूमिका न होने के नाते उनमें सौन्दर्य-चेतना, सौन्दर्यानुभूति नहीं है। हाँ, वनस्पति जगत् सौन्दर्य का आधार भले ही है। पेड़-पौधे प्राणरहित (जड़) पत्थरों जैसे नहीं हैं। वे उग सकते हैं, विकसित होकर फलते-फूलते हैं। विकास की इस अन्तर्निहित क्षमता को ही प्राण शक्ति कहा जाता है।

यहाँ उपयोग की भूमिका साफ-साफ देखी जा सकती है। हम ऊर्जा-तरंगों के एक निश्चित प्रसर को ही अपने संवेदन द्वारा ग्रहण कर सकते हैं। जिस प्रसर से हमारा उपयोगितामूलक सम्बन्ध अधिक कायम हुआ, उन्हीं को हम सात रंगों में ग्रहण करते हैं। शेष ऊर्जा-तरंगों को ग्रहण कर सकने में हमारे संवेदन-तन्त्र अक्षम हैं। यह विकास कमोबेश सभी प्राणियों में एक-सा हुआ है।

इसी सर्वसामान्य गुण को रेखांकित करते हुए डार्विन ने सौन्दर्यानुभूति को जैविक प्रक्रिया में निहित माना है। उनकी इस मान्यता के अनुसार सौन्दर्य-बोध मनुष्येतर प्राणियों में भी समान रूप से पाया जाता है। उनकी निश्चित मान्यता है कि रंगों और ध्वनियों के विशिष्ट प्रभाव मनुष्यों को ही नहीं, निम्न-स्तरीय प्राणियों को भी प्रभावित करते हैं। डार्विन धार्मिक आस्था वाले व्यक्ति थे। इस मान्यता का एक आधार सर्वात्यवादी धार्मिक विश्वास है, जो सब प्राणियों में एक-सी आत्मा का वास मानता है। लेकिन सौन्दर्यबोध के विकास में प्रकृति के साथ मनुष्य के सम्बन्ध की विशेषता और सामाजिक विकास की भूमिका को वे नज़रअन्दाज़ करते हैं। इस मान्यता का सैद्धान्तिक आधार यह है कि सौन्दर्य के प्राकृतिक उपादानों का अस्तित्व मनुष्य के पहले से है; वे मनुष्य के लिए विशेष रूप से निर्मित नहीं हुए हैं। इसलिए वे काफी बल देकर कहते हैं कि निम्नस्तरीय प्राणियों में भी "ठीक उसी रूप में सौन्दर्य-चेतना विद्यमान रहती है जिस रूप में मनुष्य या अन्य विकसित प्राणियों में।"[4]

यह सिद्धान्त पूरी तरह सही तभी साबित हो सकता है जब हम मानवीय सौन्दर्य-चेतना के विकास को केवल जैविक विकास के सन्दर्भ में ही देखें। डार्विन की इस मान्यता में सबसे बड़ी कमज़ोरी यही है कि वे सौन्दर्य के वस्तुगत पक्ष को निर्णायक स्थान देते हुए भी इस बात को नज़रअन्दाज़ कर गये हैं कि सामाजिक विकास के दौरान सौन्दर्य-ग्रहण की विशिष्ट क्षमता हासिल करने के नाते ही मनुष्य अन्य प्राणियों से भिन्न है।

मिसाल के तौर पर आँख को लें। प्रो. यूरी फ्रोलोव के शब्दों में, "प्राणियों में ज्ञानेन्द्रियों की भाँति यह (आँख) निम्नतर जीवियों में भी उत्पन्न हुई।"[5] दर्शनेन्द्रिय के बावजूद निम्नतर जीवियों में बिम्ब-ग्रहण की क्षमता मनुष्य जैसी विशिष्ट और सौन्दर्यात्मक नहीं है। गिद्ध प्रायः सबसे अधिक दूर तक देखता है। कबूतर अवरक्त ऊर्जा-तरंग को देख सकता है। बिल्ली, उल्लू आदि अन्धकार में भी देख सकते हैं। इससे केवल बाह्य-जगत् से उनके संवेदन-तन्त्र के अन्योन्य सम्बन्ध की सूचना मिलती है। यह सिद्ध नहीं होता कि इन प्राणियों का संवेदन-तन्त्र आदिम अवस्था में न होकर विकसित एवं उन्नत अवस्था में है। उनके सौन्दर्य-बोध के साथ-साथ उनका उपयोगिता-बोध भी अविकसित है। वे केवल ग्रहण करते हैं, सृजन नहीं करते। श्रम के कारण ही प्रकृति से हमारा संबंध उपयोगी और सुन्दर बनता है।

यही बात वायु तरंगों के सम्बन्ध में भी देखी जा सकती है। हम अपनी

श्रवणेन्द्रिय द्वारा निश्चित तरंग-दैर्घ्य को ही ग्रहण कर सकते हैं। तरंग-दैर्घ्य या आयाम एक सीमा तक बढ़ते-बढ़ते या घटते-घटते साधारणतया अश्रव्य हो जाता है। तंरग-दैर्घ्य और आयाम के जिस प्रसर से जीवन का सर्वाधिक साक्षात्कार होता रहा है, उसी के सन्दर्भ में हमारी श्रवण-शक्ति विकसित हुई है। 'पवनचार' से 'उनचास पवन' तक तरंग-दैर्ध्य का प्रसर सहित्य में व्यक्त होता रहा है।

जैविक विकास के क्रम में विकसित होने वाले हमारे सौन्दर्य-मूल्य वस्तुतः हमारी सौन्दर्य-चेतना के आधारभूत प्रेय है। रंग या ध्वनि की संवेदन-क्षमता सामान्य धरातल पर होती है। डार्विन के मत से यही बात ध्वनित होती है। डार्विन का यह कथन सही है कि "पृथ्वी पर फूलों का आविर्भाव मनुष्य के जन्म से काफी पहले हो चुका था।"[6]

किन्तु इसका एक दूसरा पहलू भी है। इस प्रसंग में निकोलाई सिलयेव के ये शब्द स्मरणीय हैं, "प्राकृतिक सौन्दर्य जीवों के अनवरत विकास का नतीजा है। जीवन के लिए संघर्ष, वातावरण के अनुकूलन और नैसर्गिक चयन की प्रक्रिया में उनका परिष्कार होता गया है।"[7]

जिन प्राणियों में कर्तृत्व-शक्ति जितनी अधिक है, उनकी चेतना का स्तर भी उतना ही ऊँचा है। श्रम ने मनुष्य की कर्तृव्य-शक्ति को नये धरातल पर पहुँचाया, साथ ही उसने मनुष्य को नये रूप में प्रकट किया। अब मनुष्य सुलभ परिस्थितियों में ही रास्ता निकालने का काम नहीं करता, वह अपने अनुरूप—तय करके—रचना भी करता है। यह स्तर सामाजिक विकास से जुड़ा हुआ है।

समाज के रूप में मनुष्य का गठन अन्य प्राणियों के अव्यवस्थित यूथ अथवा रेवड़ से उसकी भिन्नता स्थापित करता है। समाज व्यवस्थाबद्धता का ही एक रूप है। व्यवस्थावद्धता का अर्थ है : (1) एक कोषीय जीव से तंत्रिका तंत्र वाली केंद्रीकृत प्रणाली का विकास, (2) 'झुंड' से मनुष्य के 'समाज' का विकास, (3) इन्द्रिय-बोध से व्यवस्थित विचारधारा का विकास। इस व्यवस्थाबद्धता को मनुष्य की जैविक संरचना से अलग करके नहीं देखा जा सकता। मनुष्य के सौन्दर्य-बोध को, आत्मगत अनुभूतियों के अन्तः संसार को भी व्यवस्थाबद्धता से पृथक् नहीं किया जा सकता।

मनुष्य की यह सामाजिक व्यवस्था उसके मानवीय इतिहास का विषय है। श्रम-प्रक्रिया के क्रम में मनुष्य ने न केवल अपना मनुष्य-रूप सम्पन्न किया अपितु अपनी चेतना को भी गुणात्मक दृष्टि से नये धरातल पर पहुँचाया। कला या सौन्दर्य-बोध को उनकी मानव-सापेक्षता के कारण श्रम-प्रक्रिया से च्युत करना सम्भव नहीं है। इसका एक प्रमाण यह भी है कि मनुष्य के पास एक ओर जहाँ सौन्दर्य-बोध की अद्वितीय क्षमता है, वहीं उसके पास अति-विकसित श्रमेन्द्रिय—हाथ—भी मौजूद हैं। पशुओं के पास हाथ नहीं होता। पशु श्रम नहीं करते इसलिए उनके पास

सौन्दर्य-बोध भी नहीं होता। फ्रेडरिक एंगेल्स ने हाथों को मनुष्य के विकास में केन्द्रीय घटक माना है। यदि पुरुषाभ वानरों के हाथ स्वतन्त्र न होते तो उनका इस रूप में विकास हो पाता, यह कहना नामुमकिन हैं।[8]

हाथों की निर्णायक भूमिका का उल्लेख करते हुए पावलोव चिम्पाज़ी का हवाला देकर बताते हैं कि चिम्पाज़ी हाथों की सहायता से ही अपने परिवेश के साथ अन्य पशुओं की अपेक्षा अधिक जटिल सम्बन्ध कायम करता है। पदार्थों से अपेक्षाकृत अधिक जटिल सम्बन्ध कायम करने के नाते ही वह अधिक बुद्धिमान है। मनुष्य हाथों का उपयोग सर्वाधिक करता है। रामविलास शर्मा के शब्दों में, "वह बुद्धिमान था, इसलिए हाथों से काम नहीं लेने लगा। हाथों से काम लेने के कारण अधिक बुद्धिमान हुआ।"[9]

मनुष्य अपने हाथों के द्वारा बाह्य पदार्थों से जो जटिल सम्बन्ध कायम करता था, श्रम उसी का विकसित रूप है। आदिम अवस्था में सरल क्रियाओं और चेष्टाओं तक सीमित मनुष्य के हाथ उन क्रियाओं के प्रति अनुकूलित होते गये। इससे हाथों की कुशलता और दक्षता बढ़ी। हाथ अधिकाधिक नमनीय हुए। यह नमनीयता आनुवंशिक होती थी। अधिक जटिल क्रियाओं में हाथों के प्रयोग से उसमें परिष्कार आया। आदिम औज़ारों को भी नया रूप मिला। अतएव हाथ श्रमेन्द्रिय भी हैं और श्रम की उत्पत्ति भी।

हाथों की विशेष क्रिया ने शरीर-रचना को भी प्रभावित किया। खान-पान की विविधता ने शारीरिक क्रियाओं को प्रभावित किया। खानाबदोशी का कबाइली जीवन बिताने वाले मनुष्य के सामने कन्द-मूल सीमित रूप में है। उन्हीं से काम चला लेना सम्भव न था। प्राकृतिक अनिश्चितता ने भोजन को विविधतायुक्त बनाया और मनुष्य को मांसाहारी। मनुष्य मूलतः मांसाहारी न था। इसके लिए एंगेल्स ने यह उदाहरण दिया है कि "शिकारी उस हिरणी को नहीं मारता जो अगले वर्ष मृगशावक देने वाली होती है जबकि भेड़िया उसे मार देता है।"[10]

मांसाहार ने उपापचय और शारीरिक विन्यास को ही प्रभावित नहीं किया, उसने मनुष्य को शिकार की तलाश में नदी-पहाड़ों के साथ-साथ हजारों-लाखों मीलों और वर्षों की महायात्रा पर निकलने को प्रेरित किया। तरह-तरह की जलवायु और प्राकृतिक वातावरण से जुड़ता हुआ मनुष्य समूह में रहता और स्वयं को स्थितियों के अनुरूप ढाल लेता था। समूह में रहकर उसमें सम्मिलित कार्य-कलाप और पारस्परिक सहयोग की भावना विकसित हुई। समाज का जन्म इस भावना के बगैर असम्भव है।

सामूहिक जीवन बिताते हुए मनुष्य आपसी सम्पर्क के लिए जिन निरर्थक ध्वनि-संकेतों से काम लेता था, वही विशिष्ट मानवीय सन्दर्भों से जुड़कर भाषा के रूप में व्यक्त हुई। मनुष्येतर प्राणियों में भी निरर्थक ध्वनि-संकेतों से भय, प्रसन्नता आदि भाव व्यक्त करने की प्रकृति और क्षमता होती है। इस प्रकार मनुष्य की वाणी

का परस पाकर निरर्थक ध्वनियाँ सार्थक शब्दों में बदल गयीं। श्रम और भाषा का यह अन्योन्य सम्बन्ध मानव-मस्तिष्क पर किस तरह प्रभाव डालता है, इसका हवाला देते हुए फ्रेडरिक एंगेल्स कहते हैं–"पहले श्रम, उसके बाद और तब उसके साथ वाणी–ये ही दो सबसे सारभूत उद्दीपनाएँ थीं, जिनके प्रभाव से वानर का मस्तिष्क धीरे-धीरे मनुष्य के मस्तिष्क में बदल गया, जो सारी समानता के बावजूद वानर के मस्तिष्क से कहीं बड़ा और अधिक परिनिष्पन्न है। मस्तिष्क के विकास के साथ-ही-साथ उसके सबसे निकटस्थ कारकों (ज्ञानेन्द्रियों) का विकास हुआ। जिस तरह वाणी के क्रमिक विकास के साथ अनिवार्य रूप से श्रवणेन्द्रिय का तदनुरूप परिष्कार होता है, ठीक उसी तरह समग्र रूप में मस्तिष्क के विकास के साथ सभी ज्ञानेन्द्रियों का परिष्कार होता है।"[11]

जिन प्राणियों का मस्तिष्क अविकसित या अल्पविकसित है, उनकी ज्ञानेन्द्रियाँ परिष्कृत नहीं हैं। यही कारण है कि कई मायनों में मनुष्य से अधिक देख-सुन सकने वाले प्राणी सौन्दर्य का अनुभव नहीं कर पाते। मानव-मस्तिष्क का यह विकास श्रम, समाज, भाषा की जटिल द्वन्द्वात्मकता में सम्पन्न हुआ है। मस्तिष्क हमारी कर्मेन्द्रियों को शासित करने के लिए हमारे भीतर विकसित तन्त्र है। मस्तिष्क ज्ञानेन्द्रियों द्वारा उसके प्रति क्रिया या प्रतिक्रिया करता है तथा इन दोनों के बीच सम्बन्ध कायम करता है।

मस्तिष्क का परिष्कार चेतना के बौद्धिक विकास का मार्ग प्रशस्त करता है। बुद्धिमत्ता के विकास के कारण ही संवेदन, ग्रहण और धारण (धृति) की मानव-क्षमता निम्नस्तरीय प्राणियों की तुलना में गुणात्मक दृष्टि से भिन्न है। पशु बाह्य-जगत् को केवल ग्रहण कर सकता है, धारण नही। पशुओं में किसी वस्तु के साक्षात्कार का संवेदन-संस्कार केवल उस स्तर पर शेष रहता है कि वह संवेद्य वस्तु का पुनः साक्षात्कार होने पर उसे पहचान भर ले। इसे प्रत्यभिज्ञान कहते हैं। मनुष्य संवेद्य वस्तु को उसकी अनुपस्थिति में भी स्मरण कर सकता है। इसे प्रतिस्मरण कहते हैं। पहली क्षमता जीवियों के सार्वभौम विकास में अर्जित हुई है और दूसरी सामाजिक विकास में।

इस प्रकार, मनुष्य विकास के जैविक और सामाजिक दोनों चरणों से गुज़रता हुआ सामान्य से विशिष्ट के धरातल पर पहुँच गया है। चेतना के स्तर पर इसे यों देखा जा सकता है–

1. प्रत्यभिज्ञान
   –परिमाण भेद से प्राणिमात्र का गुण,
2. प्रतिस्मरण
   –मानव-विशिष्ट गुण,

प्रतिस्मरण की इस क्षमता के कारण मनुष्य बाह्य-जगत् की प्रत्येक वस्तु को

देश-कालगत व्यापक परिधि में देखता है। वस्तुओं में सामान्य-असामान्य का विवेक कर सकने की मानवीय क्षमता उसकी इसी बृहत्तर दृष्टि-परिधि के कारण सम्भव हो सकी। यह विवेक उसकी संवेदना द्वारा वस्तुओं के ग्रहण और उनकी अनुभूति को अधिक स्पष्ट और परिभाषित स्वरूप प्रदान करता है। वह सामान्यताओं और असामान्यताओं का विश्लेषण और संश्लेषण करता है। वह संश्लेषण-विश्लेषण के आधार पर सामान्यीकरण करता है। इस प्रक्रिया के द्वारा विशिष्ट बिम्बों के रूप में ग्राह्य विशिष्ट वस्तुओं के सामान्य प्रत्यय और परिस्थिति-बोध विकसित होते हैं। प्रत्यय और परिस्थिति-बोध वस्तुओं की देश-कालगत उपयोगिता को नये आयाम प्रदान करते हैं।

उदाहरणार्थ, मांसाहार को लें। आदिम कबाइली समाज में शिकार की प्रवृत्ति और यायावर जीवन मांसाहार का परिणाम है। शिकार उत्पादन का आदिम रूप है। इतना ही नहीं, मांसाहार के व्यापक प्रभाव के सम्बन्ध में एंगेल्स ने लिखा है—"मांसाहार के फलस्वरूप निर्णायक महत्त्व के दो नये कदम उठाये गये—मनुष्य ने अग्नि को वशीभूत किया, दूसरे...पशुपालन आरम्भ हुआ। पहले के फलस्वरूप पाचन-क्रिया और संक्षिप्त बन गयी क्योंकि इसकी बदौलत मानव-मुख को मानो पहले से ही आधा पचा भोजन मिलने लगा। दूसरे ने मांस की पूर्ति का शिकार के अलावा एक नया, अधिक नियमित स्रोत प्रदान करके मांस की आपूर्ति को अधिक प्रचुर बना दिया।"[12]

ध्यान देने की बात यह है कि भुना हुआ मांस अधिक सुपाच्य और स्थायी होता है। इससे उसका देश-कालगत उपयोग बढ़ गया। मांस की उपयोगिता और स्थायित्व में वृद्धि से उस पर व्यय श्रम का मूल्य भी बढ़ गया। इससे श्रम की उपयोगिता बढ़ी। प्रतिस्मरण से उत्पन्न परिस्थिति-बोध ने मानव-श्रम को नये धरातल पर पहुँचा दिया। दूसरी ओर इसके फलस्वरूप मनुष्य के अन्तर्जगत् के प्रत्ययों का निर्माण हुआ। जैविक विकास की दृष्टि से भाषा का जन्म परिस्थिति-बोध के साथ होता है। विषम परिस्थितियों में निःसृत विभिन्न निरर्थक ध्वनियाँ प्रतिस्मरण की मानवीय क्षमता से जुड़ने पर सार्थक भाषा—परिस्थितिजन्य भावों को व्यक्त करने वाले माध्यम—के रूप में सामने आती हैं।

भाषा की अन्तःप्रकृति सामूहिक है। उसने सामाजिक गठन में आदिम काल से ही महत्त्वपूर्ण भूमिका निभायी है। भाषा ही सांस्कृतिक रूपों का आधारभूत घटक है। समाज की रचना के साथ मानव-श्रम नये धरातल पर आसीन हुआ। संक्षेप में, इवान अस्तखोव के शब्दों में कह सकते हैं कि "श्रम के औज़ारों की उत्पत्ति मानव के विकास में एक निर्णायक मोड़ की सूचना देती है, जिसने उसके भौतिक स्वरूप का स्थायित्व निश्चित कर दिया। इसके बाद मनुष्य शारीरिक दृष्टि से उतना नहीं बदला

जितना सामाजिक दृष्टि से बदला है।"[13]

इस प्रकार, हम कह सकते हैं कि जैविक विकास के सामान्य और सामाजिक विकास के विशिष्ट–दोहरे–धरातलों से गुज़रते हुए मनुष्य ने सौन्दर्यानुभूति की विशिष्ट क्षमता हासिल की है। सौन्दर्य-मूल्यों और चेतना के रूपों का विकास उसकी विभिन्न सामाजिक अवस्थाओं से जुड़ा हुआ है।

सन्दर्भ-सूची

1. दि इकॉनामिक एण्ड फिलॉसॉफिकल मैनुस्क्रिप्ट्स ऑफ 1844, पृष्ठ 182
2. दि ओरिजिन ऑफ लाइफ, पृष्ठ 80-81
3. दे. दि ओरिजिन ऑफ लाइफ, ओपारिन, पृष्ठ 81
4. उद्धृत, प्राब्लम्स ऑफ मॉडर्न इस्थेटिक्स, पृष्ठ 158-159
5. वर्क एण्ड दि ब्रेन, पृष्ठ 14
6. उद्धृत प्राब्लम्स ऑफ मॉडर्न इस्थेटिक्स, पृष्ठ 159
7. वही, पृष्ठ 112।
8. दे. डाइलेक्टिक्स ऑफ नेचर, पृष्ठ 228
9. भाषा और समाज, पृष्ठ 9
10. डाइलेक्टिक्स ऑफ नेचर, पृष्ठ 235
11. वही, पृष्ठ 233
12. वही, पृष्ठ 267
13. प्रॉब्लम्स ऑफ मॉडर्न इस्थेटिक्स, पृष्ठ 160

अध्याय-3

मानवीय सौन्दर्य-चेतना का विकास

यदि मनुष्य की चेतना अपने आधार से पूर्णतः स्वतन्त्र और सर्वथा स्वायत्त होती तो उसका विश्वबोध भी प्रत्यभिज्ञान (रिकॉग्निशन) के स्तर पर रहा होता। उसकी दृष्टि भी विच्छिन्न होती। सजग और निर्णायक भूमिका अदा करने की मानव-विशिष्ट गुणवत्ता उसकी व्यवस्थाबद्ध चेतना की उपज है, न कि विच्छिन्नता की। मनुष्य में प्रतिस्मरण (रिकॉल) की क्षमता है। वह चीज़ों की अनुपस्थिति में भी उनके बारे में सोच सकता है। यही कारण है कि प्रत्यभिज्ञान के स्तर पर चेतना रखने वाले प्राणियों–पशुओं–के विश्वबोध से भिन्न मनुष्य का विश्वबोध कहीं अधिक विकसित है। वह गुज़रे हुए क्षण और गुज़रे ज़माने को याद कर सकता है। वह वर्तमान की उनसे तुलना कर सकता है और अनागत का पूर्वानुमान कर सकता है। इस तरह वह अतीत से सबक सीखता है और भविष्य को सामने रखकर वर्तमान में क्रियारत होता है। त्रिकाल में जी सकने की यह अद्भुत और अपूर्व क्षमता केवल मनुष्य में है। जिनमें यह क्षमता नहीं है, वे पशुओं की श्रेणी में गिने गये हैं। चिम्पाज़ी का दिमाग बहुत विकसित है, लेकिन मनुष्य का दिमाग उससे कहीं अधिक विकसित है। दोनों की चेतना में मात्रा का नहीं गुण का अन्तर है। चिम्पाज़ी त्रिकाल में नहीं जीता। वह अतीत से मुक्त और भविष्य से निरापद होता है। वह शुद्ध वर्तमान में जीता है। अपनी आदिम अवस्था में मनुष्य भी शायद चेतना के इसी धरातल पर जीता था। उसमें जो मौलिक परिवर्तन नज़र आता है, वह सुदीर्घ विकास का परिणाम है। उसका यह विकास हुआ अपने से बाहर की चीज़ों के साथ अधिक पेचीदा सम्बन्ध कायम करने के नाते। इस क्रम में उसने पहले-पहल अलग-अलग चीज़ों को सिलसिलेवार जानना शुरू किया। फिर, उन चीज़ों को एक-दूसरे से जोड़ना और घटाना सीखा।

वही मनुष्य आज गुणात्मक दृष्टि से इतने भिन्न और उच्चतर धरातल पर जी रहा है कि दोनों के बीच कोई तुलना भी सम्भव नहीं दीखती। अपनी वस्तुगत गति के कारण विकास सदैव आगे की दिशा में होता है। जो लोग इस बात को नहीं समझ

पाते वे मनुष्य के प्रत्यभिज्ञान के स्तर पर जीने वाली चेतना को आदर्श मानते हैं। वे भूत-भविष्य से मुक्त शुद्ध और 'सच्चे' वर्तमान (काल के आयाम में क्षण और देश के आयाम में द्वीप) में जीने की कामना करते हैं। हिन्दी में एक ऐसे ही चिन्तक श्री सच्चिदानन्द हीरानन्द वात्स्यायन अज्ञेय ने कोरे कागज़ पर लिखा है—"सच्चा वर्तमान ऐसा क्षण है, जिसके साथ न तो स्मृति का आभास है और न प्रत्याशा या अपेक्षा का—क्योंकि एक अतीत का लक्षण है और दूसरा भविष्य का।"[1]

सौभाग्य से सामान्य मनुष्य चेतना के इस धरातल पर नहीं जीता। वह अतीत के साथ वर्तमान का तुलनात्मक विवेचन करके यह जान सकता है कि विकास अतीत से भविष्य की दिशा में होता है। मनुष्य के इस वैशिष्ट्य को शुक्ल जी ने पशुत्व से अन्तर का आधार माना है। उनके अनुसार, "मनुष्य उस कोटि को पहुँची हुई सत्ता है जो उस अल्प क्षण में ही आत्म-प्रसार को बद्ध रखकर सन्तुष्ट नहीं हो सकती जिसे वर्तमान कहते हैं।"[2] त्रिकाल में जीने की क्षमता न होती तो कला और सौन्दर्य-बोध क्या, औज़ार, भाषा और समाज का विकास कर पाना भी मनुष्य के लिए सम्भव नहीं था।

मनुष्य के अन्तर्जगत् के मूलाधार बिम्ब निर्मित हैं। प्रतिस्मरण की क्षमता के नाते मनुष्य के बिम्ब त्रिकाल-बोध और व्यवस्था-बोध से आबद्ध होते हैं। बिम्ब मनुष्य के जिस जीवन्त अन्तर्जगत् की रचना करते हैं, भाषा उस अन्तर्जगत् को व्यक्त करती है। कविता को बिम्बों में सोचने की कला कहा जाता है। बिम्ब अन्तर्जगत् की रचना ज़रूर करते हैं लेकिन बिम्बों में सोचना भाषा के ही ज़रिये सम्भव है। भाषा का जन्म श्रम-प्रक्रिया में आपसी विचार-विनियम की आवश्यकता से हुआ है।

आदिम मनुष्य का पहला साक्षात्कार स्वयं से होता है। वह सप्राण अनुभूतियों के विकसित अन्तःसंसार वाला प्राणी है। उसके सामने समूचा ब्रह्माण्ड 'रहस्यात्मक किन्तु समर्थ शक्तियों वाले ब्रह्माण्ड'[3] के रूप में प्रस्तुत होता है। इस रहस्यलोक को दृष्टि, स्पर्श, घ्राण आदि संवेदनो के द्वारा हम जिन रूपों में ग्रहण करते हैं, उन रूपों को ही बिम्ब कहते हैं। हमारे उक्त संवेदन हमारे समूचे विकास का नतीजा हैं। इसलिए श्रम-प्रक्रिया के दौरान इनमें आये परिष्कार हमारे बिम्ब-ग्रहण के तौर-तरीके में आधारभूत गुण-परिवर्तन लाते हैं। मनुष्य के बिम्ब परिस्थिति-बोध द्वारा अनुकूलित होते हैं।

कविता के जन्म के प्रश्न को मनुष्य के उक्त सन्दर्भों से नहीं काटा जा सकता। आदिम लय से शब्दबद्ध गीत तक की यात्रा के दरम्यान, नृत्य, संगीत आदि कला के अन्य रूप प्रचलित थे। यदि थोड़ा ठहरकर विचार करें तो श्रम के साथ कला के अविच्छेद्य सम्बन्ध की पुष्टि होगी। जी. वी. प्लेखानोव और क्रिस्तोफर कॉडवेल

कविता के जन्म के प्रश्न को आदिम मनुष्य की सामूहिक जीवन-विधि से घनिष्ठ रूप में जोड़कर देखते हैं। कविता को मूलतः गीत बताते हुए क्रिस्तोफर कॉडवेल कहते हैं कि गीत अपनी अन्तःप्रकृति के कारण मूलतः सामूहिक भावों की अभिव्यक्ति करते हैं।[4] लुई हरप (Luis Harap) कविता के उद्‌भव को श्रम-प्रक्रिया से अनिवार्यतः सम्बद्ध बताते हैं। वे कहते हैं कि ''श्रम-प्रक्रिया में स्वर की लयात्मक गति से संगीत और नृत्य आविर्भूत हुए। श्रमरत आदिम मनुष्य ने सहज लय को शब्द प्रदान किये। फिर उसने स्वरों के बीच की रिक्ति को अन्य स्वरों से भरा। इस प्रकार, कविता और गीत का जन्म हुआ।''[5] आरम्भ में गद्य और पद्य दोनों गीत से सम्बद्ध थे। इसकी व्याख्या करते हुए ऐशली मोंटेगू ने लिखा है कि ''अनपढ़ लोगों के गद्य और पद्य दोनों गीत से सम्बद्ध होते हैं...और यह कोई संयोग की बात नहीं है कि कविता छन्द-शास्त्र, गीत, बाद्य, संगीत और नृत्य सब एक-दूसरे से इतने जुड़े होते हैं।''[6] ह. प्र द्विवेदी ने इसी तथ्य को भाषा के लयात्मक विधान का रूप देकर आदिम जातियों और पशु-पक्षियों के स्वर-संयोग का विवेचन किया है।

स्पष्ट है कि श्रम से पहले कला का अस्तित्व सम्भव नहीं था। श्रम के कारण बाह्य-जगत् से हम जो जटिल सम्बन्ध कायम करते हैं, वह हमारी चेतना को विशिष्ट स्वरूप प्रदान करता है। इसी कारण मनुष्य देश-कालगत व्यापक परिधि में देख एवं सोच-समझ सकता है। मनुष्य की चेतना के रूप उसके इस सामान्य विकास से गहरे स्तर पर सम्बद्ध हैं। भाषा का जन्म समाज के साथ होता है और कविता भाषा के बगैर असम्भव है। इसलिए मानव-समाज के अस्तित्व से पूर्व कला या कविता के अस्तित्व की कल्पना भी नहीं की जा सकती। ब्यूशन आदि की कला सम्बन्धी मान्यताओं का खण्डन करते हुए सोवियत चिन्तक जी.वी. प्लेखानोव कहते हैं कि "श्रम कला से प्राचीन है।"[7] हिन्दी कवि और प्रगतिशील चिन्तक केदारनाथ अग्रवाल इस बुनियादी प्रस्थापना को प्रस्तुत करते हुए कविता को नृत्य एवं संगीत से अधिक भावात्मक बताते हैं।[8] यह भावात्मकता श्रम की देन है। श्रम ने मनुष्य में साथ-साथ रहने का अभ्यास डाला। 'झुंड' को 'समाज' बनाया, साहचर्य को सम्बन्ध बनाया और मूल्यवत्ता प्रदान की। यह साहचर्य भौतिक उत्पादन के ही नहीं, आत्मिक भावों—प्रेम, घृणा आदि—के उदय का भी कारण बना। डॉ. रामविलास शर्मा के शब्दों में, ''भावों का विकास सामाजिक स्तर पर ही निर्भर है।''[9]

कविता समाज के विकास के साथ अस्तित्व में आयी है, इसलिए इन्द्रिय-बोध के अलावा भाव-जगत् से उसका गहरा सम्बन्ध है। कविता इन्द्रियों से अनुभूत बिम्बों का पुनःसृजन करती है किन्तु स्वयं बिम्ब कविता नहीं होते। मनुष्य के भाव ही बिम्बों को काव्यात्मक बनाते हैं। वाउमगार्तेन ने भाव-जगत् से कविता के गहन अन्तस्सम्बन्ध को रेखांकित करने के प्रयास में ही बिम्बों को भावों की तुलना में कम

काव्यात्मक माना है। स्पष्ट है कि बिम्बों की काव्यात्मक अन्तर्वस्तु मनुष्य के भावात्मक अन्तर्जगत् के अस्तित्व पर निर्भर है। इस प्रकार, कविता मनुष्य के बिम्ब निर्मित अन्तर्जगत् की भावात्मक अभिव्यक्ति है।

मनुष्य के इन्द्रिय-बोध, भाव-जगत् और विचार-प्रणाली का विकास एवं परिष्कार समाज के विकास से गहरे तौर पर सम्बद्ध है। विकास की आरम्भिक अवस्था में मानव-चेतना संश्लेषण-विश्लेषण की वह क्षमता नहीं रखती थी, जो आज हमारे पास मौजूद है। उसकी चेतना विविध संवेगों में साथ-साथ व्यवस्थित नहीं हुई थी। निम्नस्तरीय जीवों में यह अभी भी नहीं है। पशुओं के पास आँख है लेकिन अलग-अलग रंगों की विशिष्ट पहचान उनमें नहीं है। वे संगीतात्मक या अन्य संगीतेतर ध्वनियों का फर्क नहीं कर पाते। इसका कारण समाज की उस आरम्भिक अवस्था में निहित है जिसमें श्रम-विभाजन का अस्तित्व नहीं था। विभाजन और वर्गीकरण विशेषज्ञता का परिणाम होते हैं। श्रम के साथ-साथ चेतना भी अविकसित अवस्था में होने के नाते अस्पष्ट थी। यह अस्पष्टता दो रूपों में देखी जा सकती है। एक तो धर्म, मिथ, कला आदि सम्भव चेतना-रूपों के घालमेल में, और दूसरे, संगीत, कविता, नृत्य आदि कला-रूपों की अन्तस्सम्बद्धता में। इस धरातल पर चेतना और कला के रूपों को अलग-अलग करके नहीं देखा जा सकता था।

कबायली जीवन बिताता हुआ मनुष्य सामूहिक चेतना का विकास करता है। ऐशली मोंटेगू ने आदिम मनुष्य की चेतना के सन्दर्भ में बताया है कि उसकी चेतना अपने ऊपर सीधे प्रभाव डालने वाली अपने आस-पास की चीज़ों के प्रति अत्यधिक सजग एवं संवेदनशील थी।[10] व्यापक और विराट् प्रकृति के नाना उपादानों से उसका सीधा सम्पर्क कायम होता था। आत्म-साक्षात्कार की विमुग्ध दृष्टि वाला आदिम मनुष्य नदी, पहाड़, सूरज, वृक्ष, पशु-पक्षी आदि सभी पर आत्म-प्रक्षेपण करता था। वह उन्हें अपने जैसा सप्राण मानता था। आत्म-प्रक्षेपण की इस चरम अवस्था में मनुष्य की दुनिया फैण्टेसीमय होती थी। वह 'आत्म' और 'वस्तु' के बीच फर्क नहीं कर पाता था। यह अन्ध-विश्वास-युग की चेतना है। कालान्तर में जब आत्म और वस्तु के बीच का फर्क जान लिया गया तब उसकी समग्र चेतना एक नये उच्चतर धरातल पर पहुँच गयी। चेतना के इस युग को धर्म का युग कहते हैं। चेतना के विकास की सर्वोच्च अवस्था वैज्ञानिक है। मनुष्य विज्ञान-युग में पहुँचकर आत्म के भी वास्तविक रूप को देखने में समर्थ होता है।

मानव-चेतना के विकास से सम्बन्धित हमारी इस व्याख्या का आधार यह मान्यता है कि चेतना वस्तु-जगत् से स्वतन्त्र या निरपेक्ष नहीं, भौतिक जगत् का परिणाम होती है। वैज्ञानिक भौतिकवादी दर्शन के अनुसार–"चेतना मानव मस्तिष्क का कार्य है, जो अपने सारतत्त्व में पदार्थ को ही प्रतिबिम्बित करती है।"[11]

मनुष्य की चेतना का विकास उसके भौतिक विकास द्वारा अनुप्रेरित होता है। मनुष्य के भौतिक विकास की मूल धुरी उसकी कर्तृत्व-शक्ति (श्रम) है। मानव-चेतना का विकास श्रम की विभिन्न अवस्थाओं द्वारा अनुशासित होता है।

मनुष्य अपने श्रम की आरम्भिक अवस्था में भौतिक दृष्टि से जिस प्रकृति के अधीन था, चेतना के स्तर पर उसी से आक्रान्त भी था। आदिम मनुष्य की इस दुर्दम स्थिति का उल्लेख विक्टर रोमनेंको इन शब्दों में करते हैं कि "एक ऐसा भी समय था जब प्रकृति मनुष्य में सकारात्मक के स्थान पर नकारात्मक भावनाएँ उत्पन्न करती थी; जब वह उसे सुन्दर कम और त्रासद अधिक प्रतीत होती थी, और वह उसकी माँ की तरह नहीं, दुष्ट सौतेली माँ की तरह थी...।"[12]

सामाजिक दृष्टि से अन्धविश्वास युग की यह चेतना आदिम सामुदायिक व्यवस्था और उससे जुड़े आरंभिक दास-समाज की अवस्थाओं से सम्बद्ध है। मनुष्य भौतिक दृष्टि से प्रकृति के जितना अधीन था, उसकी चेतना उसकी पराधीनता को उसी अनुपात में व्यक्त करती थी। निर्जीव पदार्थजगत् को सजीव वस्तुबिम्बों के रूप में ग्रहण करना मनुष्य की प्रकृति-भीत चेतना का प्रमाण है।

धर्म की चेतना मनुष्य के श्रम की अपेक्षाकृत उन्नत अवस्था की परिचायक है। धर्म की व्याख्या करते हुए फ्रेडरिक एंगेल्स ने लिखा है–"समस्त धर्म मानवों के मन में उन बाह्य शक्तियों की अपरूप प्रतिच्छाया के सिवा कुछ नहीं है, जो उसके रोजमर्रे के जीवन का नियन्त्रण करती हैं, ऐसी प्रतिच्छाया, जिसमें पार्थिव शक्तियाँ अतिप्राकृतिक रूप धारण कर लेती हैं।"[13] अर्थात् धर्म के काल में मनुष्य प्राकृतिक शक्तियों के अधीन बना रहता है, उसके दैनन्दिन जीवन का नियन्त्रण प्राकृतिक शक्तियाँ ही करती हैं।

उक्त दोनों युगों की चेतना में एक महत्त्वपूर्ण अन्तर है। आदिम मनुष्य प्रकृति के अनुरूप स्वयं को ढालता था, अपने श्रम द्वारा सुलभ प्राकृतिक साधनों का उपयोग करता था। उसकी ये चेष्टाएँ उसकी अत्यन्त सीमित कर्तृत्व-शक्ति की सूचना देती हैं। नयी अवस्था में मनुष्य अपने चेतन प्रयत्न द्वारा उत्पादन करता है। इसके विपरीत, आदिम मनुष्य आखेट, पशुपालन आदि के ज़रिये अपनी ज़रूरतें पूरी करता था। आग के आविष्कार से उत्पादन की इस आदिम प्रणाली में नवीनता का समावेश हुआ। वैदिक युग मे यज्ञों का जो विधान था, वह श्रीपाद अमृत डांगे के मतानुसार, साम्य संघ (ब्रह्म) की सामूहिक उत्पादन प्रणाली का रूप था।[14] सामूहिक उत्पादन की आदिम प्रणाली अपेक्षाकृत सरल थी। उसमें श्रम-विभाजन नहीं था। आगे चल कर "उत्पादन, काम और विशिष्ट परिश्रम की अनेकता के कारण आर्यों के साम्य संघ के अन्दर श्रम-विभाजन शुरू हुआ।"[15] आदिम श्रम-विभाजन के गर्भ से निजी सम्पत्ति का उदय हुआ। यह नया समाज दास-प्रथा के रूप में सामने आया।

दास-समाज निजी सम्पत्ति पर आधारित वर्ग-समाज के अस्तित्व का पहला संगठन है। वैदिक समाज के बारे में यह धारणा गलत है। वहाँ कृषि के साथ वाणिज्य का विस्तृत उल्लेख मिलता है। दासता सामाजिक उत्पादन की इस प्रक्रिया का एक अंग है। अतः आदिम साम्य संघ की धारणा भ्रमित है।

महत्वपूर्ण तथ्य यह है कि कृषि के चलन के साथ मनुष्य ने यायावर जीवन के स्थान पर भूमि से बँधकर रहना शुरू किया। फलतः मनुष्य के जीवन का आधार बदल गया। मनुष्य की चेतना अनुभवों को संचित करती है। जब ये अनुभव विपुल मात्रा में संचित हो जाते हैं, तब गुणात्मक दृष्टि से नयी चीज़ें उभरती हैं। ज़मीन में गिरने से अन्न पौधा बनकर उग जाता है। यह अनुभव संचित होकर कृषि के विकास का कारण बना। कृषि ने मनुष्य को अपनी कर्मशक्ति का बोध कराया। श्रम के द्वारा कृषि की जा सकती है, मनुष्य खुद फसल पैदा कर सकता है, इस भाव ने वस्तु और आत्म का अन्तर उजागर कर दिया। उनके आदिम सम्बन्धों को पुनर्गठित भी किया।

यह बाह्यजगत् और अन्तर्जगत् के विवेक का ही परिणाम है कि धर्मग्रन्थों में प्रयुक्त 'जड़-चेतन', 'दृश्य-द्रष्टा', 'प्रमेय-प्रमाता', 'चर-अचर', 'जड़-जंगम' आदि शब्द-युग्म अपने भीतर निश्चित दार्शनिक भावभूमियाँ समाहित किये हुए हैं। अन्धविश्वास की चेतना में जहाँ वस्तुओं में निहित व्यवस्था-बोध का सम्बन्ध स्वयं उन वस्तुओं से माना जाता था, वहीं धर्म के युग में उसे लोकोत्तर विधान के रूप में देखने की शुरुआत हुई। समस्त प्रक्रियाओं के केन्द्र में एक नयी सत्ता की कल्पना की गयी। वह सत्ता ईश्वर की है। ईश्वर की कल्पना मनुष्य की प्रतिमा के आधार पर की गयी। मैक्सिम गोर्की ने ईश्वर की कल्पना के सम्बन्ध में दो महत्त्वपूर्ण बातें कही हैं—(1) अगर सिंह, चूहे, मच्छर आदि में भी कल्पनाशक्ति होती तो वे भी ईश्वर की कल्पना अपनी-अपनी प्रतिमा के आधार पर करते; और (2) ईश्वर की कल्पना 'जीवन की नीरसता और दरिद्रता मिटाने, तथा जीवन को अधिक समृद्ध, सुविधाजनक, अधिक न्यायसंगत और सुन्दर बनाने की मनुष्य की अस्पष्ट प्रेरणा, का परिणाम है। इसीलिए "लोगों ने ईश्वर को रोजमर्रा के नीरस जीवन से बहुत ऊँचा आसन दिया है।"[17] इस प्रकार, यहाँ बाह्यजगत् और अन्तर्जगत् के बीच अन्योन्यता का नया धरातल सामने आया। अन्धविश्वास युग में मनुष्य का अन्तर्जगत्-वस्तुजगत् को अर्थवत्ता प्रदान करता था। धर्म के युग में बाह्यजगत् और अन्तर्जगत् एक-दूसरे को अर्थवान् बनाते हैं।

श्रम ने मनुष्य की चेतना में गुण-परिवर्तन ला दिया। सही मायने में देखा जाय तो परिभाषित रूप में कला-बोध धर्म की चेतना में ही सामने आता है। इस प्रसंग में बर्नार्ड बोसाँके की यह मान्यता सही प्रतीत होती है कि कलात्मक चेतना

अविकसित अथवा आरम्भिक अवस्था में सौन्दर्यात्मक मूल्यों को अपेक्षाकृत कम ग्रहण कर पाती है। कलात्मक सौन्दर्य के प्रति मनुष्य की सजगता और संवेदनशीलता उत्तरोत्तर बढ़ती जाती है।[18] सौन्दर्यानुभूति की सजगता में वृद्धि मनुष्य की सजग भूमिका में आम वृद्धि का परिणाम है। मनुष्य की सजगता का यह विकास उसकी उत्तरोत्तर बढ़ती हुई बौद्धिक क्षमताओं की सूचना देता है।

मनुष्य की चेतना उच्चतर धरातल पर पहुँचती है तो चेतना का कार्य भी जटिल हो जाता है। धार्मिक कर्मकांडों और धार्मिक साहित्य के अध्ययन से यह बात सिद्ध हो जाती है। जटिलता का यह अर्थ नहीं है कि मनुष्य का चिन्तन उपयोगपरक आधार से च्युत हो जाता है। जो बात भौतिक जीवन से सम्बन्धित है, मनुष्य उसी के प्रति संवेदनशील होता है। कृषि-समाज में उपयोग-पक्ष की भूमिका का हवाला देते हुए रेमंड फर्थ ने लिखा है—"...कृषि-मूलक समाज व्यवस्था में वर्षा की भूमिका बेहद महत्त्वपूर्ण होती है। इसलिए जल-वृष्टि के लिए तरह-तरह के उत्सव मनाये जाते हैं।"[19]

यह मनुष्य की विशिष्ट चेतना का ही नतीजा है कि वह अपने जीवन के उपयोग पक्ष से सम्बन्ध रखने वाली चीज़ों के प्रति न केवल सौन्दर्यात्मक, बल्कि धार्मिक दृष्टि भी अपनाता है। सामन्तवाद से पूर्व मनुष्य दास-समाज की त्रासद स्थितियाँ झेल चुका था। दोनों ही अवस्थाओं में मनुष्य का श्रम नीरसता का पर्याय था और दैनन्दिन जीवन दरिद्रतर था। दासों के प्रति सम्भ्रान्त शासक वर्ग का क्या मूल्य-बोध था, इसका अनुमान ऋग्वेद के बालखिल्य सूक्तों में आये पृषध्र ऋषि की इस उक्ति से लगाया जा सकता है—

"शतं मे गर्दभानां शतमुपवितीनां। शतं दासाः अतिसृजः।"[20]

दासों को गधों और भेड़ों के समान समझा जाता था। इसलिए मनुष्य ने अपने जिस मनुष्य रूप-धारी ईश्वर की कल्पना की, उसे मैक्सिम गोर्की के अनुसार, ''सर्वदर्शी, सर्वशक्तिमान् तथा सर्वोत्पादक बना दिया, दूसरे शब्दों में, उसने अपनी सर्वोच्च आकांक्षाएँ उसमें मूर्तिमान कर दीं।''[21]

संक्षेप में, धर्म का विधान या समस्त मानवीय मूल्यों के सर्वोत्तम प्रतीक ईश्वर की कल्पना उस जीवन में आस्था दृढ़ करने का ज़रिया बन गयी। जेम्स एल. जैरेट भी सौन्दर्य और धर्म की उपर्युक्त धारणा के समर्थक हैं। ''सौन्दर्यानुभूति और धार्मिक अनुभूति न तो तद्वत् है, न सजातीय। किन्तु सर्वोत्कृष्ट रूप में वे एकरूप होती हैं, और तब दोनों जीवन में आस्था दृढ़ करती हैं।''[22] धर्म यहाँ जीवन में आस्था दृढ़ करता है। जीवन धर्म में समर्पित नहीं होता। मनुष्य ईश्वर की सेवा करता है ताकि ईश्वर मनुष्य की सेवा करे। साध्य है मनुष्य।

यह गौर करने की बात है कि मनुष्य की सचेतन साझेदारी मे बढ़ोतरी के कारण उसमें समाज और प्रकृति की अन्धशक्तियों से मुक्ति की छटपटाहट व्यक्त होती है। इसी कोशिश में वह ईश्वरीय अवतारों की कल्पना करता है और उनके द्वारा दुःख-दारिद्र्य का नाश कराता है। उसके ये काल्पनिक कार्यकलाप प्रकृति के सामने उसकी विकराल सीमाओं को भी उद्घाटित कर देते हैं। प्रो. व. केल्ले और म. कोवालजोन इसी तथ्य को व्यक्त करते हुए कहते हैं–''धर्म की उत्पत्ति उस समय हुई, जब मानव का अपने श्रम द्वारा प्रकृति से विलगाव हो चुका था, मगर उस समय तक वह सर्वथा प्राकृतिक शक्तियों के अधीन था।''[23] इसलिए जब रेमण्ड फर्थ अन्धविश्वास और धर्म को अलग-अलग मानते हुए भी यह कहते हैं कि ''उनमें साफ-साफ विभाजन नहीं किया जा सकता।''[24] तो वस्तुतः वे इसी तथ्य को रेखांकित करते हैं। फर्क यह है कि अन्धविश्वास-युग की चेतना ''प्रकृति के विरुद्ध लड़ाई में जंगली मनुष्य की बेबसी का प्रतिबिम्ब है।''[25] तथा धर्म के युग की चेतना प्रकृति पर मनुष्य की अधिकार-वृत्ति और मानवीय हस्तक्षेप की नयी अभिलाषा की अभिव्यक्ति है।

जिस अनुपात में मनुष्य की सचेतन सहभागिता बढ़ती है, उसी अनुपात में वह प्रकृति की अन्ध-शक्तियों से मुक्त होता है। बदले में, अन्ध-शक्तियों से उसकी यह मुक्ति उसकी सचेतन भागीदारी और उसके दायित्व-बोध को विकसित करने में मदद देती है। इसके फलस्वरूप मनुष्य की वैचारिक संलग्नता में वृद्धि होती है। मनुष्य की यह सजग भूमिका जैविक, सामाजिक और व्यक्तिगत विकास के तीनों धरातलों पर बढ़ती है। हमारी सजग भूमिका हमारी सौन्दर्य-सृष्टि को अधिकाधिक अनुशासित करती है।

मनुष्य की चेतना तथा उसकी सजग और सक्रिय भागीदारी के निर्धारण में उसकी जीवन-विधि और उसके श्रम के स्तर की भूमिका अक्षुण्ण होती है। भारतीय कला और कला-दर्शन कई मायनों में अधिक उन्नत हैं। इस उन्नति का सम्बन्ध यहाँ के निवासियों की जीवन-विधि में आने वाली उन महत्त्वपूर्ण निर्णायक स्थितियों से है, जिनसे दूसरी जगहों पर रहने वाले मनुष्य के पूर्वज वंचित रहे। इनमें सबसे मुख्य है पशुपालन। भारत में पशुपालन वन्य दशा में ही आरम्भ हो गया है। संस्कृति के विकास में इसका प्रभाव इस रूप में झलकता है कि "पशु पालने और उसके द्वारा संस्कृति का विकास करने का मूल प्रदेश एशिया" बना।[26] यह घटना ज्ञात इतिहास से पहले की है।

एशिया की विशिष्ट स्थितियों में मनुष्य ने जो उपलब्धियाँ हासिल कीं उन्हीं के परिणामस्वरूप प्रकृति के प्रति भारतीय मानस का सौन्दर्य-बोध अपेक्षाकृत अधिक विकसित हुआ। यूनानी काव्य से तुलना करते हुए श्री एस. एन. दास गुप्त ने यह

दिखाया है कि "भारतीय काव्य जहाँ प्रकृति के अनुपम सौन्दर्य में अधिक रमता है और (उसमें) मनुष्य प्रकृति का अंग बनकर आता है वहीं ग्रीक काव्य में प्रकृति मनुष्य की तुलना में हीन मानी गयी है और कभी-कभी तो उसकी उपेक्षा भी की गयी है।"[27] कालिदास आदि कवि-कुल-गुरुओं की रचनाओं में तो प्रकृति के बिना मनुष्य की सम्पूर्णता खण्डित मानी गयी है। मनुष्य तभी पूर्ण होता है, जब वह व्यक्ति की हैसियत से नहीं, वरन् अपने समूचे परिवेशगत सन्दर्भ के साथ–समग्रता में–उपस्थित होता है। ऋग्वेद में तो प्रकृति की उपासना ही है।

भारतीय साहित्य के सौन्दर्य-मूल्यों के इस स्वरूप का अध्ययन मनुष्य पर प्रकृति के केवल आतंक के प्रतिबिम्ब के रूप में ही नहीं करना चाहिए। उसे प्रकृति और समाज के बीच निरन्तर चलने वाले बहुमुखी टकरावों से विकसित मानवीय सौन्दर्य-चेतना का प्रतिबिम्ब मानना चाहिए। इसके दो कारण हैं। पहला यह कि आतंक पैदा करने वाली शक्तियों को मनुष्य सुन्दर नहीं मानता। भारतीय साहित्य में प्रकृति को मानव-जीवन के अनुकूल सन्दर्भ में प्रस्तुत करते हुए उसे मनुष्य को पूर्ण बनाने वाली सत्ता के रूप में देखा गया है, दुष्ट सौतेली माँ के रूप में नहीं। दूसरा यह कि मनुष्य की चेतना विकास-प्रक्रिया का निष्क्रिय प्रतिबिम्ब मात्र नहीं होती, वह मनुष्य के भौतिक विकास को प्रभावित करने में सक्रिय भूमिका भी अदा करती है। व्लादीमिर इल्यीच लेनिन के शब्दों मे हम कह सकते हैं कि "...चिन्तन और पदार्थ दोनों ही 'वास्तविक' हैं, अर्थात् दोनों का अस्तित्व है।"[28]

दोनों 'वास्तविक' यानी अस्तित्ववान् हैं, इसलिए दोनों एक-दूसरे को प्रभावित करते हैं। पदार्थ ही चेतना के उद्‌भव का कारण है, यह सही है। किन्तु, चेतना पदार्थ जगत् के अधीन है, यह सही नहीं है। चेतना स्वयं एक सक्रिय घटना है। वह पदार्थ-जगत् से आविर्भूत होती है और पदार्थ-जगत् को सार्थक बनाती है–उसे जानती, समझती है और मनुष्य के अनुरूप उसका रूपान्तरण करती है। चेतना पदार्थ-जगत् का परिणाम है इसलिए सामाजिक जीवन चेतना को निर्धारित करता है। इसी तथ्य को प्रस्तुत करते हुए कार्ल मार्क्स कहते हैं–"भौतिक जीवन की उत्पादन-पद्धति सामाजिक, राजनीतिक और बौद्धिक जीवन की आम प्रक्रिया को प्रभावित करती है। यह मनुष्य की चेतना नहीं होती जो उनके भौतिक अस्तित्व को निर्धारित करती है, वरन् यह उनका सामाजिक अस्तित्व होता है जो उनकी चेतना को निर्धारित करता है।"[29]

अगर ऐसा न होता और चेतना सर्वोपरि और स्वयंभू होती तो उसमें मनुष्य की भौतिक और सामाजिक स्थितियाँ प्रतिबिम्बित न होतीं। लेकिन यह जगजाहिर है कि मनुष्य हिताहित-विवेक से परिचालित होता है। कृषि के अस्तित्व में आने के बाद दास श्रम-शक्ति का एक स्रोत बन गये। लेकिन जब तक कृषि का अस्तित्व नहीं था, दासों को मार डाला जाता था।[30]

यही नहीं, चातुर्वर्ण्य की अवधारणा कृषि के जन्म के बाद सामने आयी। इससे पहले, शतपथ ब्राह्मण के अनुसार प्रजापति त्रयी के रूप में चीज़ों को जन्म देते हैं। इनमें तीसरी त्रयी "ब्रह्म, क्षत्र और विश...अथवा तीन वर्गों की त्रयी थी।"[31] आगे चलकर कृषि उत्पादन में श्रम-शक्ति के रूप में दासों का उपयोग आरम्भ हुआ। श्रम को शोषण-मूलक समाज में निकृष्ट माना जाता है। यह कोई संयोग की बात नहीं है कि ऋग्वेद में शूद्रों को ब्रह्मा के पैरों से उत्पन्न[34] बता कर और 'श्रमद्भगवद्गीता' में 'पापयोनयः' कहकर उनकी निकृष्टता साबित की गयी है।[33]

अतः स्पष्ट है कि चेतना भौतिक और सामाजिक जीवन से जुड़कर ही सक्रिय होती है। वर्ग-समाज में सांस्कृतिक क्षेत्र में शासक वर्गों का आधिपत्य होता है, तथा श्रमजीवी वर्ग की स्थिति दयनीय होती है। श्रमजीवी समाज के सबसे निचले अंग होते हैं। शासक वर्ग उनके साथ जानवरों जैसा सलूक करता है। आर्थिक शोषण और सांस्कृतिक तिरस्कार का आपस में बहुत गहरा सम्बन्ध है। धर्म का विकास वर्ग-विभक्त समाज की चेतना से होता है, इसलिए उसकी भूमिका पूर्णतः वर्गेतर नहीं होती। मध्य-युग की चेतना का सामान्य रूप धर्म है। इसलिए वह सांस्कृतिक और सौन्दर्यात्मक क्रियाओं को बहुत सघन रूप में प्रभावित करता है। कला और धर्म दोनों का सम्बन्ध अधिरचना से है (क्योंकि वे बौद्धिक क्रियाएँ हैं), इसलिए दोनों ही वर्ग-विभक्त समाज में निश्चित वर्गों के हितों से जुड़ जाते हैं।

वर्ग-विभक्त समाज में संस्कृति के वर्गीय स्वरूप की व्याख्या करते समय उत्साहवश कुछ मार्क्सवादी विचारक मध्य युग की समूची संस्कृति को प्रतिक्रियावादी मान बैठते हैं।[34] ऐसे लोगों को मध्ययुगीन शोषित जनता की चेतना का स्वरूप स्पष्ट नहीं होता। वे भाषा को 'भारतीय जनता की महान् रचना'[35] कहकर भी वैदिक और संस्कृत भाषाओं को 'शोषक वर्गो की कृति' बता सकते हैं।[36] मध्ययुगीन समाज में प्रगतिशीलता की खोज करते हुए उन्हें श्रमजीवी जनता द्वारा गढ़े गये थोड़े से गीत[37] और 'शिकार की तकनीक के अंगन्यासों'[38] से पैदा हुए थोड़े-से नृत्य मिलते हैं।

सत्य के ऐसे एकांगी दर्शन का एक ज्वलन्त उदाहरण आर. पी. सर्राफ द्वारा व्याख्यायित 'मार्क्सवाद' है। यह ठीक है कि पतनशील शोषक वर्ग जीवन के प्रत्येक क्षेत्र में भ्रष्टता, कामुकता और व्यभिचार फैलाता है। किन्तु वह मात्र यही करता है, यह समझ ठीक नहीं है। श्री सर्राफ की व्याख्या के अनुसार आदिम सामुदायिक अवस्था ('शिकार की तकनीक के अंगन्यासों') को छोड़कर समाज में कभी कोई श्रेष्ठ मूल्य नहीं विकसित हुए, वर्ग समाजों की भूमिका केवल भ्रष्टीकरण की भूमिका है।

इस समझदारी के अनुसार वर्ग समाजों में जनता केवल उत्पादक श्रमशक्ति (बैल और घोड़ा) होती है। इस भौतिक आधार पर सांस्कृतिक अधिरचना का निर्माण करता है शोषक वर्ग। धर्म, परम्परा, जाति-व्यवस्था आदि इन्हीं सांस्कृतिक प्रयत्नों का परिणाम

हैं। अधिरचना और संस्कृति के क्षेत्र में जनता की कोई सक्रिय भूमिका नहीं होती, वह केवल निष्क्रिय ग्रहीता होती है। इसलिए 'शिकार की तकनीक के अंगन्यासों' से लोगों ने लोक-नृत्य विकसित किये तो सामन्तों ने उसे "व्यभिचार और कामुकता का माध यम बनाकर भ्रष्ट कर दिया।"[39] जनता कुछ न कर सकी, चुपचाप देखती रह गयी। भला भेड़, बकरी, गधे, बैल भी संस्कृति की रचना करते हैं!

इस मान्यता से यही निष्कर्ष निकलेगा कि संस्कृति और इतिहास की रचना मुट्ठी भर शोषक वर्गों के द्वारा होती है। इसलिए नयी, शोषणरहित संस्कृति समस्त प्राचीन संस्कृति को नष्ट कर के ही रची सकती है। यह धारणा त्रात्स्की से चलकर शिवदान सिंह चौहान तक रही है। यह बात भौतिक आधार और सामाजिक उत्पादन के क्षेत्र में कुछ कम और सांस्कृतिक विकास के सन्दर्भ में पूरी तरह लागू होती है। इस प्रकार, ऐतिहासिक विकास (अ़धिरचना के क्षेत्र में खासकर) किन्हीं प्रगतिशील शक्तियों द्वारा परिचालित नहीं होता, वह एकान्ततः गिने-चुने शासकों की इच्छा का परिणाम होता है।

मार्क्सवादी समझदारी ऐसी एकांगी नहीं है। उसके अनुसार, आज के शोषक वर्ग का उदय कल एक क्रान्तिकारी और प्रगतिशील भूमिका के साथ हुआ था। उसकी क्रान्तिकारिता और प्रगतिशीलता का सम्बन्ध जनता के हितों से था। उसकी सामाजिक भूमिका में निहित यह द्वन्द्वात्मकता उसकी सांस्कृतिक भूमिका को, अधिरचना के निर्माण में उसके अवदान को भी स्पष्ट करती है। अतः उसके सांस्कृतिक अवदान की कोई अनन्यवादी व्याख्या मार्क्सवादी नहीं हो सकती, उसमें उत्साह का अतिरेक और सरलीकरण की धुन चाहे जितनी हो। अस्तु।

विज्ञान ने मानव-चेतना को अन्धविश्वास-युग की चेतना के बिल्कुल विपरीत ला खड़ा किया है। मनुष्य सत्य के वस्तुगत स्वरूव को पहचान गया है। इसलिए पदार्थ जगत् पर आत्म का प्रक्षेपण करने के स्थान पर अपनी चेतना के वस्तुगत रहस्यों से भी परिचित होने लगा है। अन्धशक्तियों से मुक्त होने के साथ मनुष्य की सचेतन भूमिका बढ़ गयी है। वह प्रकृति का प्रतिद्वन्द्वी बन बैठा है। आधुनिक सौन्दर्यशास्त्र मनुष्य की कर्मशक्ति की नियामक भूमिका को मनुष्य का सबसे बड़ा मूल्य मानकर चलने के नाते ही **सौन्दर्य-सृजन में मनुष्य को प्रकृति का सफल प्रतिद्वन्द्वी** मानता है। रचयिता होने का मानवीय भाव विज्ञान की देन है। यदि मनुष्य रचयिता न होता तो उससे बाहर के सौन्दर्य-जगत् का कोई मूल्य न होता। अपने श्रम से मनुष्य रचना करता है और तब वह प्रकृति में निहित गुण और सौंदर्य पहचानता है। रचनात्मकता से ही 'ज्ञान और सौन्दर्यबोध का विकास' होता है। सृजन, सौंदर्यबोध और ज्ञान से ही वह सृष्टि को मूल्यवत्ता प्रदान करता है। यह मूल्यवत्ता ही नये सन्दर्भों में मानवीय कर्तृत्व से जुड़कर नये दायित्व-बोध को जन्म देती है।

धर्म के काल में सामाजिक-सांस्कृतिक विरोध चरम अवस्था में नहीं होता।

इसलिए इस विरोध के प्रति सजग और सक्रिय प्रतिरोध की भी उतनी गुंजाइश नहीं होती। यही कारण है कि प्राचीन ग्रन्थों का एकांगी मूल्यांकन हमेशा भ्रम पैदा करता है। प्राचीन धर्म और संस्कृति का अध्ययन करते समय हमारे समाने वर्गों के आपसी टकराव और समन्वय की दोहरी भूमिका प्रकट होती है।

शासन-तन्त्र पर प्रत्यक्ष आधिपत्य होने के कारण क्षत्रिय समस्त सम्पदा का स्वामी होता था। उसे किसी चीज़ की कमी नहीं थी, इसलिए निष्काम कर्म का सन्देश देता था, अगोचर और कल्पनातीत ब्रह्म की बातें करता था। किन्तु ब्राह्मण वैभव के महारणों के बीच दारिद्र्य का द्वीप होता था। वह विद्या-दान करता, शस्त्रास्त्र-संचालन की दीक्षा देता और सारथी बनता था। उसे जीवन में सुख भी मिलता था, लेकिन यह सुख-भोग उसकी अपनी इच्छा पर निर्भर न था। जीवन में अनिश्चय की स्थिति बनी रहती थी। इसलिए वह 'धनान्नदानसूक्त' लिखता था, दान-दाक्षिण्य का गुणगान करता था, पीढ़ियों तक चलने वाले यज्ञों और सत्रों का विधान करता था। उसका ईश्वर भी शरीरी था; वह अवतार ग्रहण कर खाता-खेलता हुआ लीलाएँ करता था।

अपनी आर्थिक परिस्थितियों की (अस्पष्ट) प्रेरणा से मनुष्य निष्कर्ष निकालता था, किन्तु उसके सभी निष्कर्षों का एकमात्र कारण उसकी सामाजिक या आर्थिक परिस्थितियाँ नहीं होती थीं। 'कर्मण्येवाधिकारस्ते मा फलेषु कदाचन्'[40] केवल शोषक वर्ग का मन्त्र न था। इसमें प्रकृति के आतंक का प्रतिबिम्ब भी मौजूद है। कर्म करना मनुष्य का काम है। फल उसके वश में नहीं है। व्यक्तिगत कर्म का सम्बन्ध व्यक्ति की कर्म-चेतना से है, किन्तु उस कर्म के फल की प्राप्ति व्यक्ति से पृथक् शक्ति पर निर्भर है, इसे चाहे ईश्वर कह लें, प्रकृति कह लें या समाज कह लें। विज्ञान जिसे जान-पहचान कर प्रकृति और समाज (वस्तुगत संसार) कहता है, धर्म उसे नहीं जानता और उस पर रहस्य का पर्दा डालकर उसे ईश्वर कहता है। यह अनभिज्ञता, प्रकृति के आगे मनुष्य की यह सर्वांगीण परवशता ही धर्म की चेतना के गहन अन्तर्विरोध का मुख्य कारण है।

धर्म की चेतना के अन्तर्विरोध का दूसरा कारण है समाज और श्रम का पिछड़ापन। अन्याय और उत्पीड़न का आधार सामाजिक था किन्तु उसका जीवन में अन्त सम्भव नहीं था। परस्परविरोधी हितों के परस्पर बहिष्कारी चरित्र को न समझ कर मनुष्य उनमें समन्वय करना चाहता था। इस प्रकार, जीवनानुभव और दार्शनिक समाधान में अन्तर्विरोध उत्पन्न हो गया। समन्वयवाद के प्रयत्नों से एक तरफ जहाँ धर्म की समग्र चेतना अन्तर्विरोधों से ग्रस्त हुई, वहीं दूसरी ओर वर्गीय भूमि पर खड़े होकर समस्त मानवता की चिन्ताओं से जूझने के नाते उसमें वर्गों का अतिक्रमण करने की क्षमता भी आ गयी। इसलिए धर्म के युग को वर्ग-विशेष का एकाधिकार

मानना मार्क्सवाद के सरलीकरण का ही परिणाम है।

गीता का विश्लेषण करते हुए श्री डी. डी. कोसाम्बी ने लिखा है कि गीता के माध्यम से "हमारे सामने विचारधाराओं का अद्भुत सिंहावलोकन-संश्लेषण प्रस्तुत होता है जो कई बातों में परस्परविरोधी थीं।... प्रत्येक मत या सम्प्रदाय में जो सर्वोत्तम है उसे इस प्रकार से लिया गया है मानो वह परम प्रभु से प्राप्त हो।"[41] थोड़े-बहुत शब्दान्तर से यह बात सभी मध्ययुगीन कृतियों के सम्बन्ध में कही जा सकती है।

इस द्वन्द्वात्मक भावभूमि पर चिन्तन न करने से अन्धवृत्तियाँ पैदा होती है। श्रद्धावादी या निषेधवादी अतिवाद इसी अन्धवृत्ति का परिणाम होने के नाते एक किस्म का भाववाद है। श्री सर्राफ की तरह निषेधवादी दृष्टि से प्रेरित होकर सोवियत संघ में प्रो. नूसिनोव, क्रेपचेंको लेविन आदि विद्वानों ने गोगोल की विश्वविख्यात कृति 'मृतात्माएँ' (Dead Souls) को ''भू-दासों के शोषण को मूलबद्ध करने का प्रयास'' घोषित किया था। इनके मत का खंडन करते हुए प्रो. मिखाइल लिफशित्ज़ ने लिखा था—"इस सन्दर्भ में प्रत्येक पाठक को यह कहने का अधिकार है : यदि साहित्य के इतिहास के बारे में भौतिकवाद का आपका व्यवहार सही है, तो सम्पत्तिशाली वर्गों के पतन के साथ-साथ कलात्मक साहित्य का सौन्दर्य-मूल्य भी नष्ट हो जाना चाहिए।"[42] तुलसीदास के बारे में वही तर्क दोहराने वाले मार्क्सवादी इस इतिहास से कुछ नहीं सीखते।

हम जानते हैं कि व्यवहार में पुराने शासक वर्गों का पतन हो जाने के बाद भी उस समय की कलात्मक कृतियों का मूल्य नष्ट नहीं होता। इसके दो कारण हैं। पहला यह कि समाज और चेतना की एक अवस्था का अकस्मात् किसी निश्चित तिथि पर पतन और नये रूप का उदय नहीं हो जाता। परिवर्तन एक प्रक्रिया है। नये तकाजों से उत्पन्न और विकसित होने वाले नये मूल्य बहुत समय तक पुराने तत्त्वों के साथ-साथ चलते रहते हैं। जन-चेतना में समाविष्ट होकर दोनों तत्त्व घुले-मिले होते हैं, उनमें दो-टूक विभाजन नहीं हो पाता। इसलिए अधिरचना के क्षेत्र में परिवर्तन की गति और भी धीमी होती है।

दूसरा यह कि अपने उदय-काल में प्रत्येक शासक वर्ग निश्चित हद तक प्रगतिशील भूमिका निभाता है। सामन्तवाद की प्रगतिशील भूमिका यह थी कि उसने आजीविका को सुचारू बनाया और असंख्य लोगों को दासता से मुक्ति दिलायी। उदीयमान शासक वर्ग की भूमिका केवल तभी प्रगतिशील हो सकती है जब उसके हित जनता के हितों से मेल खाते हों। ऐसे समय में शासक वर्ग जिन मूल्यों का विकास करता है, वे मानव-चेतना के नित्य और नैसर्गिक अंग बन जाते हैं।

शासन-सत्ता पर आधिपत्य कायम कर लेने के बाद शासक वर्ग की प्रगतिशील

भूमिका का ह्रास होने लगता है। जैसे-जैसे शासक वर्ग सत्ता पर अपना कब्जा जमाता जाता है, जनता के हितों से उसका विरोध प्रकट और उग्र होने लगता है। उत्पादक शक्तियों और उत्पादन सम्बन्धों का द्वन्द्व निरन्तर विकासमान प्रक्रिया को नये-नये धरातलों पर पहुँचाता है। मानव-श्रम और श्रम के औज़ार संचित होते-होते जब नये रूपों में प्रकट होते हैं, तब समाज नये रूप में गठित होता है और चेतना नये रूप में प्रकट होती है। नयी चेतना के लिए भौतिक आधार निर्मित हो जाने पर और इस आधार पर अधिरचना के नये रूप का निर्माण हो जाने पर पुरानी चेतना की ऐतिहासिक भूमिका समाप्त हो जाती है। विज्ञान की चेतना ने जहाँ जीवन-जगत् के सभी प्रश्नों का सुसंगत समाधान प्रस्तुत करना आरम्भ कर दिया है, वहीं उसने यह भी प्रकट कर दिया है कि धर्म की प्रगतिशील सम्भावनाएँ आज समाप्त हो गयी हैं। विज्ञान वर्तमान युग की सामाजिक चेतना का रूप है। लेकिन धर्म और भाग्यवाद आज भी लोगों की चेतना पर हावी है। भाग्यवाद एक ओर सामर्थ्यहीन विवशता का परिणाम है तो दूसरी ओर मनुष्य की कर्मशक्ति को पंगु बनाने का अस्त्र भी है। अपने विश्वप्रसिद्ध लेख 'समाजवाद और धर्म' में लेनिन ने लिखा है–''शोषकों के खिलाफ अपने संघर्ष में, अपनी शक्तिहीनता के कारण, शोषित वर्ग स्वर्ग में सुख भोगने के स्वप्न में विश्वास करने लगते हैं ; ठीक उसी प्रकार जैसे प्रकृति के विरुद्ध अपने संघर्ष में आदिम मनुष्य की शक्तिहीनता द्वारा देवी-देवताओं, शैतानों, जादू-टोने आदि का विश्वास उत्पन्न हुआ।''[43]

इस प्रकार, विज्ञान ने यह सिद्ध कर दिया है कि धर्म मनुष्य की शक्ति को नहीं, सीमा को व्यक्त करता है। अवनर ज़िस के शब्दों में, "...धर्म एक ऐसी स्थिति को प्रतिबिम्बित करता है जिसमें प्रकृति और समाज की शक्तियाँ मनुष्य पर हावी हैं।..."[44]

आज जब विज्ञान ने हमारे ऐतिहासिक परिस्थिति-ज्ञान से उत्पन्न दायित्व, दिशा-बोध, प्रतिश्रुति, चैतन्य विचारधारा आदि को हमारे समस्त (भौतिक और आत्मिक) कार्यकलाप का नियामक बना दिया है, मानवीय असमर्थता को व्यक्त करने वाला धर्म अपनी सामाजिक भूमिका खो चुका है। आज के समाज में धर्म का पुनः उत्थान वही तत्त्व चाहते हैं जो या तो सामाजिक विकास को सारभूत गति को नहीं समझते, और समझते हैं तो जाने-अनजाने उसे अवरुद्ध करना चाहते हैं।

इसीलिए लेनिन ने धर्म को वर्तमान समय में ऐसे लोगों का हथियार बताया है, "जो दूसरों की कमाई पर बसर करते हैं।" धर्म को मनुष्य का 'व्यक्तिगत प्रश्न' घोषित कर देने की माँग करते हुए उन्होंने कहा कि वह "शोषकों को अपने अस्तित्व का औचित्य सिद्ध करने के लिए बहुत सस्ता उपाय बताता है,...जनता के लिए धर्म अफीम है। धर्म एक प्रकार की रूहानी शराब है, जिसके नशे में पूँजी के गुलाम अपनी इंसानी हैसियत और इंसान के योग्य जिन्दगी बसर करने की अपनी ख्वाहिश

तक डुबा देते हैं।"[45]

लेनिन द्वारा की गयी धर्म-सम्बन्धी इस आलोचना में अन्याय और अन्याय को चुपचाप सहते जाने वाली भाग्यवादी चेतना के प्रति जो तीव्र विक्षोभ का भाव है, वह मनुष्य को सक्रिय कर्त्ता बनाकर अन्याय और उत्पीड़न का नाश करने की प्रेरणा लिये है। मनुष्य की यह प्रेरणा विज्ञान की देन है जिसने उसे अपने विवेक और अपने विचार के अनुसार अपने परिवेश की पुनर्रचना का सामर्थ्य प्रदान किया है। विज्ञान मनुष्य की भौतिक और आत्मिक सम्भावनाओं के नये क्षितिज उद्घाटित करता है।

दूसरे शब्दों में, बौद्धिकता की बढ़ती हुई युगीन भूमिका वैज्ञानिक चेतना की देन है। विज्ञान का यह युग प्रकृति और समाज की शक्तियों पर मनुष्य की विजय से आरम्भ होता है।

सत्य के प्रति मनुष्य की जिज्ञासा उसके बौद्धिक विकास का सर्वप्रमुख कारण है। मनुष्य का वैचारिक चिन्तन उसके सुलभ तथ्यों पर आधारित होता है। मध्य युग में वर्तमान निगमनमूलक विज्ञान नहीं था। इसलिए मनुष्य सत्य के वस्तुनिष्ठ स्वरूप को पहचान नहीं सका था। कल तक वह जिन नक्षत्रों को अपने जीवन पर प्रत्यक्ष प्रभाव डालने वाली चीज़ों के रूप में देखता था, आज वह उनके रहस्य जानकर उनके मानवीय उपयोग के लिए प्रयत्नशील है।

विज्ञान ने ज्ञान के सभी क्षेत्रों में मनुष्य के सामने असंख्य तथ्य उजागर कर दिये हैं। प्राकृतिक प्रक्रियाओं से सम्बन्धित तथ्यों की जानकारी ने मनुष्य को सत्य के वस्तुगत स्वरूप का ज्ञान कराया। प्रकृति (पृथ्वी और सौर-मंडल ही नहीं, हजारों सौर-मंडलों वाली दस हजार से अधिक आकाशगंगाओं) के विशाल प्रांगण में मनुष्य से स्वतन्त्र वस्तुजगत् के नियम, गुण-धर्म और सम्बन्ध भी मनुष्य से स्वतन्त्र होते हैं। ये गुण-धर्म और सम्बन्ध मानव-संज्ञान में प्रतिबिम्बित होते हैं। मनुष्य अपने श्रम से आज उस धरातल पर पहुँच गया है जहाँ वह अपने से स्वतन्त्र इस विराट् वस्तुजगत् को सार्थकता प्रदान करता है। अतएव, वस्तुजगत् की प्रक्रियाएँ मानव-संज्ञान में प्रतिबिम्बित हुए बिना मूल्यवत्ता धारण नहीं कर सकतीं।

दूसरी तरफ, मनुष्य की रचनात्मक शक्तियों को विज्ञान नये दायित्व-बोध से युक्त करता है और सक्रिय कर्त्ता की उसकी भूमिका को नया धरातल प्रदान करता है। विज्ञान मनुष्य को निष्क्रिय ग्रहीता नहीं मानता। मनुष्य की सक्रिय भूमिका प्रकृति में उसके हस्तक्षेप द्वारा ही नहीं, भाषा, संस्कृति, सौन्दर्य-बोध और इन सबके आधार—समाज—की रचना द्वारा भी प्रमाणित होती है।

मनुष्य की सजग भूमिका में वृद्धि उसकी भौतिक सीमाओं को तोड़कर बौद्धिक विकास का मार्ग प्रशस्त करती है। मनुष्य का ज्ञान अन्धशक्तियों से मुक्त होकर उसकी सृजनात्मक भूमिका को और भी प्रबल अभिव्यक्ति देता है। इस प्रकार विज्ञान

मनुष्य को केन्द्र में स्थापित कर देता है तथा उसे समूची प्रकृति की सर्वश्रेष्ठ उत्पत्ति और सभ्यता, संस्कृति, सौन्दर्य-बोध आदि मानव-समाज से सम्बद्ध विशिष्ट मूल्यों का उत्पादक बताता है। इस मूलभूत स्थिति को उजागर करते हुए विज्ञान हमें यह बोध भी कराता है कि "मनुष्य का सत्य पर कोई वश नहीं है। वह अपने आसपास की दुनिया को बदल सकता है। वह अपने जीवन की स्थितियाँ बदल सकता है। किन्तु सत्य को वह उस रूप में नहीं बदल सकता जिस रूप में उसे वह उपयुक्त समझता है...।"[46] अर्थात्, सारे वैज्ञानिक साधनों के बावजूद वस्तुगत, निरपेक्ष सत्य तक—विराट् प्रकृति तक—मनुष्य की पहुँच अभी नहीं हैं। वहाँ पहुँच हो जाने के बाद भी वह संपूर्ण सृष्टि को अपने मनोनुकूल बदल सकेगा, इसमें संदेह है।

अपने से स्वतन्त्र पदार्थ-जगत् को वह बदल भले न सकता हो, किन्तु उसका रूपान्तरण अवश्य कर सकता है। समाज और सभ्यता की विभिन्न अवस्थाओं में इस रूपान्तरण के सारतत्त्व और उसमें निहित अन्तर्वस्तु, दोनों में भिन्नता होती है। साथ ही, "मनुष्य की चेतना केवल भौतिक जगत् को प्रतिबिम्बत ही नहीं करती, वरन् उसका सृजन भी करती है।"[47] अर्थात् ठोस भौतिक स्थितियों के अलावा मनुष्य की आम चेतना भी मनुष्य के विकास को प्रेरित एवं निर्धारित करती है।

इस प्रकार, सम्पूर्ण मनुष्य को सृष्टि का केन्द्रीय घटक बनाकर विज्ञान का युग जिस नये मानववाद की प्रतिष्ठा करता है, वह अत्यन्त ठोस और वस्तुगत परिप्रेक्ष्य में मनुष्य के आकलन का नतीजा है। वैज्ञानिक मानववाद अपने सारतत्त्व में मनुष्य की कर्मण्यता को मनुष्य के सबसे महान् मूल्य के बतौर अभिव्यक्त करता है। मनुष्य जिस सौन्दर्य की सृष्टि करता है, वह उसकी इसी सजग भूमिका का परिणाम है। मनुष्य की यह सजगता ही उसे बाह्य-जगत् की शक्तियों पर हावी बनाती है। अन्धविश्वास के काल में वस्तुजगत् के बिम्ब मनुष्य पर हावी होते थे। इसके बिल्कुल उल्टे, विज्ञान के युग में, मनुष्य अपने अन्तर्जगत् में प्रतिबिम्बित होने वाले वस्तुजगत् के बिम्बों पर शासन करता है।

साहित्य में मनुष्य की सक्रिय कर्त्ता (Active Agent) की यह भूमिका बिम्ब ग्रहण की प्रक्रिया को तो जटिल बनाती ही है, बिम्बों में मुक्त साहचर्य, प्रतीकवत्ता आदि के अधिक सजग अन्यथाकरण (डिस्टार्शन) को भी सम्भव और अनिवार्य बनाती है। वस्तुजगत् का महत्त्व निर्णायक है, किन्तु सौन्दर्य-सृष्टि में वस्तुजगत् के बिम्बों को मनुष्य अपने अनुरूप बरतता है। इससे कलात्मक सौन्दर्य के क्षेत्र में प्रत्ययों का व्यापक पैमाने पर प्रवेश होता है। यही कारण है कि विज्ञान के काल में कला जिन अनेक दृष्टियों और विचार-बिन्दुओं से अधिक समृद्ध होती है, उनमें विचारधारा, सामाजिक प्रतिबद्धता और सजग कर्मण्यता का स्थान सर्वोपरि है।

अपनी सामान्य सजग भूमिका में वृद्धि के साथ-साथ मनुष्य अपनी श्रम-शक्ति

का अधिक सार्थक उपयोग करता है। बाह्य जगत् मानवीय आवश्यकताओं की तुष्टि का साधन है। मूल्यवत्ता बाह्य जगत् की वस्तुओं से (मानवीय) विचारों के सम्बन्ध में प्रतिफलित होती है। मूल्यवत्ता का केन्द्र मनुष्य है, इसलिए "मूल्यों की प्रकृति की समस्या का समाधान इतिहास और खुद अपने निर्माता के बतौर मनुष्य की समझदारी पर, अपनी सकर्मक अन्तर्वस्तु में उसके विश्वास पर निर्भर है।"[48]

मनुष्य की यह द्वन्द्वात्मक भूमिका–**निर्माता की सकर्मक अन्तर्वस्तु और इससे उत्पन्न समझ की द्वन्द्वात्मकता**–समग्र रूप में मानवीय कार्यकलाप का निर्धारण करती है। अर्थात् मनुष्य का चिन्तन व्यवहार से उत्पन्न और व्यवहार का नियामक है। ज्ञान और व्यवहार में द्वन्द्वात्मक एकता है। मनुष्य की सजग भूमिका और सकर्मक अन्तःप्रकृति का ज्ञानात्मक स्वरूप तीन धरातलों पर प्रकट होता है–

1. वस्तु का ठोस, अखंड **ज्ञान** ;
2. उसे व्यवहार में, भौतिक रूप में, हासिल करने की **इच्छा**; तथा
3. कर्म का **उद्देश्य** और सुनिश्चित **कार्यक्रम**, अर्थात् 'वस्तु' के रूपान्तरण से सम्बद्ध 'आत्म' की **'योजना'**।[49]

मानव कर्म की सही दिशा और भूमिका के लिए तीनों का पूर्वापर क्रम अनिवार्य है। हम जिस 'वस्तु' या 'प्रक्रिया' को परिवर्तित (रूपान्तरित) करना चाहते हैं, उसका वायवी और खंड-ज्ञान हमारे व्यवहार को भ्रमित करता है। अगर 'कर्त्ता' की अपनी भूमिका के प्रति उदासीन होकर हम 'वस्तु' के रूपान्तरण की इच्छा गँवा दें तो कर्म में प्रवृत्त न हो सकेंगे। और यदि हमारे पास इस रूपान्तरण की सम्यक् योजना न होगी, अपने कर्म के औचित्य और उद्देश्य के प्रति अस्पष्टता होगी या किसी सुनिश्चित कार्यक्रम का अभाव होगा तो हम अपना लक्ष्य पा नहीं सकेंगे। कहने का तात्पर्य यह है कि इनमें से किसी एक का भी अभाव मानव-कर्म की दिशा और भूमिका को कुंठित करता है। इस प्रक्रिया को, लेनिन के शब्दों में, यों कह सकते हैं–**"जीवन्त चिन्तन से अमूर्त चिन्तन तक और फिर अमूर्त चिन्तन से व्यवहार तक–सत्य के, वस्तुगत यथार्थ के ज्ञान की प्रक्रिया ऐसी ही द्वन्द्वात्मक है।"**[50]

स्पष्ट है कि विज्ञान ने ज्ञान और कर्म, दोनों स्तरों पर मनुष्य की सचेतन सहभागिता को अत्यन्त उच्च धरातल पर पहुँचा दिया है। आज मनुष्य का निःसीम गरिमामण्डित रचनात्मक स्वरूप समाज और साहित्य दोनों धरातलों पर समान रूप से व्यक्त हो रहा है। सामाजिक धरातल पर इसकी अभिव्यक्ति अनन्त काल से चले आ रहे अन्याय और उत्पीड़न के विरुद्ध विश्व-मानवता के निर्णायक जेहाद के रूप में हो रही है। मनुष्य की इस नयी भूमिका की पहचान के प्रयत्न में जो विभिन्न साहित्यिक प्रवृत्तियाँ, शैलियाँ और आन्दोलन समय-समय पर प्रकट हुए, उन्हीं के

बीच से विकसित होकर वैज्ञानिक मानववाद मनुष्य की निःसीम रचनात्मकता को व्यक्त करता है। यह कहने की ज़रूरत नहीं कि साहित्यिक सीमाओं के अतिक्रमण की क्षमता दृष्टि की वैज्ञानिकता पर निर्भर करती है। मनुष्य ने यह क्षमता स्वयं अपने श्रम द्वारा अर्जित की है।

यह ध्यान देने की बात है कि विज्ञान जिस गति से मनुष्य को अन्धशक्तियों से मुक्त कर रहा है, उसी गति से मनुष्य की परिवर्तनकारी और सृजनात्मक भूमिका में भी अभिवृद्धि हो रही है। विज्ञान द्वारा प्रस्तावित मनुष्य की वह भूमिका उसे अधिकाधिक अपने से बाहर निकलकर वस्तुगत् यथार्थ से जुड़ने के लिए प्रेरित कर रही है। व्यवहार ही सत्य की कसौटी है। इसलिए मनुष्य को अपनी नयी भूमिका का निर्वाह व्यवहार में करना पड़ता है। व्यवहार मनुष्य को नया मूल्य प्रदान करता है। **सत्य के वास्तविक स्वरूप की समझ, अपने गन्तव्य को पाने की इच्छा, अपने प्राप्तव्य ध्येय के न्यायसंगत होने का बोध और उसे व्यवहार में हासिल करने की योजना–मनुष्य की कर्मशक्ति को गुणात्मक दृष्टि से नये धरातल पर पहुँचने वाला यह नया मूल्य विज्ञान की देन है।**

इस नये मूल्य को आत्मसात् करके चलने वाला साहित्य अपने सामाजिक दायित्व से भाग नहीं सकता। विज्ञान द्वारा प्रस्तावित इस नये मूल्य के आविर्भाव के साथ साहित्य की सामाजिक भूमिका में गुणात्मक अभिवृद्धि होती है। समाजवादी यथार्थवाद की कला के सम्बन्ध में मनुष्य के दायित्व-बोध की चर्चा करते हुए क्रैपचेंकी ने लिखा है–"नये समाज की रचना का दायित्व और हमारे युग का लोकप्रिय मुक्ति आन्दोलन, ये दो चीज़ें सम-सामयिक जनवादी कला, समाजवादी-यथार्थवाद की कला के विकास की प्रभावशाली प्रेरणाएँ हैं।"[51]

सामाजिक परिवर्तन और न्याय की आकांक्षा वर्तमान युग के सन्दर्भों की सही पहचान पर निर्भर है। सारा समाज भूखा, नंगा, प्रताड़ित और असुरक्षित है। युगों से चला आ रहा समाज का अन्तर्विरोध आज उग्रतम रूप में प्रकट हो रहा है। मनुष्य अपनी सजग भूमिका और सामाजिक दायित्व के प्रति सचेत हो और श्रम तथा सम्पत्ति के बीच के शाश्वत अन्तर्विरोध को समझकर इसे दूर करने के एकमात्र समाधान–निजी सम्पत्ति के उन्मूलन–की ओर प्रवृत्त हो। इससे जहाँ सामान्य श्रमजीवी जनता का हित होता है, वहाँ सम्पत्तिशाली लोगों का अहित। हिताहित-विवेक से परिचालित मनुष्य अपनी अस्मिता बनाये रखने के लिए हर सम्भव प्रयास करता है। फलतः सम्पत्तिशाली वर्ग विज्ञान द्वारा प्रदर्शित मनुष्य की सकर्मक भूमिका पर कुठाराघात करता है। यह संयोग की बात नहीं है कि समकालीन विश्व में जितनी भी प्रतिक्रियावादी शक्तियाँ और सत्ताएँ हैं, वे धर्म का सहारा लेकर आतंकवाद और नस्लवादी आन्दोलन पैदा कर रही हैं।

साहित्य सामाजिक घटना है, इसलिए मानव-समाज के आन्तरिक द्वन्द्व उसमें

प्रतिबिम्बित होते हैं। विज्ञान की चेतना को धारण करने वाली साहित्य-दृष्टियाँ मानवीय श्रम और समाज का पक्ष लेती हैं और मनुष्य की दिव्य-ऐतिहासिक भूमिका को अपना केन्द्रीय विषय बनाती हैं। मानव समाज और चेतना के विकास के इस स्वाभाविक तर्क को अस्वीकार करके चलने वाली दृष्टियाँ मनुष्य को पराङ्मुखी बनाती हैं। मनुष्य अपनी रचनात्मक क्षमताओं को पहचानकर कर्मक्षेत्र में उतरे, यह उनके लिए भय का विषय है। अतः वे परिजीवन की द्वन्द्वात्मक प्रकृति के स्थान पर व्यष्टि और समष्टि में दिखाई देने वाले ऊपरी विरोध को वास्तविक विरोध बना कर पेश करती हैं। उनके अनुसार, व्यक्ति और समाज के बीच का विरोध ही वास्तविक विरोध है। अब इस विरोध में अतीत के अवशेषों पर आधारित पहचान और जुड़ रही है।

फ्रायड एक ऐसे ही विचारक हैं जिन्होंने परिजीवन के क्रम में परिलक्षित होने वाले इस विरोधाभास को अपने मनोविश्लेषण का मूलाधार बनाया है। उनकी मान्यता है कि सामाजिक निषेधों के कारण मनुष्य की वासनाएँ अतृप्त रह जाती हैं। चेतन मन में अतृप्त रह जाने वाली वासनाएँ तरह-तरह की कुण्ठाओं और ग्रन्थियों के रूप में अवचेतन मन में विद्यमान रहती हैं। वह इन्हीं को स्वप्न और कला का उत्स मानते हैं। अतः उनके अनुसार क्या कला, क्या धर्म और क्या स्वप्न सभी की उत्पत्ति मानवीय दुर्बलताओं और क्षुद्रताओं से होती है।[52] दमित वासनाओं की तुष्टि के माध्यम स्वप्न मूलतः असामाजिक होते हैं। कला समाज द्वारा स्वीकृत माध्यम है। साभान्य लोगों के पास यह माध्यम नहीं होता। इसलिए सामान्य व्यक्ति अपनी इन भावनाओं को स्वप्नों के ज़रिये तुष्ट करता है और कलाकार अपनी कला द्वारा। इस तरह, समस्त कला क्षुद्र और कुंठित मनुष्य की दमित वासनाओं की अभिव्यक्ति के सिवा कुछ नहीं है। अलग-अलग समाजों में सामाजिक निषेधों का क्या स्वरूप रहा है, यह तत्कालीन कला से मालूम हो सकता है। इन्हीं सूत्रों के आधार पर अनेक विचारकों ने सभ्यता के इतिहास की खोज की है।

फ्रायड की 'दमित' वासनाओं को एडलर ने 'हीन भावना' बना दिया। उनके मतानुसार, कलाकार सामाजिक दृष्टि से दुर्बल और अनुपयोगी प्राणी होता है। अपनी कला के ज़रिये वह समाज में अपनी सत्ता प्रमाणित करता है। इसलिए कला क्षतिपूर्ति का माध्यम है।

युंग इन ग्रंथियों और हीनताओं को भिन्न दृष्टि से देखते हैं। वे मानते हैं कि वैयक्तिक आकांक्षाओं की पूर्ति और सामाजिक अथवा समस्त मानवता की अभिलाषाओं की पूर्ति—इन दो प्रकार की इच्छाओं और चुनौतियों के द्वन्द्व से कला का जन्म होता है। व्यक्ति ऊपर रहे और समाज नीचे, यह सावधानी युंग ने भी बरती है। इसीलिए वे **प्रतिपादित** करते हैं कि सामूहिक भावों की अभिव्यक्ति से कलाकार का व्यक्तित्व

उपेक्षित रह जाता है। यह हमेशा कलाकार व्यक्ति के दुःख का कारण बनता है। चेतना सामूहिक अवचेतन का परिणाम है। किन्तु सामाजिक प्रक्रिया कलाकार व्यक्ति को पीड़ित करती है। यह पीड़ा कलाकार को सृजन की उद्दाम आकांक्षा से भर देती है। ऐसी स्थिति में कलाकार का सृजन समस्त प्राणिजगत् की आकांक्षाओं को तृप्त करता है। अतएव, कलाकार व्यक्ति के मन का प्रतिरूप सामूहिक तुष्टि का कारण बनता है।

यह सही है कि मनोविश्लेषणशास्त्र ने सतह पर दिखाई देने वाली वृत्तियों के साथ अधिक अन्तरंग 'चित्त' (इड) को रेखांकित करके मानव-चेतना के नये आयाम उद्घाटित किये हैं। किन्तु मनुष्य के विकास की प्रक्रियाओं और समस्याओं से ध्यान हटाकर व्यक्ति और समाज के विरोध को आधार मानने के कारण उसमें मनुष्य की हीनताओं, क्षुद्रताओं और कुण्ठाओं को ही मनुष्य और कला का सबसे श्रेष्ठ मूल्य माना गया है। समाज और संस्कृति का निषेध करने वाली इन दार्शनिक प्रतिपत्तियों को आधार मानकर भारत के एक आधुनिक चिन्तक ने लिखा हैं—"एक बिन्दु ऐसा है जहाँ कला का मार्ग संस्कृति के मार्ग से अलग हो जाता है। संस्कृति का आधार समाज है, उसका सत्य व्यापक सत्य है और उसकी दृष्टि भी तदनुकूल है। पर कला का क्षेत्र विशिष्ट का क्षेत्र है : उसका सत्य विशिष्ट, अद्वितीय और मौलिक सत्य है, और उसकी दृष्टि भी वैसी ही एक और अद्वितीय।"[53]

मनुष्य के विकास की आम प्रक्रियाओं से इस साहित्य-दृष्टि की संगति नहीं है। इस मान्यता से यह निष्कर्ष निकलता है कि श्रेष्ठ कला सांस्कृतिक बोध से और श्रेष्ठ संस्कृति सौन्दर्य-बोध से रहित होती है। व्यक्ति और समाज में विरोध की यह परिणति न केवल मनुष्य की कर्मशक्ति को पंगु बनाती है, वरन् उसे वापस पशुवत् जीवन की दिशा में ले जाने की आकांक्षा भी व्यक्त करती है। समाज और संस्कृति का गहरा सम्बन्ध है। मनुष्य का विकास सामान्य के धरातल पर होता है, अद्वितीय के धरातल पर नहीं। जो लोग इस बात को स्वीकार नहीं करते, वे मनुष्य को निष्क्रिय और पंगु बनाने का काम करते हैं। रुथ बेनेडिक्ट ने इस तरह की समझदारी का खण्डन करते हुए ठीक ही कहा है कि—"व्यक्ति की समस्या का समाधान संस्कृति और व्यक्ति के बीच वैर प्रतिपादित करके नहीं, बल्कि दोनों की परस्पर निर्भरता स्थापित करके ही किया जा सकता है।" इसका कारण यह है कि "कोई भी व्यक्ति एक संस्कृति के बगैर, जिसमें वह शरीक हो, अपनी आवश्यकताओं के द्वार तक भी नहीं पहुँच सकता।"[54]

कला और सौन्दर्य का क्षेत्र इसका अपवाद नहीं है। इस मान्यता के आधार पर हम यह निष्कर्ष निकाल सकते हैं कि मनुष्य को अपनी रचनात्मक सम्भावनाओं को मूर्त रूप देने के लिए सामाजिक-सांस्कृतिक प्रक्रियाओं का अंग बनकर रहना पड़ेगा। समाज में रहकर, सामाजिक दायित्व-बोध से सम्पन्न होकर ही मनुष्य अपनी

सृजनात्मक वृत्तियों को परितोष प्रदान कर सकता है। अतः मनुष्य के रचनात्मक व्यवहार और सामाजिक दायित्व की स्वीकृति दोनों एक सिक्के के दो पहलुओं की भाँति अभिन्न हैं।

इसके विपरीत, मनुष्य को प्रवाह-पतित, हीन-कुण्ठित वृत्तियों के पुंज के रूप में देखने वाली दृष्टियाँ उसे समाज, सभ्यता और संस्कृति से ही पराङ्मुख नहीं बनातीं, इन सबके आधार–श्रम–के प्रति तिरस्कार का भाव भी उत्पन्न करती हैं। ऐसी दृष्टियाँ इस तथ्य से आँख मूँद लेती हैं कि श्रम के बगैर मनुष्य अपना मानवीय विकास नहीं कर सकता। हेनरी जे. कोरेन के मतानुसार मनुष्य खुद अपना अधिकाधिक मानवीय विकास तभी कर सकता है, जब वह वस्तुगत प्रकृति को अधिकाधिक अपने श्रम का आधार बनाता चले।[55]

श्रम (कर्म) के प्रति तिरस्कार का भाव रखने पर मनुष्य की सृजनात्मक वृत्तियाँ कुण्ठित होती हैं। इससे जीवन में निरुद्देश्यता पैदा होती है। और यह कहने की ज़रूरत नहीं कि निरुद्देश्य होकर न कोई मनुष्य जी सकता है, न कोई समाज या साहित्य। पश्चिमी जगत् में इस तरह के निरुद्देश्य साहित्य का अधिक प्रचार है। उद्देश्यहीन साहित्य समाज का निषेध करता है, और जनता के सौन्दर्य-बोध के उन्नयन के दायित्व से मुक्त होता है। वह शुद्ध रूप में कलाकार की आन्तरिक वृत्तियों का प्रतिफलन और स्वयंसाध्य होता है। यह समझ में नहीं आता कि ऐसे 'विशिष्ट' और 'अद्वितीय' साहित्य से कलाकार अपनी सामाजिक उपयोगिता कैसे प्रमाणित करता है।

यह कोई संयोग की बात नहीं है कि निराशा, कुण्ठा, व्यक्तिवाद आदि समाज-विरोधी वृत्तियों का प्रचार करने वाला पश्चिमी साहित्य आज इंसान की पहचान भूल गया है। सन् 1960 के बाद से इस साहित्य में अस्मिता का गहरा संकट उभरा है। हालाँकि अस्मिता का प्रश्न इस साहित्य का "अकेला विषय नहीं है, फिर भी वह इन सब में केन्द्रीय विषय है।"[56] हिन्दी में 'अस्मिता' का प्रश्न एक आन्दोलन और विमर्श का रूप लेकर इसके काफी दिन बाद उभरा। व्यक्ति की 'विशिष्टता', 'अद्वितीयता' और 'मौलिकता' जब अधिक बढ़ जाती है तब अजनबीपन पैदा होता है। मनुष्य जब नदी के बीच द्वीप बन जाता है, इतिहास की गतिमयता के विरुद्ध स्थितप्रज्ञ हो जाता है तब अजनबीपन अस्मिता का संकट बनकर प्रस्फुटित होता है। सामाजिक संकट के बढ़ने के साथ-साथ इतिहास और मानव विरोधी शक्तियाँ समाज में अलग-थलग पड़ने लगती हैं। जब ये शक्तियाँ इतिहास के प्रवाह में द्वीप बन जाती हैं तब जीवन से उनका नाता टूट जाता है। मृत्यु, कुण्ठा, घुटन, अस्मिता का संकट आदि इसी भावबोध का तर्कसंगत परिणाम हैं।

यथार्थवादी साहित्यधारा मनुष्य में आस्था रखकर, उसके विकास के ऐतिहासिक

निष्कर्षों को स्वीकार करके चलने के नाते समाज को साहित्य का और श्रम को सौन्दर्य-चेतना का आधार मानती है। अडोल्फो सैंचेज़ वैज़्क्वेज़ ने निम्नलिखित तीन बातों के आधार पर कला की व्याख्या सामाजिक घटना के रूप में की है—

1. कलाकार की प्रथम अनुभूति कितनी ही अद्वितीय क्यों न हो, वह एक सामाजिक प्राणी है;
2. कलाकृति उस प्रथम अनुभूति से चाहे जितनी गहराई से सम्बद्ध हो और उसका वस्त्वीकरण या रूप चाहे जितना विशिष्ट हो और जिसका दोहराया जाना फिर कभी सम्भव न हो, वह सदैव कलाकार और समाज के अन्य सदस्यों के बीच सेतु का, सम्पर्क-सूत्र का काम करता है।
3. कलाकृति दूसरों को प्रभावित करती है—वह दूसरों के विचारों, लक्ष्यों या मूल्यों को पुनः पुष्ट करती है या उनका अवमूल्यन करती है; कला एक सामाजिक शक्ति है जो अपनी भावात्मक या विचारधारात्मक शक्ति के कारण लोगों को विचलित या प्रेरित करती है।[57]

यहाँ यह भ्रम न पैदा हो कि कला का सामाजिक चरित्र रेखांकित करने का अर्थ है कला के विशिष्ट चरित्र का निषेध करना। अतः क्रैपचेंकों के इन शब्दों को स्मरण करना प्रासंगिक होगा—"कलाकार का मानस नये के अन्वेषण तथा अज्ञातपूर्व आत्मिक और सौन्दर्यात्मक मूल्यों के सृजन का प्रयारा करते हुए उस नये की ओर आकृष्ट होता है।"[58]

सामाजिक सन्दर्भवत्ता और कलाकार की सचेतन भूमिका से जुड़कर कला भी रचनात्मक और परिवर्तनकारी भूमिका अदा करती है। इस अर्थ में कला मनुष्य की सजग चेतना का ही प्रतिबिम्ब है। मानव-जीवन से गहरे स्तर पर जुड़े होने के नाते कला के सौन्दर्य-मूल्य को जीवन-मूल्यों से अलग नहीं किया जा सकता। श्रम मानव-जीवन का सबसे बड़ा स्रोत है और मानव-जीवन—व्यापक अर्थों में जिजीविषा—सृष्टि का सबसे बड़ा मूल्य है। इसलिए श्रम और सौन्दर्य-मूल्यों को एक-दूसरे से जोड़कर देखने की ज़रूरत है। विज्ञान सौन्दर्य को मानव-श्रम की उत्पत्ति मानता है और यह रेखांकित करता है कि सौन्दर्य-मूल्य मनुष्य के श्रम को अधिक मानवीय बनाते हैं। विकास मनुष्य को वंचित नहीं करता वरन् उसे समृद्ध करता है। इसलिए विकास के दौरान मानवीय आवश्यकताओं में वृद्धि मनुष्य की पूर्ति-सम्बन्धी गतिविधियों को ही नहीं, सौन्दर्य-चेतना को भी अधिक सघन बनाती है।

मानवीय कर्म और सौन्दर्य-चेतना परस्पर निर्भर होते हैं। विकास के साथ उनकी यह परस्पर निर्भरता बढ़ती जाती है। विकास के विभिन्न चरणों में मानव-चेतना और सौन्दर्य-मूल्यों का स्वरूप भिन्न होता है। उनका उच्चतर धरातलों पर पदार्पण होता

है। चेतना के विकास का आकलन श्रम की अवस्थाओं द्वारा किया जा सकता है। जब मनुष्य अपने श्रम की उच्चतम अवस्था में पहुँचता है तथा प्रकृति और समाज की शक्तियों पर नियन्त्रण के लिए संघर्षरत होता है, तब मनुष्य की चेतना भी सर्वोच्च धरातल पर पहुँचती है तथा सौन्दर्य-मूल्यों के क्षेत्र में सजग निर्माता की उसकी विशिष्ट क्षमता निर्णायक भूमिका अदा करती है।

संक्षेप में, हम कहते हैं कि "इंसान की बुद्धि, इन्सान का चिन्तन मानसिक कार्यकलाप के विकास में सर्वोच्च धरातल है। मनुष्य सामाजिक प्राणी है। इसलिए उसके अत्यन्त उच्च स्तर के मानसिक जीवन, उसके चिन्तन का निर्धारण उसके श्रम सम्बन्धी कार्यकलाप द्वारा होता है।"[59]

सन्दर्भ-सूची

1. 'लिखि कागद कोरे', अज्ञेय, पृष्ठ 82
2. आचार्य रामचन्द्र शुक्ल : 'रस-मीमांसा', पृष्ठ 218
3. ऐशली मोंटेगू, 'मैनः हिज फर्स्ट मिलियन ईयर्स', पृष्ठ 141
4. 'इल्यूजन एण्ड रियलिटि', पृष्ठ 15-16
5. 'सोशल रूट्स ऑफ आर्ट्स', पृष्ठ 11
6. 'मैन : हिज फर्स्ट मिलियन ईयर्स', पृष्ठ 172
7. 'आर्ट एण्ड सोशल लाइफ' पृष्ठ 102
8. 'समय-समय पर', पृष्ठ 14
9. 'साहित्य : स्थायी मूल्य और मूल्यांकन', पृष्ठ 15
10. 'मैन : हिज फर्स्ट मिलियन ईयर्स', पृष्ठ 168-69
11. 'दि फण्डामेण्टल्स ऑफ मार्क्सिस्ट-लेनिनिस्ट फिलॉसफी', पृष्ठ 192
12. 'प्राब्लम्स ऑफ मॉडर्न इस्थेटिक्स', पृष्ठ 133-34
13. उद्धृत, 'ऐतिहासिक भौतिकवाद', (अनु. अली अशरफ), पृष्ठ 289
14. 'भारत : आदिम साम्यवाद से दासप्रथा तक का इतिहास', पृष्ठ 48
15. वही, पृष्ठ 112-13
16. वही, पृष्ठ 117
17. 'ऑन लिटरेचर' पृष्ठ 31
18. 'ए हिस्ट्री ऑफ इस्थेटिक्स', पृष्ठ 10-11
19. 'ह्यूमन टाइप्स', पृष्ठ 40
20. 'ऋग्वेद', 8/8/3 (देखिएः **ऋग्वेदिक आर्य**, राहुल सांकृत्यायन)
21. 'ऑन लिटरेचर', पृष्ठ 31
22. 'दि क्वेस्ट फॉर ब्यूटी', पृष्ठ 286
23. 'ऐतिहासिक भौतिकवाद', पृष्ठ 288
24. 'ह्यूमन टाइप्स' पृष्ठ 132
25. 'ऐतिहासिक भौतिकवाद', पृष्ठ 290
26. 'भारत : आदिम साम्यवाद से दासप्रथा तक का इतिहास', पृष्ठ 109

27. 'फण्डामेण्टल्स ऑफ इंडियन आर्ट', पृष्ठ 20
28. उद्धृत : 'दि फण्डामेण्टल्स ऑफ मार्क्सिस्ट-लेनिनिस्ट फिलॉसफी', पृष्ठ 106
29. 'राजनीतिक अर्थशास्त्र की आलोचना में योगदान', प्रस्तावना, पृष्ठ 2-3
30. 'ऋग्वेद', 6/29/6, 2/20/6, 8/17/8 आदि
31. 'भारत :...' (डांगे), पृष्ठ 114
32. 'ऋग्वेद', 10/90/12
33. 'श्रीमदभागवद्गीता' 9/32
34. 'दि इंडियन सोसाइटी', पृष्ठ 371
35. वही, पृष्ठ 407
36. वही, पृष्ठ 413
37. वही, पृष्ठ 433
38. वही, पृष्ठ 435
39. वही, पृष्ठ 436
40. 'श्रीमद्भागवद्गीता' 2/47
41. 'मिथक और यथार्थ', (अनु-नन्दकिशोर नवल), पृष्ठ 19
42. 'लिटरेचर एण्ड मार्क्सिज्म', (सं. ऐंजेल फ्लोर्स), पृष्ठ 80
43. 'समाजवादी विचारधारा और संस्कृति', पृष्ठ 64
44. 'मार्क्सिस्ट-लेनिनिस्ट इस्थेटिक्स एण्ड लाइफ', पृष्ठ 63
45. 'समाजवादी विचारधारा और संस्कृति', पृष्ठ 65
46. 'फण्डामेण्टल्स ऑफ मॉर्क्सिज्म-लेनिनिज्म', पृष्ठ 99
47. 'कलेक्टेड वर्क्स' खंड 38, पृष्ठ 212
48. 'फण्डामेण्टल्स ऑफ मॉर्क्सिज़्म-लेनिनिज़्म', पृष्ठ 249
49. वही, पृष्ठ 245
50. 'कलेक्टेड वर्क्स', खंड 38,171
51. 'दि राइटर्स क्रिएटिव इण्डिविजुआलिटी एण्ड दि डेवलपमेण्ट ऑफ लिटरेचर', पृष्ठ 316-17
52. देखिए 'मनोविश्लेषण और मानसिक क्रियाएँ', पृष्ठ 162-63, 170-71, 184, 196, 199 आदि
53. 'आत्मनेपद', पृष्ठ 257
54. 'पैटर्न्स ऑफ कल्चर', पृष्ठ 234
55. 'मार्क्स एण्ड दि आर्थेटिक मैन', पृष्ठ 30
56. 'लिटरेचर इन अपहेवल : वेस्ट जर्मन राइटर्स एण्ड दि जेंजेज़ ऑफ दि 1960', पृष्ठ VII।
57. 'आर्ट एण्ड सोसाइटी', पृष्ठ 112-13
58. 'दि राइटर्स क्रिएटिव इंडिविजुअलिटी एण्ड दि डेवेलपमेण्ट ऑफ लिटरेचर', पृष्ठ 290
59. 'फण्डामेण्टल्स ऑफ मार्क्सिस्ट-लेनिनिस्ट फिलासफी', पृष्ठ 39

अध्याय-4

सौन्दर्य : अधिष्ठान और अन्तर्रचना का प्रश्न

लम्बे अरसे से बहस-मुबाहसे के परिणामस्वरूप दूसरे प्रश्नों की तरह इस प्रश्न पर भी सौन्दर्य-चिन्तक खेमों में बँट गये हैं। कोई कहता है कि सौन्दर्य की सत्ता हमारे मन में है। वस्तुजगत् से उसका कोई सम्बन्ध नहीं है। सौन्दर्य एक अनुभूति है। कोई कहता है कि सौन्दर्य की अनुभूति का सम्बन्ध वस्तुजगत् के साक्षात्कार से है। सम्भव है शुरुआती दौर में ऐसे मत प्रचलित रहे हों जो सौन्दर्य को एकान्ततः वस्तुजगत् की वस्तु मानते रहे हों। ऐसे चिन्तन के अवशेष अभी भी उन अतिवादी प्रगतिशीलों में पाये जा सकते हैं जो सौन्दर्य को व्यक्ति के अन्तर्जगत् से काटकर देखने का प्रस्ताव करते हैं। साहित्य और कला को अर्थिक जीवन का प्रत्यक्ष प्रतिबिम्ब मान बैठने की भूल इसी सिद्धान्त का व्यवहार पक्ष है।

सौन्दर्यानुभूति चेतना का गुण है। इसलिए उसका सम्बन्ध सजीव मनुष्य से है। इस पक्ष पर अधिक बल देने वाले भाववादी चिन्तक अन्ततः इस नतीजे पर पहुँचते हैं कि चेतना ही सृष्टि का उत्स है ; समूचा वस्तुजगत् इसी परम चेतना का प्रतीयमान रूप है ; सौन्दर्यानुभूति इसी परम चेतना से सम्बद्ध अद्वितीय-अलौकिक अनुभूति है।[1] प्लेटो के सौन्दर्य-सम्बन्धी मत का सार-संक्षेप प्रस्तुत करते हुए डॉ. नगेन्द्र ने लिखा है, "सौन्दर्य के चार स्तर हैं : शारीरिक सौन्दर्य, मानसिक सौन्दर्य, नैतिक सौन्दर्य और शुद्ध बुद्धि का सौन्दर्य या प्रज्ञात्मक सौन्दर्य। प्रज्ञात्मक सौन्दर्य ही निरपेक्ष और चरम सौन्दर्य है। ...इस प्रज्ञात्मक सौन्दर्य को प्लेटो ने प्रकाश-रूप माना है जो वस्तुतः आत्मचैतन्य का प्रतीक है।"

अव्यक्त सत्ता को गुण और 'उसी के व्यक्त भाव को रूप' कहकर श्री जैनेन्द्र कुमार ने सौन्दर्य को 'अन्तरंग आकांक्षा के प्रतिबिम्ब' के रूप में परिभाषित किया है।[2] भारतीय काव्यशास्त्र में रसानुभूति और साधारणीकरण को 'ब्रह्मास्वाद सहोदर' बताकर अन्ततः अलौकिक (लोकोत्तर) अनुभूति का समानधर्मा घोषित किया गया है। पाश्चात्य सौन्दर्य-चिन्तकों ने भी सौन्दर्य को चेतन-रूप माना है। जिन चिन्तकों ने कलात्मक सौन्दर्य और लोकोत्तर (Transcendental) सौन्दर्य को एक बिन्दु पर

जोड़कर देखने की चेष्टा की है वे ज़्याक मारितें की भाँति इस निष्कर्ष पर पहुँचे हैं : "कला सौन्दर्यशास्त्रीय सौन्दर्य (Aesthetic Beauty) और लोकोत्तर (इन्द्रियातीत) सौन्दर्य के बीच के फर्क को मिटाने तथा सौन्दर्यशास्त्रीय सौन्दर्य को लोकोत्तर सौन्दर्य में समाहित करने के लिए संघर्ष करती है।"[3]

अर्थात्, यह कला का कार्य है। कला पहले तो सौन्दर्यशास्त्रीय (इन्द्रियग्राह्य) सौन्दर्य और लोकोत्तर (इन्द्रियातीत) सौन्दर्य का फर्क मिटाती है और अन्ततः इन्द्रियग्राह्य सौन्दर्य को इन्द्रियातीत सौन्दर्य में समाहित करती है। इसके बगैर कलात्मक सौन्दर्य की सिद्धि नहीं होती। आत्मा ब्रह्म में लीन होकर ही पूर्णता प्राप्त करती है। प्रतीयमान विश्व परम चेतना में लीन होकर ही सार्थक होता है। इस दार्शनिक भावभूमि पर आधारित भाववादी सौन्दर्यशास्त्र अमूर्त विचार और इन्द्रियातीत लोकोत्तर अनुभूति को ही सौन्दर्य-मूल्य के रूप में स्थापित करता है।

विज्ञान इस तर्क-पद्धति पर दार्शनिक मान्यता का हामी नहीं है। इस चिन्तन के अनुसार चेतना प्राथमिक और पदार्थ गौण है। वैज्ञानिक अनुसन्धानों ने जिन तथ्यों को उद्घाटित किया है उनके अनुसार मनुष्य की अधिरचना, उसका अन्तर्जगत् स्वयं वस्तुओं के साथ उत्तरोत्तर विकासमान घात-प्रतिघात की सतत प्रक्रिया में निर्मित और विकसित हुए हैं। विभिन्न युगों की चेतना के मौलिक स्वरूप का अध्ययन करते हुए हम देख चुके हैं कि मनुष्य की सामान्य चेतना श्रम की विभिन्न अवस्थाओं में वस्तुजगत् से कायम होने वाले मनुष्य के निश्चित सम्बन्धों का (जटिल) प्रतिफलन है। दूसरे शब्दों में, मानवीय चेतना और बोध का विकास श्रम के विकास की अवस्थाओं से जुड़े होने के नाते स्वयं एक भौतिक प्रक्रिया है।

मनुष्य की चेतना विकसित होती है, यह तथ्य चेतना को स्वयंभू और स्वयंपूर्ण मानने वाले भाववाद के दार्शनिक आधार को ध्वस्त कर देता है। इससे यह पता चलता है कि आरम्भ से आज तक अन्य सभी वस्तुओं की भाँति चेतना भी विकसित हुई है। पेड़-पौधों से लेकर मनुष्य तक जीवन के विविध रूप देखे जा सकते हैं। पेड़-पौधों, पशु-पक्षियों और मनुष्य की चेतना में मात्रा और गुण दोनों का अन्तर है। इस अन्तर का कारण, विज्ञान की नज़र में, भौतिक है।

यही नहीं, विभिन्न मनुष्यों (व्यक्तियों और जातियों) की चेतना में भी अन्तर हुआ करता है। एक ही व्यक्ति की चेतना अलग-अलग शारीरिक और मानसिक अवस्थाओं में समान नहीं रहती। ये सभी तथ्य चेतना के भौतिक स्वरूप का समर्थन करते हैं। मन की परिभाषा करते हुए शुक्ल जी ने लिखा है, "मन भी रूप-गति का संघात ही है। ...हमें अपने मन और अपनी सत्ता का बोध रूपान्त्मक ही होता है।"[4] हमारा अन्तर्जगत् रूप और गति का संघात है। रूप और गति पदार्थ के गुण है। मन इस पदार्थ जगत् के बाहर की वस्तु नहीं है। किसी को सन्देह न रहे, इसलिए

आगे चलकर शुक्ल जी यह भी कहते है कि "राग मिलाने वाली वासना है और द्वेष अलग करने वाली। रासायनिक मूल द्रव्यों के राग से ही सृष्टि का विकास होता है।"[5] अर्थात् समस्त जड़-चेतन सृष्टि रासायनिक मूल द्रव्यों के राग का परिणाम है। दूसरे शब्दों में, चेतना स्वयं भौतिक पदार्थ की उपज है। पदार्थ का गुण होने के नाते चेतना स्वयं भौतिक है। इसलिए शुक्ल जी सुन्दर वस्तु से पृथक् सौन्दर्य की सत्ता अस्वीकार करते हैं।[6]

चिन्तकों का एक दल चेतना के रूपों और उससे सम्बद्ध अनुभूति के अनेक स्तरों के तर्क को उस बिन्दु तक ले जाता है जहाँ व्यक्ति-व्यक्ति की अनुभूति के मौलिक अन्तर का सिद्धान्त प्रतिपादित किया जा सके। ऐसा ही एक तर्क अज्ञेय जी का है–''अनुभूति अद्वितीय है क्योंकि कोई दूसरे की अनुभूति नहीं भोग सकता।''[7] इस मान्यता का दार्शनिक आधार है अनुभूति की निरपेक्षता। इस तर्क के अनुसार अनुभूति का सम्बन्ध अन्तर्मन की प्रेरणाओं से है, बाहर की किसी वस्तु या विचार के साक्षात्कार से नहीं। यदि अनुभूति का सम्बन्ध ऐसे किसी साक्षात्कार से माना जाय तथा इस साक्षात्कार-जन्य अनुभूति को व्यक्ति-मन की अवस्था और वस्तु के बीच कायम होने वाले सम्पर्क से जोड़कर देखा जाए तो भिन्न-भिन्न व्यक्तियों की अनुभूति की विशिष्टताओं का स्वरूप स्पष्ट हो सकेगा और साथ ही अनुभूति की अद्वितीयता की मान्यता की निरर्थकता भी साबित हो जायेगी। कारण यह है कि अनुभूति-प्रक्रिया शुद्ध भौतिक-प्रक्रिया है। मनुष्य संवेदनशील प्राणी है। उसके मन में घटित होने वाली प्रक्रियाओं का स्वरूप विशिष्ट है। वे शुद्ध रासायनिक प्रक्रियाओं या फार्मूलों की तरह नहीं होतीं।

किन्तु अनुभूति की 'अद्वितीयता' के तर्क से यह निष्कर्ष निकलता है कि देश, काल और पात्र (व्यक्ति) के तीनों आयामों में अनुभूति की पुनरावृत्ति सम्भव नहीं है। साथ ही, कोई भी दूसरी अनुभूति पहली जैसी नहीं हो सकती। इसलिए अनुभूतियाँ गुण-दोष वाचकता से भी निरपेक्ष हुईं।

अन्ततः, मनुष्य का भौतिक और आत्मिक विकास सामान्य के धरातल पर हुआ है, विशिष्ट के धरातल पर नहीं। न तो हमारे संवेदन-तन्त्रों का विकास 'अद्वितीय' है और न ही भावों, विचारों और बिम्बों से निर्मित अन्तर्जगत् का। अतः सामान्य ग्राहिकाओं (रिसेप्टर्स) के ज़रिये ग्रहण करके (सामान्य के ही धरातल पर अर्जित) अन्तर्जगत् में अनुभव की जाने वाली अनुभूति सर्वथा 'अद्वितीय' कैसे है, यह समझ में नहीं आता।

और फिर, अनुभूति कितनी भी अद्वितीय हो, उसे व्यक्त करती है भाषा। भाषा स्वयं सामान्य की उपलब्धि है, 'अद्वितीय' की नहीं। इसलिए ऐसी अद्वितीय अनुभूति कैसे सम्भव है, उसे अनुभव करने वाले जानें, विज्ञान ऐसी अनुभूति का अस्तित्व

सम्भव नहीं मानता। अनहोनी को होनी बताने वाले भाववादी-व्यक्तिवादी चिन्तकों की यह अनुभूति शायद 'अव्याकृतम् अग्राह्मम् अव्यपदेशम्' की दुनिया का नेतिवाद है। वास्तव में, अनुभूति विशिष्ट है; समान्य धरातल के अनेक पहलू किसी एक मनुष्य में विशेष संघात बनाते हैं। विशिष्टता और अद्वितीयता में फर्क है।

भाववादी चिन्तनधाराओं की यह सबसे प्रमुख सीमा है कि वे सौन्दर्य को अमूर्तता और निरपेक्षता के धरातल पर व्याख्यायित करती हैं। वस्तुजगत् से काट कर सौन्दर्य को आन्तरिकतावादी दृष्टि से देखने का आग्रह करने वाली भाववादी धारणाओं की इस मूल असंगति को रेखांकित करते हुए क्रिस्तोफर कॉडवेल ने कहा है कि वे सौन्दर्य को रूप-रंगहीन विचार में तब्दील कर देते हैं।[8] विश्व का कोई भी सृजनात्मक साहित्य रंग-रूप-गन्ध रहित ऐसे अमूर्त विचार को सौन्दर्य-मूल्य मानने को तैयार नहीं है। किसी विचार को कलात्मक सत्य बनने के लिए रंग-रूप-गन्ध आदि के मूर्त संवेदनात्मक अनुभव-बिम्बों में परिणत होना पड़ता है। कलागत सौन्दर्य-मूल्य और दार्शनिक सौन्दर्य के इस अन्तर को समझकर ही ज़्याक मारितें ने कला का कार्य निर्दिष्ट किया था। कला की सामाजिक और ऐतिहासिक भूमिका को अस्वीकार करने के नाते उनका निष्कर्ष भिन्न है; वे कला को—मूर्त सौन्दर्य को—लोकोत्तर इन्द्रियातीत सौन्दर्य में समाहित करने का माध्यम बताते हैं। कहने की आवश्यकता नहीं कि जीवन-जगत् के प्रति पराङ्मुखता का यह भाव भाववादी-आन्तरिकतावादी चिन्तन की स्वाभाविक परिणति होती है।

इस व्याख्या का यह आशय नहीं है कि सौन्दर्य का सम्बन्ध मनुष्य के अन्तर्जगत् से है ही नहीं। ऐतिहासिक दृष्टि से विचार करने पर हम पाते हैं कि सौन्दर्य की अवधारणा एक मूल्य की अवधारणा है, जिसकी कल्पना मनुष्येतर सत्ता के रूप में नहीं की जा सकती। वस्तुतः मनुष्य ही प्रकृति के नाना उपादानों से रू-ब-रू होता है, उनसे अपनी जैविक और सामाजिक विकास की भिन्न-भिन्न अवस्थाओं में भिन्न-भिन्न तरह से टकराता है और इस समूचे क्रम में उन्हें सुन्दर या असुन्दर के रूप में पहचानता है। सौन्दर्य-मूल्यों की इस मानव-विशिष्ट सत्ता को अस्वीकार करने के नाते भाववादी या अतिशय वस्तुवादी चिन्तक सौन्दर्य की एकांगी व्याख्याएँ प्रस्तुत करते हैं।

सौन्दर्य की आन्तरिकतावादी व्याख्याओं को 'भाषा का गड़बड़झाला' कहते हुए जब शुक्ल जी यह कहते हैं कि "....सुन्दर वस्तु से पृथक सौन्दर्य कोई पदार्थ नहीं", तो वे वस्तुतः सौन्दर्यानुभूति के वस्तुगत स्वरूप पर ही बल देते हैं। वे सौन्दर्य को वस्तुवादी दृष्टि से देखने का आग्रह करते हैं, इसलिए उसे उसके आधार से जोड़ते हैं। शुक्ल जी उन भौतिकवादी विचारकों में नही हैं जो वस्तुवाद के आग्रह में संवेदनशील मनुष्य की भूमिका का निषेध करें। वे यह भली-भाँति अनुभव करते हैं

कि वस्तुओं में जो सौन्दर्य है, उसकी पहचान और परख मनुष्य करता है, सौन्दर्यानुभूति की प्रक्रिया वस्तु के सम्पर्क से सजीव मानव के अन्तर्जगत् में घटित होती है। इसीलिए वे कहते हैं कि "कुछ रूप-रंग की वस्तुएँ ऐसी होती हैं जो हमारे मन में आते ही थोड़ी दरे के लिए हमारी सत्ता पर ऐसा अधिकार कर लेती हैं कि उसका ज्ञान ही हवा हो जाता है और हम उन वस्तुओं की भावना के रूप में ही परिणत हो जाते हैं।"[9] जो लोग इस बात को नहीं समझ पाते वे सौन्दर्य की आन्तरिक अनुभूति प्रक्रिया को ही सर्वस्व मान बैठते हैं।

इस विवेचन के आधार पर यह बेखटके कहा जा सकता है कि "मनुष्य किसी वस्तु को देखता है और उसे सुन्दर-असुन्दर की संज्ञा से विभूषित करता है।"[10] स्पष्ट है कि वस्तुगत और आत्मगत के पारस्परिक (द्वन्द्वात्मक) सम्बन्धों के बिना सौन्दर्य की कल्पना नहीं की जा सकती। जिस मनुष्य का संवेदन-तन्त्र दृष्टि या श्रुति की दिशा में कुंठित और अविकसित रह गया है, क्या उसके लिए दृश्य या श्रव्य जगत् से सम्बद्ध ऐसी कोई मूल्यवत्ता हो सकती है जिसमें सौन्दर्य-बोध की आदिम भूमिका खोजी जा सके? ठीक यही बात उन जीवियों (Species) के साथ भी लागू होती है जिनमें श्रुति नहीं है, या जो वर्णान्ध हैं।

वस्तुगत सौन्दर्य की स्थिति मानव-सापेक्ष है। अन्तर्गामी अनुभवों और बहिर्गामी संकल्पों से निर्मित हमारा जटिल अन्तर्जगत् वस्तु और आत्म के उस सुदीर्घ द्वन्द्व का परिणाम है जो हमारे जैविक और सामाजिक विकास के दौरान चलता रहा है। बाह्य जगत् की जिन वस्तुओं से हमारी जीवन-प्रक्रिया जितनी अधिक टकराती है, उनसे सम्बन्धित हमारी ग्रहिकाएँ, हमारा संवेदन-तन्त्र और इन्द्रिय-बोध उसी अनुपात में अधिक विकसित हुआ है। विकास के इस क्रम में संवेदनों को ग्रहण करने के आन्तरिक तन्त्र के साथ-साथ उसका आत्मगत नानारंगी आस्वाद और बोध भी विकसित हुआ है। **मूल्यवत्ता का जन्म इसी आत्मगत धरातल पर होता है।** इसलिए सौन्दर्य के आन्तरिक प्रतिमानों का निषेध वस्तुवाद न होकर यान्त्रिक भौतिकवाद है।

बाह्य जगत् के ग्रहण की मानवीय सीमाएँ हैं। पहले अध्यायों में हम देख चुके हैं कि जीवन-प्रक्रिया में बाह्य जगत् की जिन चीज़ों से हमारा उपयोगपरक टकराव जितना अधिक होता है, उनसे सम्बन्धित हमारा आन्तरिक संवेदन भी उसी अनुपात में कमोबेश विकसित होता है। इस आनुपातिक सम्बन्ध को आँख और कान की ग्रहण-शक्तियों और उनसे सम्बद्ध मूल्य-बोध के विकास के स्तरों से जाना जा सकता है।

बाह्य जगत् की ऊर्जा-तंरगों, वायु के कम्पनों आदि को ग्रहण करने की हमारे संवेदन-तन्त्रों की शक्ति न्यूनतम और अधिकतम के एक निश्चित प्रसर के भीतर

ही विकसित हुई है। हम बैंगनी और लाल के प्रसर के भीतर की ऊर्जा-तरंगों को देख सकते हैं। लेकिन पराबैंगनी या अवरक्त ऊर्जा-तंरगों को नहीं देख सकते। एक्सरेज़ में अन्तर केवल मात्रात्मक है, गुणात्मक नहीं।

मनुष्य की ग्रहण-शक्ति की यह विशेषता और सीमा दोनों ही सामान्य के गुण हैं, विशिष्ट के या अद्वितीय के नहीं। यह तो सम्भव है कि कोई 'अद्वितीय' मनुष्य की इस सामान्य ग्रहण-शक्ति से कम ही ग्रहण कर पाने में समर्थ हो और दृष्टि या श्रुति के क्षेत्र में उसकी व्यक्तिगत सीमाएँ मनुष्य-मात्र की आम सीमाओं से कहीं अधिक हों ; किन्तु यह सम्भव नहीं हैं कि वह इन्द्रधनुषी सात रंगों (बैंगनी और लाल के प्रसर) से बाहर की ऊर्जा-तंरगों को देख सके। यह मनुष्य-मात्र की सीमा है।

हम एक्सरेज़ को यन्त्र की सहायता से भले ही ग्रहण कर लें और उन्हें मानवीय उपयोग का हिस्सा बना लें, किन्तु हमारे पास उनके अनुभव के लिए संवेदन-तन्त्र विकसित नहीं है। जो वस्तुएँ हमारे अनुभव-जगत् से बाहर हैं वे हमारे मूल्य-जगत् से भी बाहर हैं। हम जिसका अनुभव नहीं कर सकते उसके प्रति सौन्दर्य-दृष्टि भी नहीं अपना सकते। जाहिर है कि हम उनके गुणों को परिभाषित नहीं कर सकते।

रंग का गुण रंग की विशिष्टता के लिए की गयी हमारी परिभाषा ही है। रंगों का अपना कोई अस्तित्व नहीं होता। इसीलिए, "यदि कोई भूरी पृष्ठभूमि पर अंकित लाल बिन्दु को लगातार देखें तो वह हरा दिखाई देने लगेगा।"[11] अगर सचमुच रंगों का अपना अस्तित्व होता तो ऐसा कभी न होता। जो लोग वर्णान्ध होते हैं वस्तुतः उनका संवेदन-तन्त्र उन विशिष्ट प्रकाश-तंरगों को देखने में अक्षम होता है। इसलिए कहने की ज़रूरत नहीं कि ऊर्जा-तंरगों के विशिष्ट प्रसर के प्रति हमारे तन्त्र का विशिष्ट सम्बन्ध हमें रंगों का आभास कराता है। प्रजातीय परिजीवन के तकाज़ों से उत्पन्न हमारा चाक्षुष बोध दृश्य जगत् से सम्बन्धित हमारे सौन्दर्य-मूल्य का आधार है।

हमारी ज्ञानेन्द्रियों (रिसेप्टर्स) और कर्मेन्द्रियों (इफेक्टर्स) के विकास के बाद बाह्य जगत् से हमारा समस्त घात-प्रतिघात इनकें माध्यम से होता है। ज्ञानेन्द्रियाँ वस्तुजगत् के तत्त्वों को ग्रहण करती हैं। विकास के क्रम में हमने वस्तु के गुणों को विशिष्ट संवर्गो (कैटेगरीज़) के रूप में ग्रहण करने की शक्ति अर्जित की है। इन्हें शब्द-स्पर्श-रूप-रस-गन्ध के पाँच संवर्गों में बाँटा गया है। वस्तुओं को संवर्गों में ग्रहण करने की प्रक्रिया में उसके गुण हमारे अनजाने ही विश्लेषित हो जाते हैं। यह हमारे तन्त्र का नैसर्गिक गुण है। यह नैसर्गिक गुण इसी बात से प्रमाणित है कि हम रंगों को सुनते नहीं, या ध्वनियों को लाल, हरे या पीले के रूप में देखते नहीं।

मनुष्य में यह गुण विशेष है। पशु हल्की या तेज आवाज में फर्क कर सकता है, अपनी नैसर्गिक वृत्तियों के अनुरूप तत्सम्बन्धी प्रतिक्रियाएँ भी कर सकता है,

लेकिन संगीत और शोर में फर्क नहीं कर सकता। भैंस के आगे बीन बजाने से कला का ही अनादर होता है। यही स्थिति पशुओं के रंग-बोध की है। पशु आमतौर पर रंगों को अलग-अलग बिम्ब में ग्रहण नहीं कर सकते, वे "रंगों में विवेक नहीं कर सकते।"[12]

किन्तु मनुष्य में यह क्षमता बहुत अधिक विकसित है। मनुष्य के सौन्दर्य-बोध के विकास का उसकी इन विशिष्ट क्षमताओं से गहरा सम्बन्ध है।

हम जिन गुणों को अलग-अलग संवर्गों में ग्रहण करते हैं वे मस्तिष्क में पहुँचते हैं और वहाँ संश्लेषित होते हैं। विश्लेषण और संश्लेषण के बाद हमें संश्लिष्ट वस्तु-बोध होता है। बिम्ब इस वस्तु-बोध का मूलभूत रूप है। हम फूल को देखते हैं और उसके विशिष्ट आकार-प्रकार, रंग और गन्ध के बिम्ब हमारी ग्राहिकाओं द्वारा हमारे मस्तिष्क में पहुँचते हैं और संश्लेषित होकर वहाँ फूल के लिए एक विशिष्ट बिम्ब बन जाते हैं। दूसरे शब्दों में, हमारे संवेदन-तन्त्रों के ज़रिये वस्तु हमारे मस्तिष्क में नहीं जाती, वरन् वस्तु का बिम्ब जाता है।

इसलिए बिम्ब को हम इन शब्दों में परिभाषित कर सकते हैं–**बिम्ब वस्तु के प्रत्यक्ष ज्ञान से उत्पन्न वस्तु-बोध है।** यह संवेदन-बिम्ब हमारी चेतना का अंग बन जाता है। और तब हम वस्तु की अनुपस्थिति में भी उसके बिम्ब के माध्यम से उसे स्मरण अथवा परिभाषित कर सकते हैं।

लेकिन डॉ. नगेन्द्र मानते हैं कि बिम्ब किसी **पूर्वानुभूत किन्तु तत्काल अनुपस्थित** पदार्थ या घटना के गुणों या विशेषताओं के न्यूनाधिक पूर्ण मानसिक प्रत्यंकन–मानस-चित्र का नाम है....बिम्ब किसी पदार्थ या घटना के **प्रत्यक्ष ज्ञान की पुनरावृत्ति** है जो मूल पदार्थ या बिना घटना के ही घटित होता है।[13]

बिम्ब और प्रतिबिम्ब में लगभग ऐसा ही भेद सार्त्र ने भी किया था।[14] दोनों को इस तरह बिलगाने का प्रयत्न ठीक नहीं है। क्योंकि किसी वस्तु का ग्रहण हम तथाकथित प्रतिबिम्बों के माध्यम से करते हैं। हमारे अन्तर्जगत् का निर्माण इन्हीं प्रतिबिम्बों के ज़रिये हुआ है। वस्तुतः हमारे अन्तर्जगत् में उन वस्तुओं के बिम्ब होते हैं, जिनसे हमारा साक्षात्कार हुआ है, न कि स्वयं वे वस्तुएँ।

बिम्बों से निर्मित मनुष्य का अन्तर्जगत् अत्यन्त विकसित है। विकास प्रक्रिया में अर्जित प्रतिस्मरण क्षमता ने मनुष्य को पशुओं से एकदम अलग धरातल पर पहुँचा दिया। बिम्बों से प्रत्यय के निर्माण की प्रक्रिया सौन्दर्य-मूल्यों के निर्धारण में अत्यन्त महत्त्वपूर्ण है। प्रतिस्मरण की क्षमता के बगैर प्रत्यय विकसित नहीं हो सकते और प्रत्ययों के बगैर सौन्दर्य-मूल्य की कल्पना नहीं की जा सकती।

वस्तु और गति के बिम्ब इन्द्रिय संवेदनों द्वारा हमारे मस्तिष्क में पहुँचते हैं। बिम्ब ग्रहण के दो स्तर हैं– संवेदन (सेंसेशन) और प्रत्यक्ष (पर्सेप्शन)। प्रत्यक्ष होते

ही बिम्ब एक अनुभूति (फीलिंग) उत्पन्न करता है। इस प्रकार, वस्तु मनुष्य के सन्दर्भ में सगुण और अर्थवान् हो जाती है। इस गुणवत्ता और अर्थवत्ता को हम उपयोग और अनुरंजन के द्वन्द्व से पृथक् नहीं कर सकते।

प्रत्यक्ष के बाद बिम्ब मनुष्य की प्रत्यभिज्ञान और प्रतिस्मरण की क्षमता के कारण विश्लेषित-संश्लेषित और सामान्यीकृत होते हैं। इन प्रक्रियाओं से गुज़रकर बिम्ब प्रत्यय में रूपान्तरित हो जाता है। **अतः प्रत्यय बिम्ब के अमूर्तन का परिणाम है।** बिम्बों और प्रत्ययों से निर्मित अन्तर्जगत् वाले मनुष्य के लिए ही यह सम्भव था कि वह सौन्दर्य-बोध का विकास कर सके।

सौन्दर्य-मूल्य जीवन-प्रक्रिया में विकसित हुए हैं। इसलिए जीवन-प्रक्रिया से उनका अविच्छेद्य सम्बन्ध है। जीवन के बगैर न अनुभूति का अस्तित्व सम्भव है और न सौन्दर्य का। **जीवन-प्रक्रिया में बाह्य-जगत् को ग्रहण करने के लिए विकसित की गयी युक्तियों में निहित आत्मगत मूल्य ही सौन्दर्य है।** अतएव सौन्दर्यानुभूति के लिए आत्मगत और वस्तुगत पक्षों की मौजूदगी समान रूप से अनिवार्य है। इसी अर्थ में सौन्दर्य-मूल्य वस्तुगत और आत्मगत के द्वन्द्वात्मक अन्तस्सम्बन्धों का प्रतिफल है। यह द्वन्द्वात्मकता सौन्दर्यानुभूति की प्रक्रिया में निसर्गतः अन्तर्निहित है; इसके लिए आत्म और वस्तु में सामंजस्य या सन्तुलन के आरोपण की ज़रूरत नहीं होती। इस द्वन्द्व के बगैर सौन्दर्य-बोध क्या, कोई भी बोध विकसित नहीं हो सकता।

सौन्दर्य की द्वन्द्वात्मक सत्ता को नज़रन्दाज़ करके हम एकांगिता का शिकार होने से नहीं बच सकते। चूँकि वस्तुओं के गुणों को ग्रहण करने की युक्तियाँ हमारे प्रजातीय विकास की देन हैं, अतः सौन्दर्य को आत्मगत मानकर उसकी स्वायत्तता और वस्तु-निरपेक्षता का तर्क देना अवैज्ञानिक दृष्टि का परिचायक है। और चूँकि वस्तुजगत् की जिस किसी भी अर्थवत्ता से हम परिचालित होते हैं, वह जीवन, बल्कि मानव-जीवन से सन्दर्भित है, इसलिए सौन्दर्य का बाह्य जगत् मे ऐकान्तिक अधिष्ठान मानना यान्त्रिक भौतिकवाद है। ऐसा करते समय हम केवल जीवन की उपेक्षा नहीं करते, वरन् यह भी भुला देते हैं कि वस्तुजगत् की मूल्यवत्ता और अर्थवत्ता मानव जीवन से सन्दर्भित होती है।

सौन्दर्य के अधिष्ठान की इस अन्तर्बाह्य द्वन्द्वात्मकता को रेखांकित करते हुए इवान अस्तखोव ने लिखा है—"**सौन्दर्य हमारे विचार और विचार की वस्तु दोनों में है।** जिसे हम आत्मगत धरातल पर सौन्दर्यात्मक आनन्द के रूप में अनुभव करते है वह हमारी अनुभूतियों और वस्तु के घात-प्रतिघात से निष्पन्न होता है।"[15]

इस द्वन्द्वात्मकता से सौन्दर्य की वस्तुगत सत्ता प्रमाणित होती है। इस वस्तुगत सत्ता को मानव-सन्दर्भ से काटकर नहीं देखा जा सकता। मनुष्य, बहैसियत एक

सामाजिक प्राणी, इस समस्त सौन्दर्य-प्रक्रिया का केन्द्र-बिन्दु है। सोवियत चिन्तक जी. वी. प्लेखानोव मनुष्य के भौतिक और आत्मिक विकास का, सौन्दर्य सम्बन्धी अभिव्यक्तियों और अवधारणाओं से उसके सम्पन्न हो सकने की सम्भाव्यताओं के यथार्थ रूप में परिणत होने की प्रक्रिया का आकलन वस्तुगत परिस्थितियों की निर्णायक भूमिका के परिप्रेक्ष्य में करते हैं। साथ ही वे निर्दिष्ट करते हैं कि "यही स्थितियाँ इस तथ्य को भी स्पष्ट करती हैं कि सामाजिक मनुष्य (अथवा कोई विशेष समाज, जनता या वर्ग) अपनी विशिष्ट सौन्दर्याभिरुचि और अवधारणाओं से क्यों सम्पन्न होते हैं।"[16]

सामाजिकता एक नैंसर्गिक गुण है। मनुष्य के सन्दर्भ में यह और भी सार्थक तथ्य बन गया है। मानवीय सन्दर्भ में सामाजिकता की भूमिका को परिभाषित करते हुए क्रिस्तोफर कॉडवेल ने समाज को व्यक्ति और प्रकृति के बीच एक दुर्दम मानवीय शक्ति के रूप में प्रतिष्ठापित किया है। कॉडवेल समाज को व्यक्ति और प्रकृति के मध्य स्थित एक ऐसा घटक मानते हैं जो व्यक्ति के समक्ष सूर्य, पृथ्वी, वायु आदि सहित समस्त वातावरण के रूप में उपस्थित होता है, तथा प्रकृति के समक्ष एक सक्रिय मानवीय शक्ति के रूप में है।[17]

समाज की इस मानवीय शक्ति ने मनुष्य में सुन्दर रूप और सुन्दर संगीत के प्रति आकर्षण उत्पन्न किया, उसके भाव-बोध को निद्रा, भय, मैथुन आदि की सहज वृत्तियों से ऊपर उठाकर मूल्य-बोध के स्तर तक पहुँचाया। मनुष्य के इस सामाजिक (मनुष्य-मात्र के सन्दर्भ में अद्वितीय) विकास की कुंजी है श्रम—जिसने उसमें निहित भौतिक और आत्मिक विकास की अपार सम्भावनाओं को साकार किया। रूप-रंग-गन्ध की वस्तुओं में, उनके विशिष्ट अन्तःसम्बन्धों और सन्तुलनों में सौन्दर्य की अनुभूति कर सकने की मानवीय क्षमता ने हमें प्राणिजगत् में विशिष्ट धरातल पर प्रतिष्ठित कर दिया है। रंग-बिरंगे पक्षियों का सौन्दर्य-बोध केवल अपने नर-मादा तक सीमित रहता है।[18] किन्तु मनुष्य तो सौन्दर्य की दुनिया में प्रकृति का भी सफल प्रतिद्वन्द्वी बन बैठा है। उसकी इसी क्षमता को पहचानकर डॉ. रामविलास शर्मा ने लिखा है—"सौन्दर्य की वस्तुगत सत्ता स्वयं उन वस्तुओं में है जिनके गुण पहचान कर हम उन्हें सुन्दर-असुन्दर की संज्ञा देते हैं। ...आकार-प्रकार, रूप-रंग और घ्राण-स्पर्श आदि विषयों के अनुपात को हम सुन्दर-असुन्दर की संज्ञा देते हैं।"[19]

यदि हम न हों तो प्रकृति के इस अपार, अनुपम सौन्दर्य का क्या मूल्य रह जायेगा? जो सौन्दर्य मनुष्य की चेतना से स्वतन्त्र है, जिसकी अपनी वस्तुगत सत्ता है, वह मनुष्य के अभाव में कितना सुन्दर या असुन्दर रह जायेगा, यह केवल कल्पना करने की बात है। वस्तुगत सौन्दर्य, मानव-चेतना से स्वतन्त्र जिसका अपना भौतिक अस्तित्व है, मनुष्य द्वारा सन्दर्भित होकर ही मूल्य में परिणत होता है। इसलिए सौन्दर्य की अवधारणा को मूल्य-बोध से निरपेक्ष नहीं माना जा सकता।

मनुष्य के श्रम सम्बन्धी कार्यों और उसकी सौन्दर्य-चेतना में सपाट रिश्ता भले न हो, लेकिन दोनों के बीच कितना गहरा सम्बन्ध है, यह श्रम और मनुष्य की चेतना के विकास की मंजिलों से ही प्रमाणित है। प्रकृति जीवों से कहीं अधिक पुरातन है। किन्तु मनुष्य के अतिरिक्त किसी जीवी में उसके सौन्दर्य का बोध या उसके प्रति ऐसी ललक नहीं दिखाई पड़ती। स्वयं मनुष्य में, हर युग में सौन्दर्य-चेतना का एक ही स्तर नहीं रहता। आदिम मनुष्य जब अपना और अपने वातावरण यानी प्रकृति का बोध अर्जित कर रहा था, तब प्रकृति के सौन्दर्य के प्रति उसकी दृष्टि निश्चित रूप से या तो अविकसित रही होगी या विकास की शैशवावस्था में रही होगी।[20]

मनुष्य का विकास यूथ या रेवड़ के रूप में न होकर समाज के रूप में हुआ है। इसलिए सामाजिक विकास के युग में अर्जित मूल्य भी हमारी सौन्दर्याभिरुचियों को निर्धारित करते हैं। जैविक विकास के दौरान मुख्यतः हमारी ज्ञानेन्द्रियाँ विकसित होती हैं। ज्ञानेन्द्रियों के विकास के साथ हमारे इन्द्रिय-संवेदन और इन्द्रिय-बोध का विकास होता है। श्रम प्रकृति से मनुष्य के रिश्ते को पूर्णतः बदल देता है। संगठन-बद्ध मनुष्य समाज में रूपान्तरित होता है। समाज उसकी चेतना के विकास के लिए नयी स्थितियाँ सुलभ करता है।

सामाजिक अनुशासन पशु-यूथ और मनुष्य के बीच सबसे बड़ा फर्क पैदा करता है। उसका आत्मगत अनुभूतियों का अन्तःसंसार पशु-पक्षियों की भाँति भय, निद्रा आदि मूल वृत्तियों तक सीमित नहीं होता। इसमें मानवीय भावों का विकास होता है।

सामूहिक जीवन बिताते हुए मनुष्य ने आदिम सामुदायिक अवस्था में जिन मूल्यों और भावों का विकास किया, सामाजिक विकास के साथ उनमें विकास, परिवर्तन और परिष्कार हुआ। ॠग्वेद में उर्वशी-पुरुरवा प्रसंग पर विचार करने से मालूम होता है कि यह मनुष्य के एकनिष्ठ प्रेम की प्रथम अनुभूति की कथा है। सामूहिक विवाह के मूल्यों वाले आदिम समाज में एकनिष्ठ प्रेम की प्रथम अनुभूति सचमुच कैसी रही होगी! सामाजिक निषेधों के कारण एकनिष्ठ प्रेम की सफलता सम्भव न थी। इसलिए उर्वशी प्रथम उषा-सी आती है और स्वयं को वायु की तरह दुर्लभ बताती है।[21]

व्यक्तियों में आसक्ति हर युग में पायी जा सकती है, हालाँकि समय-समय पर उसकी सघनता में अन्तर होता है।[22] किन्तु परिभाषित रूप में प्रेम का भाव मानवीय बोध का सूचक है। मानवीय सन्दर्भों से युक्त होकर ही प्रेम एक नैतिक मूल्य बनता है जिसे सोवियत सौन्दर्य-शास्त्री इवान अस्तखोव के अनुसार, 'समूचे मानवीय विकास' के सन्दर्भ में ही देखना चाहिए।[23]

यह स्पष्ट है कि मानवीय बोध और भावों के विकास के बिना सौन्दर्य-चेतना के अस्तित्व की कल्पना नहीं की जा सकती। प्रकृति से मनुष्य का सम्बन्ध अधिक

प्राचीन तथा स्थायी है। किन्तु प्रकृति में सौन्दर्य का दर्शन—यह मानवीय रूपान्तरण के बाद ही सम्भव है। अडोल्को-सैंचेज़ वैज़्क्वेज़ के शब्दों में, ''मानवीकृत किये बिना प्रकृति स्वतः सौन्दर्य की परिधि के बाहर होती है।''[24] प्रकृति स्वयं सुन्दर नहीं हो सकती। सौन्दर्य की आवश्यकता मनुष्य को होती है, जैसे प्रेम की आवश्यकता मनुष्य को होती है। मनुष्य की प्रेम आदि भावनाओं में उपयोग और अनुरंजन का शाश्वत द्वन्द्व अन्तर्निहित है, जैसे सौन्दर्य में इनका द्वन्द्व अन्तर्निहित है। उपयोग और अनुरंजन के अन्तस्सम्बन्ध को अन्योन्याश्रित मानते हुए विल ड्यूराँ उपयोग को अनुरंजन का आधार मानते हैं। वे कहते हैं, ''सभी उपयोगी चीज़ें एक समय के बाद रुचिकर हो जाती हैं।''[25]

उपयोग से अनुरंजन तक पहुँचने के बाद, मनुष्य में भावों और सौन्दर्य-बोध के विकास के बाद यह द्वन्द्व उच्चतर धरातलों पर पहुँचता है। सामाजिक विकास की प्रबल धारा में प्रत्ययों के विकास के साथ अमूर्त तर्क विकसित होता है जो हमारे सोचने-समझने की क्षमता को विचारों के सूक्ष्म और अत्यन्त उन्नत धरातल पर प्रतिष्ठापित करता है।

समाज की रचना (सामाजिक संरचना) मनुष्य की चेतना को रूप प्रदान करती है। जिस तरह कबाइली समाज में उर्वशी का प्रेम—आदिम मानव का एकनिष्ठ प्रेम—उसके लिए एक अपरिभाषित अनुभूति मात्र था, उसी तरह दास समाज का अन्तर्विरोध आरम्भ में मनुष्य के सामने अस्पष्ट और अपरिभाषित था। किन्तु इन अन्तर्विरोधों में मूलबद्ध होने के साथ मनुष्यों में जो परस्पर-अन्तर्विरोधी हित उभरने लगे, उनसे मनुष्य की सामाजिक चेतना का अछूता रहना अकल्पनीय है। यह सोचना निराधार है कि दासों और दास-स्वामियों की चेतना एक ही रही होगी। यहीं आधुनिक अर्थ में परिभाषित विचार अस्तित्व में आते हैं।

संक्षेप में, विकास-क्रम की दृष्टि से हमारी चेतना के तीनों तत्त्व, इन्द्रिय-बोध, भाव और विचार क्रमशः अगली कड़ी के रूप में विकसित हुए हैं। इन्द्रिय-बोध का आर्थिक जीवन से सबसे कम सम्बन्ध है और विचारों का सबसे अधिक। इसीलिए आर्थिक परिवर्तन के साथ विचारों के क्षेत्र में सबसे तेजी से परिवर्तन घटित होता है और इन्द्रिय-बोध के धरातल पर सबसे कम—नहीं के बराबर।

आर्थिक परिवर्तन वर्गों की स्थिति में परिवर्तन लाता है। इन्द्रिय-बोध, भाव और विचार के क्षेत्र में यह परिवर्तन वर्ग-हितों की अभिव्यक्ति की मात्रा और स्वरूप पर निर्भर करता है। डॉ. रामविलास शर्मा के शब्दों में—"वर्गों का अपना राजनीतिक दृष्टिकोण होता है, करुणा और शृंगार आदि के क्षेत्र में भी उनके बहुत-कुछ अपने भाव होते हैं, कभी-कभी रूप-रस-गन्ध के क्षेत्र में भी स्वस्थ और अस्वस्थ रस-दृष्टियों का अन्तर देखा जाता है। ... विचारों के क्षेत्र में यह सबसे अधिक होता है; भावों

में उससे कम; इन्द्रिय-बोध में—जिसमें चित्र-सौन्दर्य, छन्द-संगीत आदि भी शामिल हैं—यह अन्तर प्रायः नहीं रह जाता।"[26]

कला एक संश्लिष्ट इकाई है। उसका सौन्दर्य इन्द्रिय-बोध, भाव और विचार के सम्यक् परिपाक द्वारा घटित होता है। जहाँ ये अलग-अलग या बेमेल हों, वहाँ कलात्मक सिद्धि नहीं होती। अतः सौन्दर्य-प्रक्रिया कला-सृजन के आन्तरिक मूल्य से सम्बद्ध है। कला-सृजन का यह आन्तरिक तर्क कला को शुद्ध विचार या विचार-धारा का रूप होने से बचाता है।

वर्गों के आर्थिक-राजनीतिक हित विचारों के स्तर पर सर्वाधिक व्यक्त होते हैं इसलिए उनमें भौतिक परिवर्तन का सबसे अधिक और प्रत्यक्ष प्रभाव पड़ता है। यह प्रभाव विचारों की तुलना में कम और धीमी गति से पड़ता है भावों पर। मनुष्य का इन्द्रिय-बोध सामाजिक-आर्थिक परिवर्तनों से सबसे कम (नहीं के बराबर) प्रभावित होता है।

यह तथ्य एक ओर जहाँ आर्थिक जीवन से साहित्य और कला की सापेक्ष स्वतन्त्रता को रेखांकित करता है वहीं दूसरी ओर सौन्दर्य-चेतना के थिराव (स्थायित्व) और परिवर्तन सम्बन्धी बहस को ठोस आधार और निश्चित स्वरूप प्रदान करता है।

सौन्दर्य-बोध का यह आन्तरिक चरित्र उसके वस्तुगत स्वरूप का निषेध नहीं करता। सौन्दर्य वस्तु और आत्म के द्वन्द्व का परिणाम होने के नाते प्रकृति, मानव-जीवन और मानव मन में है, इसीलिए सौन्दर्य की वस्तुगत सत्ता है। इसलिए शुद्ध, स्वायत्त अथवा निरपेक्ष सौन्दर्य की अवधारणाएँ काल्पनिक और विज्ञान-विरुद्ध प्रतीत होती हैं। सौन्दर्य-मूल्य हमारे जैविक विकास का परिणाम है तो हमारे सामाजिक विकास की देन भी है। जैविक और सामाजिक विकास की प्रक्रियाओं में विरोध नहीं है। सभ्य मनुष्य समान रूप से दोनों की उत्पत्ति है। इसलिए मनुष्य के सौन्दर्य-मूल्यों का सम्बन्ध एक ओर प्रकृति और मनुष्य, समाज और व्यक्ति की द्वन्द्वात्मक प्रक्रियाओं से है और दूसरी ओर उपयोग और अनुरंजन के सतत द्वन्द्व से।

सन्दर्भ-सूची

1. भारतीय सौन्दर्यशास्त्र की भूमिका, पृष्ठ 21
2. प्रस्तुत प्रश्न, पृष्ठ 101
3. क्रिएटिव इंट्यूशन इन आर्ट एण्ड पोएट्री, 126
4. रस मीमांसा, पृष्ठ 24
5. वही, पृष्ठ 60
6. वही, पृष्ठ 24
7. आत्मनेपद, पृष्ठ 169
8. फरदर स्टडीज इन ए डाइंग कल्चर, पृष्ठ 82

9. रस मीमांसा, पृष्ठ 24
10. फरदर स्टडीज, पृष्ठ 79
11. वर्क एण्ड दि ब्रेन, पृष्ठ 16
12. वही, पृष्ठ 15
13. काव्य-बिम्ब (नेशनल पब्लिशिंग हाउस, 19), पृष्ठ 22
14. इमेजिनेशन, (अनु. फॉरेस्ट विलियम्स), भूमिका, पृष्ठ V-VI
15. प्राब्लम्स ऑफ मॉडर्न इस्थेटिक्स, पृष्ठ 173
16. आर्ट एण्ड सोशल लाइफ, पृष्ठ 31
17. फरदर स्टडीज, पृष्ठ 86-87
18. दि डिसेंट ऑफ मैन, पृष्ठ 104
19. लोक जीवन और साहित्य, पृष्ठ 5-6
20. प्राब्लम्स ऑफ मार्डर्न इस्थेटिक्स, पृष्ठ 176
21. ॠग्वेद 10/95/2
22. दि ग्रोथ ऑफ सोशबिलिटी, पृष्ठ 107
23. प्राब्लम्स ऑफ मार्डर्न इस्थेटिक्स, पृष्ठ 164
24. आर्ट एण्ड सोसाइटी, पृष्ठ 89
25. दि प्लेज़र्स ऑफ फिलासफी, पृष्ठ 193
26. आस्था और सौन्दर्य, पृष्ठ 16

अध्याय-5

वस्तु और रूप का द्वन्द्व

भारतीय काव्यशास्त्र में काव्यात्मा के निरूपण को लेकर जो सिद्धान्त प्रतिपादित किये गये हैं, वे मूलतः रूप और वस्तु के अन्तस्सम्बन्धों की पड़ताल का ही नतीजा हैं। तत्कालीन रूपवादी नज़रिये से साहित्य के मर्म की व्याख्या का प्रयत्न हुआ रीति-सिद्धान्त, वक्रोक्ति-सिद्धान्त और अलंकार-सिद्धान्त में। साहित्य को मात्र शिल्प न मानकर उसके अधिक अन्तरंग धरातल को पहचानने की चेष्टा हुई रस, ध्वनि और औचित्य सिद्धान्तों में।

इसी प्रकार, पाश्चात्य साहित्य चिन्तन के जनक प्लेटो तथा अरस्तू और लांजाइनस आदि पूर्ववर्ती चिन्तकों ने अपने-अपने दार्शनिक विश्वबोध के अनुरूप इस समस्या पर व्यापक विचार किया है। प्लेटो का अनुकृतिवाद भाववादी विश्व-दर्शन पर आधारित है। उसमे परम-सत्ता को मूल विचार माना गया है और जगत् के समस्त प्रतीयमान रूपों को उसी की अनुकृति। प्लेटो विचार और उसके प्रकट रूप के बीच जिस द्वैत की परिकल्पना करते हैं वह उन्हें एकांगी बनाता है। इसीलिए प्लेटो अन्ततः कला-विरोधी रुप अपनाते प्रतीत होते हैं। इससे भिन्न, लांजाइनस के उदात्त-निरूपण में यह एकांगिता नहीं है। उसमें शैली और उसके अलंकार तथा भावों-विचारों के आपसी सम्बन्धों को सृजनात्मक पक्ष से जोड़कर तर्कसंगत दृष्टि अपनायी गयी है।

अतिवादी आग्रह

कला में रूप और वस्तु के अन्तस्सम्बन्ध का प्रश्न इनकी द्वन्द्वात्मक एकता की ओर ध्यान आकृष्ट करता है। किसी घटना में ये दोनों पक्ष अविच्छेद्य होते हैं। इनमें एक के बिना दूसरे का अस्तित्व नहीं होता। वे मूलतः आवयविक एकता में प्रतिफलित होते हैं। अतः विवाद दोनों की अनिवार्यता पर उतना नहीं जितना दोनों में एक की प्रधानता पर है।

वस्तुवादी दृष्टि से विचार करने वाले चिन्तक रूप-तत्त्व की अपेक्षा वस्तु-तत्त्व

को अधिक गतिशील और महत्त्वपूर्ण पाते हैं।[1] वस्तु-तत्त्व ही प्रतिमूर्तित घटना की प्रकृति को उद्घाटित करता है और उसके सारतत्त्व का संयोजन अथवा नियमन करता है। इसके विपरित, आनन्दवादी दृष्टि से विचार करने वाले चिन्तकों के अनुसार सभी कलाओं की अन्तर्वस्तु में बुनियादी अन्तर नहीं होता; अन्तर होता है केवल उनके रूप में। अतः कला का लक्ष्य रूप-रचना के अलावा कुछ नहीं हो सकता। क्लाइव बेल 'शुद्ध सौन्दर्यात्मक' भावनाओं का सम्बन्ध महत्त्वपूर्ण रूप विधान से जोड़ते हुए अन्तर्वस्तु के आधार पर कला के आस्वादन को अविकसित बोध का पर्याय मानते हैं।[2] इमैनुएल कांट यह प्रतिपादित करते हैं कि सौन्दर्यानुभूति के स्वरूप निर्णय का "एकमात्र और मूल आधार है वस्तु का रूप।"[3]

इस रूपवाद का दार्शनिक आधार है यह मान्यता कि कला का लक्ष्य आनन्द प्रदान करना है। इस लक्ष्य की प्राप्ति के लिए कला सार्थक रूप-रचना में न्यस्त होती है। अन्तर्वस्तु आनन्द-प्रक्रिया को बाधित करती है। अर्थात् कथा, सन्देश या किसी भी प्रकार के वस्तु-तत्त्व की उपस्थिति से इस रूप-निर्भर आनन्द की आन्तरिक लय खंडित होती है।

सिद्धान्त रूप में यह प्रतिपत्ति चमत्कारपूर्ण लग सकती है। किन्तु सृजनात्मक धरातल पर अभी तक अभिव्यक्ति का ऐसा तरीका ईजाद नहीं किया जा सका है जिससे रचना में केवल रूप ही रूप हो, वस्तु हो ही नहीं। रूप-तत्त्व की प्राथमिकता सिद्ध करते हुए कलाइव बेल सरीखे रूपवादी भी अन्तर्वस्तु की उपस्थिति अस्वीकार नहीं कर सके हैं, बल्कि विषय-वस्तु के माध्यम से कला के आस्वादन को अविकसित सौन्दर्य-दृष्टि का परिचायक मात्र बताकर रह गये हैं।

प्रश्न यह है कि यदि रचना अन्तर्वस्तु-रहित, 'शुद्ध रूप' नहीं होती तो उसके वस्तु-तत्त्व का निषेध क्यों किया जाता है? और यदि वस्तु-तत्त्व रचना में अनिवार्य रूप से विद्यमान होता है, तो क्या रचना-प्रक्रिया में उसकी कोई गतिशील भूमिका नहीं होती?

दरअसल, रूपवादी विचारक कला में वस्तु-तत्त्व की उपेक्षा करके उसे सामाजिक अभिप्राय से वंचित कर देना चाहते हैं। लेकिन सच्चाई यह है कि जिस तरह अर्थ को शब्दों से अलग नहीं किया जा सकता उसी तरह वस्तु को रूप से अलग नहीं किया जा सकता क्योंकि दोनों का अन्तस्सम्बन्ध अविच्छेद्य और द्वन्द्वात्मक है—'गिरा अर्थ जल वीचि सम कहियत भिन्न न भिन्न।'

रूडोल्फ आर्नहाइम ने रंगो की दृश्य-सामग्री और रंगच्छायाओं का अध्ययन करते हुए दो महत्त्वपूर्ण तथ्यों की ओर ध्यान आकृष्ट किया है। रंगो से दृष्टि के मस्तिष्क केन्द्र में उत्तेजना पैदा होती है। लाल रंग के अनेक प्रयोग और उसकी रंगच्छायाएँ हमारे मप्तिष्क में गति या रूप के बिम्ब उपस्थित कर सकती हैं। किन्तु ये भौतिक

अथवा जैविक प्रभाव प्राथमिक नहीं हैं। प्राथमिक हैं रंगों के साहचर्य से उद्‌बुद्ध बौद्धिक प्रतिक्रियाएँ। हम व्यवहार से जानते हैं कि आग जलाती या नष्ट करती है। यह हमें हिंसा का स्मरण करा सकती है। यदि हम लाल रंग को खून से जोड़कर देखते हैं तो हिंसा का तत्त्व उजागर हो सकता है।[4] संक्षेप में, अपनी जातीय, सांस्कृतिक परम्पराओं से जुड़ी मान्यताएँ लाल रंग के प्रति भिन्न-भिन्न भाव उत्पन्न कर सकती हैं। यदि रंग या रंगच्छायाएँ कोई प्रभाव उत्पन्न करने में पूर्णतः असमर्थ रहती हैं तो उसे कृति की कलात्मक असफलता माना जायगा।

'शुद्ध रूप' की झंकृतियों से पृथक् ये भावनाएँ, विचार या प्रतिक्रियाएँ ही रंगों की विशिष्ट अन्तर्वस्तु होती हैं, जिन्हें उनके निश्चित संयोग द्वारा कलाकार सम्प्रेषित करता है। ये भावनाएँ, विचार अथवा प्रतिक्रियाएँ कितनी ही वैयक्तिक और आत्मनिष्ठ क्यों न हों, उसकी निश्चित सामाजिक प्रकृति होती है।

जिस तरह प्रत्येक रूप-विधान में निश्चित अन्तर्वस्तु निहित रहती है—चाहे वह कितनी ही गौण, परोक्ष या अस्पष्ट हो, उसी तरह प्रत्येक अन्तर्दस्तु विशिष्ट रूप में ही व्यक्त होती है, भले ही कलाकृति में यह रूप-विधान कितना ही भोंडा, असुन्दर या उपेक्षणीय क्यों न हो। कलात्मक अन्तर्वस्तु का अभिप्राय विचार, विषय-वस्तु और संश्लेषण-विश्लेषण की परस्पर-अनुस्यूत-आवयविक समष्टि से है और रूप का इस अन्तर्वस्तु की बाह्याभिव्यक्ति से। हर्बर्ट रीड के शब्दों में, "किसी कलाकृति का रूप उसके आकार, उसके अवयवों की व्यवस्था, उसके प्रतीयमान पहलू के अलावा और कुछ नहीं है।"[5]

रूप और वस्तु में द्वैत भी निहित रहता है और विरोध भी। इसी कारण रूप और वस्तु के सम्बन्ध में अतिवादी आग्रहों की गुजांइश पैदा होती है। किन्तु दोनों का द्वैत या विरोध परस्पर-बहिष्कारी न होकर अनिवार्य द्वन्द्वात्मकता से आबद्ध होता है : "रूप और वस्तु में किसी वस्तु का विभाजन उसकी अविच्छेद्य एकता की सीमा रेखा के भीतर ही अस्तित्ववान होता है, और उनकी एकता का अस्तित्व भी उनके आन्तरिक विभाजन के रूप में होता है।"[6]

रूप और वस्तु के बीच अन्तर्विरोध और एकता की यह स्थिति अत्यन्त जटिल है। चिन्तन वस्तुगत यथार्थ के प्रतिबिम्बन का आदर्श 'रूप' है। साथ ही, बोधात्मक प्रक्रियाओं की अन्तर्वस्तु की रचना भी उसी से होती है। रूप और वस्तु के इस अविभाज्य सम्बन्ध को न समझने पर, इनमें से किसी एक को बाह्य या विजातीय मानने पर हम कलात्मक सौन्दर्य के प्रति भ्रान्तियों के शिकार होते हैं।

वस्तुतः रूप अन्तर्बाह्य की एकता का पर्याय है। रूप-विधान कला का आन्तरिक तत्त्व है क्योंकि वह अन्तर्वस्तु के तत्त्वों के अन्तस्सम्बन्ध का माध्यम है। रूप ही अन्तर्वस्तु की मूल संरचना है। इस अर्थ में वह अन्तर्वस्तु का ही एक तत्त्व

है। किन्तु जब रूप कलात्मक अन्तर्वस्तु से अन्य प्रक्रियाओं की अन्तर्वस्तु के अन्तस्सम्बन्ध का माध्यम बनता है तब वह बाह्य होता है। इस प्रकार हम पाते हैं कि किसी कलाकृति का प्राथमिक आन्तरिक रूप है उसका कथ्य। कथ्य ही कलात्मक बिम्बों और विचारों के अन्तस्सम्बन्ध का बुनियादी माध्यम है जिससे कलाकृति की अन्तर्वस्तु निर्मित होती है। बाह्य रूप कृति का इन्द्रियग्राह्य-अनुभूतियुक्त प्रकटीकरण है, उसका बाह्य प्रस्तुतीकरण है।

निर्णायक स्थिति

इस सन्दर्भ में साहित्याचार्य पं. सीताराम चतुर्वेदी की यह मान्यता अत्यन्त समीचीन प्रतीत होती है कि यद्यपि 'व्यक्त' रूप का गुण है, तथापि शुद्ध रूप व्यक्त नहीं हो सकता। रूप 'वस्तु का भाव-मात्र' है; उसका "बाह्ययीकरण उस वस्तु के बनाने से सम्भव हो सकता है", अन्यथा नहीं। संक्षेप में, ''यद्यपि किसी भी कृति में रूपात्मक तत्त्व रहते हैं फिर भी किसी पूर्ण कृति में रूपात्मक तत्त्व उस सामग्री के अंशमात्र हैं जो वह प्रदान करना चाहता है या व्यक्त करना चाहता है।''[7]

रूप और वस्तु के इस अन्तस्सम्बन्ध में वस्तु की अपेक्षाकृत अधिक मौलिक भूमिका की पुष्टि मेल्विन रेडर और बर्टरम जेसप की मान्यताओं द्वारा भी होती है। रूपवादी अभिव्यंजनावाद के विपरीत वे 'अभिव्यंजना' के दुहरे अर्थ का उल्लेख करते हुए कहते हैं कि इसमें दोनों बातें ध्वनित होती हैं—अभिव्यक्ति की प्रक्रिया और अन्तर्वस्तु।[8] वे अन्तर्वस्तु के लिए 'अभिव्यंजकता' के प्रयोग को अधिक उपयुक्त बताते हैं। आगे 'अभिव्यंजकता की आवयविक एकता' सिद्ध करके वे सृजनात्मक प्रक्रिया में अन्तर्वस्तु की प्राथमिकता प्रमाणित करते हैं। 'आवयविक एकता' की व्याख्या करते हुए वे कहते हैं कि ''कलाकृति अपनी उपयुक्तता, अर्थव्यवस्था और आन्तरिक संगति में जीवित प्राणी के सदृश है।''[9] कलाकृति उपयुक्तता, अर्थव्यवस्था और आन्तरिक संगति से निर्मित आवयविक एकता की आत्मा है। अपनी तर्कपूर्ण विचार-पद्धति से वे इस निष्कर्ष पर पहुँचे हैं कि ''अभिव्यंजकता की प्राथमिकता'' की बात करना सर्वथा उपयुक्त है।[10] अभिव्यंजकता अन्तर्वस्तु का पर्याय है इसलिए उसकी प्राथमिकता का तात्पर्य अन्तर्वस्तु की प्राथमिकता से ही है।

ऐतिहासिक दृष्टिकोण से विचार करने पर कला में अन्तर्वस्तु की अपेक्षाकृत अधिक गतिशील भूमिका की और अधिक पुष्टि होती है। मनुष्य के ऐतिहासिक विकास की भिन्न-भिन्न अवस्थाओं में कला के रूप आविर्भूत हुए हैं या उनमें से किसी रूप का विशेष चलन रहा है। दूसरी ओर, विभिन्न ऐतिहासिक चरणों में एक ही कलात्मक विधा के रूपों में आश्चर्यजनक भिन्नताएँ आयी हैं।

आदिम कला में शुद्ध रूप के दर्शन करके क्लाइव बेल उसकी घोरातिघोर प्रशंसा

करते हैं। किन्तु वे इस सवाल का कोई तर्कसंगत जवाब क्यों नहीं देते कि आगे चलकर कला अपने शुद्ध रूप की रक्षा कयों नहीं कर सकी?

यह एक ज्वलन्त प्रश्न है कि आदिम कलाओं में कहाँ तक 'शुद्ध रूप' की सत्ता होती थी? अभी तक मुख्यतः यही मान्यता स्वीकृत रही है कि अपनी जीवन-स्थितियों को प्रत्यक्षतः प्रभावित करने वाली वस्तुओं, धटनाओं अथवा प्रक्रियाओं को ही आदिमानव अपनी कला में चित्रित करता था। साथ ही अन्धविश्वास से कला तक एक आन्तरिक अविछिन्नता विद्यमान होती थी। जिस तरह उस युग का अन्ध-विश्वास पदार्थ जगत् के साथ मनुष्य के द्वन्द्वात्मक टकराव की परिणति है, उसी तरह कला भी पदार्थ जगत् के साथ उसके टकराव से उद्भूत होती है। उसके कलात्मक कृतित्व में वस्तुजगत् के रूप ग्रहण की प्रक्रिया उसी आभ्यन्तर युक्ति से शासित होती है जिससे उसके आभ्यन्तर जगत् की अन्धविश्वास पर आधारित वैचारिक प्रक्रिया। अतः यह सहज अनुमेय है कि विराट प्राकृतिक शक्तियों के मुकाबले अपनी विराटतम सीमाओं में घिरा आदिमानव गुफाओं में अपनी असमर्थता के भाव अंकित करता था अथवा यथार्थ का निषेध करने वाली अन्तर्वस्तु से रहित सार्थक रूप की सृष्टि? यदि अन्धविश्वास युग की चेतना का प्रमाण प्रस्तुत करने वाली आदिम कलाकृतियाँ शुद्ध और सार्थक रूप का श्रेष्ठ उदाहरण हैं तो यह मानना होगा कि ऐसा शुद्ध रूप (और रूपवाद) बाह्यजगत् के समक्ष अपनी असमर्थता के बोध से पैदा होता है।

अपनी इन्हीं सीमाओं के कारण रूपवाद के पास इस प्रश्न का कोई उत्तर नहीं है कि कलारूपों में परिवर्तन क्यों आते हैं? विभिन्न ऐतिहासिक व्यवस्थाओं में कला के विकास की गति समान क्यों नहीं होती?

इस बात से शायद ही किसी को इनकार हो कि कलाकार नवीनता के प्रति आकृष्ट होता है। इन सबके सम्मिलित प्रभाव से उत्पन्न नये ऐतिहासिक दबावों को सबसे पहले कलाकार ही सूँघता है। कला में रूप-विधान की प्राथमिकता मानी गयी है। सुन्दर रूप-विधान के बिना कलात्मक प्रभाव क्षीण रहता है। सौन्दर्य-मूल्यों की दृष्टि से भी वह कला हीन कोटि की होती है। इस रूप-विधान के बारे में हर्बर्ट रीड यहाँ तक कहते हैं कि—"शब्द-संगीत, बिम्ब और रूपक तो कविता के रक्त प्रवाह हैं जिनके बिना कविता क्षण भर भी नहीं जी सकती।"[11] और कला की इस जीवनी-शक्ति—रूप-विधान—में परिवर्तन हुआ करते हैं।

श्री सुमित्रानन्दन पन्त सौन्दर्योपासक कवि माने जाते हैं। साहित्य में रूप-परिवर्तन के प्रश्न को सामाजिक अन्तर्वस्तु के परिवर्तन पर निर्भर बताते हुए उन्होंने सोन्दर्य-सम्बन्धी प्रगतिशील अवधारणा प्रस्तावित की है। उनके अनुसार कला 'अरूप मान्यताओं' और 'कोरे कला-इंगित' के अतिवादों से पृथक् अन्तर्वस्तु और रूप-तत्त्व के अनिवार्य 'तादात्म्य' में प्रतिफलित होती है। इसलिए रूप-विधान में

आने वाले परिवर्तन ''भाव-बोध, रस-बोध, अर्थ-संकेत एवं मान्यताओं में'' आने वाले परिवर्तन के द्योतक होते हैं।[12]

भाव-बोध, रस-बोध, अर्थ-संकेत और मान्यताओं में परिवर्तन समाज-स्थितियों और सामाजिक संरचनाओं के दबाव से घटित होता है। सामाजिक और साहित्यिक मान्यताओं का यह अन्तस्सम्बन्ध प्रत्येक युग की सामान्य विचारधारा (अन्धविश्वास, धर्म या विज्ञान) की सीमा के भीतर गतिशील द्वन्द्व के रूप में मौजूद होता है और यही मनुष्य की सृजनात्मक क्रियाओं को दिशा देता है।

यही कारण है कि पन्त जी साहित्य-रूपों, साहित्यिक मान्यताओं और सामाजिक स्थितियों के त्रिकोणात्मक घात-प्रतिघात के ज़रिये ही कलात्मक विकास अथवा परिवर्तन की व्याख्या करते हैं। साहित्य मानव समाज के ऐतिहासिक, सामाजिक और मानसिक आन्दोलनों से सम्बद्ध है इसलिए उसका विकास भी उसी पर निर्भर है। रस-बोध, भाव-बोध, मान्यताओं आदि में परिवर्तन रूप-विधान में परिवर्तन का द्योतक और नियामक दोनों है :

''अन्तर्मन अथवा चेतना का नवीन स्फुरण अथवा विकास कला एवं अभिव्यक्ति के रूप को भी अपने आप बदल देता है। साहित्य के रूप तथा उसकी आत्मा का सदैव से ऐसा ही पूरक सम्बन्ध रहा है।''[13]

यदि सामाजिक स्थितियों से कला और उसके रूप-विधान का ऐसा जटिल सम्बन्ध न रहा होता तो कला-रूपों में भिन्नता और विकास या परिवर्तन का कोई प्रश्न ही पैदा न होता। ऐसा भी न होता कि किसी युग में कला का विकास मन्द गति से हो और कुछ साहित्य-रूप चरमोत्कर्ष प्राप्त कर लें तथा दूसरे युर्गो में यह परिवर्तन आश्चर्यजनक ढंग से त्वरित हो जाय और अनेक नये साहित्य-रूप आविर्भूत एवं विकसित हो जाएँ।

उदाहरणार्थ, पूँजीवाद से पहले और पूँजीवाद के आविर्भाव के बाद साहित्यिक विकास की गतियाँ भिन्न रही हैं। पूँजीवाद-पूर्व युग में साहित्य-रूपों में उतना त्वरित परिवर्तन नहीं होता था। इसलिए किसी साहित्य-रूप के परिमार्जिस होकर कला के विकास के उच्चतम शिखर पर पहुँच सकने की सम्भावना बहुत अधिक होती थी। इसका सर्वप्रमुख कारण था सामाजिक परिवर्तन की मन्द गति। समाज और कला के विकास की इस मन्द गति के कारण उपमानों, प्रतीकों और यहाँ तक कि विधाओं में भी रूढ़ियाँ अधिक बनती थीं। यह सही है कि सामाजिक संवेदना धनीभूत होकर अभिव्यक्ति के नये रूपों की तलाश करती रही है। इसका कारण है समाज और उसकी आन्तरिक रचना का गतिशील द्वन्द्व पर आधारित होना। किन्तु सामाजिक और साहित्यिक रूप-विधान के परिवर्तन में जितनी त्वरा आज—औद्योगिक क्रान्ति और तज्जन्य सामाजिक और बौद्धिक स्थितियों (पूँजीवादी समाज और वैज्ञानिक-वैचारिक

संरचना) के उदय के बाद—देखने में आ रही है, उतनी पहले न थी। वर्तमान युग ने नयी संवेदनाओं के अनुरूप अन्तर्वस्तु और रूप के धरातलों पर अनेक नयी उपलब्धियाँ हासिल की हैं। छन्दों, प्रतीकों, बिम्बों आदि के प्रति परिवर्तित बोध, उपन्यास की नयी विधा अथवा कहानी में शिल्पगत विकास अथवा स्वतन्त्र विधा के रूप में व्यंग्य का आविर्भाव और उसकी प्रतिष्ठा तथा संस्मरण रेखाचित्र, डायरी, रिपोर्ताज जैसे अनेक नये रूपों का उदय इस बात को प्रमाणित करते हैं।

कला या कलारूपों का यह विकास वस्तु और रूप के अलगाव, उनमें से किसी एक के कृत्रिम स्वीकार या अस्वीकार अथवा वस्तु पर कल्पित और कृत्रिम रूप के आरोप द्वारा नहीं होता। कलात्मक अन्तर्वस्तु सामाजिक-ऐतिहासिक दबाव और कलाकार की वर्गस्थिति के द्वन्द्व का परिणाम होती है और वह अपने इष्ट रूप की तलाश करती है। इसलिए रूप-विवेचन के सन्दर्भ में अन्तर्वस्तु के विवेचन का महत्त्व अक्षुण्ण है।

यथार्थाधारित कलादर्शन में कला को इसी वस्तुगत परिप्रेक्ष्य में देखा जाता है। उसमें कलात्मक रूप को कलात्मक अन्तर्वस्तु, अर्थात् वस्तुगत यथार्थ के प्रतिबिम्बन का अनिवार्य माध्यम माना जाता है। कलाकार जीवन की प्रकियाओं या घटनाओं को कला में अंकित करता है। ये जीवन-प्रक्रियाएँ कलाकार के इन्द्रिय-बोध, भाव-जगत् और विचारों से निर्मित अन्तर्जगत् के प्रिज़्म से छनकर कला में मूर्तिमान होती हैं। इस प्रक्रिया को नज़रन्दाज़ न करने के नाते यथार्थवादी कलादर्शन एक ओर जहाँ अतिवादी भटकावों से बचता हुआ तर्कसंगत निष्कर्षों तक पहुँच जाता है[14] वहीं दूसरी ओर वह रूप और वस्तु के अन्तस्सम्बन्ध के प्रश्न को कलाकार की सजग, संवेदनशील रचना-प्रक्रिया के जीवन्त पक्ष से जोड़कर देखता है।

रचना-प्रक्रिया के आन्तरिक रहस्य और उसमें अनुभूति के रूप ग्रहण की प्रक्रिया को सूत्रित करते हुए केदारनाथ अग्रवाल ने लिखा है—"अपने इन्द्रिय-बोध से मैंने बहिर्जगत् का ज्ञान प्राप्त किया। मेरा इन्द्रिय-बोध मेरे हृदय और मस्तिष्क में पहुँचा। वहाँ उद्वेल हुआ। अनुभूत जीवन से बने व्यक्तित्व से, उस उद्वेल से, मेरे इन्द्रिय-बोध का सम्पर्क हुआ और वह उससे समन्वित हुआ। उस सम्पर्क और समन्वय के समय मेरा इन्द्रिय-बोध एक दिशा पाने लगा। आकार और प्रकार में परिवर्तित होकर वह अस्पष्ट से स्पष्ट और अमूर्त से मूर्त की ओर प्रयाण करने लगा। बाहर से आया हुआ ज्ञान भीतर के ज्ञान से गुम्फित होने लगा। वहाँ स्थित शब्द-संकेत उसे मिले। वह उनसे जुड़ गया। जुड़कर अर्थवन्त हो गया। छन्द में शिल्पित होकर वही बाहर निकल आया। वही कविता हुआ।"[15]

संक्षेप में, अनुभव-क्षण से अभिव्यक्ति-क्षण तक की समूची अन्तर्यात्र में कविता उत्तरोत्तर विकसित होती है, उसकी रूपाकृति अधिक स्पष्ट और मूर्त रूप ग्रहण करती

है। बिम्ब, भाषा, छन्द, प्रतीक आदि के माध्यम से व्यक्त कविता में उसका मूल संवदेनात्मक उद्देश्य उसी तरह निहित होता है जैसे फूल में रंग और गन्ध। जैसे रंग और गन्ध के बिना कोई आकृति फूल नहीं होती, वैसे ही अपने अभिप्राय और अर्थ के बिना प्रतीक, बिम्ब, भाषा आदि कविता नहीं होते। अमृत राय के शब्दों में, "विचार के भीतर ही उसका सार्थक प्रतीक भी होता है, प्रतीक की हत्या कर दो, विचार की भी हत्या हो जायगी।"[16] यहाँ प्रतीक को बिम्ब या अभिव्यक्त रूप समझना चाहिए।

कलाकृति की आन्तरिक अन्विति का प्रमुख माध्यम है कथ्य या अन्तर्वस्तु। जहाँ कलाकार अथवा भावक की व्यक्तिगत सीमाएँ बाधक न बनें वहाँ कलात्मक रूप आन्तरिक विन्यास की एकता के कारण संश्लिष्ट प्रभाव उत्पन्न करने में समर्थ होता है। किन्तु जहाँ अन्तर्वस्तु रहित शुद्ध-रूप की परिकल्पना है वहाँ कविता की आन्तरिक संगति, उसके रूप का अन्तर्विरोध-रहित विन्यास कैसे सम्भव है? उदाहरण के लिए, जहाँ प्रतीक किसी 'अन्तर्वस्तु' की अभिव्यक्ति के लिए नहीं होते वहाँ उनके प्रभाव में एकरूपता कैसे आती होगी? कारण यह कि कलात्मक वस्तु ही प्रतीकों को सन्दर्भवान बनाती है। अन्तर्वस्तु-रहित होने पर (अगर ऐसा सम्भव है तो) सन्दर्भ-मुक्त प्रतीक स्वयंसाध्यता का चाहे जितना गौरव ढोएँ, उनमें आन्तरिक अर्थ की कोई मर्यादा न रह जाएगी। संभवतः इसीलिए कवित विशुद्ध संगीतात्यकता और 'मुक्त' साहचर्य तक जा पहुँची!

अंतर्बाह्य सन्दर्भ

साहित्य को इस अमर्यादा और अराजकता से बचाने के लिए डी. ऑग्डेन और रिचर्ड्स 'प्रतीक-सन्दर्भ' पर आत्यन्तिक बल देते हैं।[17] यह सन्दर्भवत्ता किसी कृति में प्रतीकों को मानवीय भावों का वाहक बनाती है और इसी से कलात्मक प्रतीक सुनिश्चित भावात्मक अन्तर्वस्तु धारण करते हैं।

प्रतीतों का विश्लेषण करते हुए युंग ने उन्हें सजग चिन्तन का परिणाम न मान कर अन्तर्ज्ञान (Intuition) पर आधारित और स्वप्न में आविर्भूत होने वाला बताया है। उनके अनुसार प्रतीकों का सम्बन्ध (1) चेतन से नहीं, (2) व्यक्तिगत अचेतन और (3) सामूहिक अचेतन से है।[18]

प्रतीकों का सम्बन्ध अचेतन से है या चेतन से, यह विवाद का विषय है किन्तु इतना स्पष्ट है कि बिम्बों के प्रतीक रूप में परिणत होने के पीछे मनुष्य की समग्र चेतना सक्रिय होती है और उसमें व्यक्तिगत और सामूहिक चेतना का अलगाव करना भी सरल नहीं होता। सच पूछा जाए तो प्रतीकों को अलग श्रेणी मानना अधिक उपयुक्त नहीं है। कारण यह कि बिम्ब ही वह मौलिक आधार वस्तु है जो

भिन्न-भिन्न स्थितियों में भिन्न-भिन्न भूमिकाएँ अदा करती है। बिम्बों से ही मिथकों और प्रतीकों की सृष्टि होती है।

बिम्ब को परिभाषित करते हुए डॉ. कुमार विमल ने लिखा है कि उनसे "मूर्त को भावरूप और भाव को मूर्तरूप" प्रदान किया जाता है।[19] क्या प्रतीकों की भी यही व्याख्या नहीं की जा सकती? प्रतीकों में प्रत्ययात्मकता भी होती है। प्रत्ययों के निर्माण में भी बिम्बों की केन्द्रीय भूमिका होती है। अमूर्त प्रत्ययों का निर्माण बिम्बों के साधर्म्य और सामान्यीकरण के आधार पर होता है। इसलिए बिम्ब और प्रत्यय कलात्मक रूप के आधारभूत घटक कहे जा सकते हैं। प्रतीक और मिथक भी मूलतः बिम्ब हैं। बिम्बों, प्रतीकों और मिथकों में मात्रा-भेद अवश्य है, गुण-भेद नहीं, जैसा कि बिम्बों, प्रतीकों, मिथकों का प्रत्ययों के साथ है।

आधुनिक कला बिम्बों और प्रत्ययों के अत्यन्त सजग उपयोग के साथ-साथ अभिव्यक्ति के स्तर पर अपनी स्पष्टता और सादगी को सुरक्षित रखे हुए है। यूरी बाराबाश कलात्मक सादगी को, अभिव्यक्ति की स्पष्टता को सपाटपन से भिन्न अर्थ में सूत्रित करते हुए उसे "मनुष्य द्वारा यथार्थ के कलात्मक आत्मीकरण का अत्यन्त महत्त्वपूर्ण पहलू'' बताते हैं।[20] अभिव्यक्ति की स्पष्टता दुरूहता से भिन्न है। दुरूहता कलात्मक सादगी का विलोम तब तक नहीं है जब तक वह अस्पष्टता या उलझाव का रूप धारण न करे।[21] जटिल विन्यास को कलात्मक सादगी का विलोम मान लेना कलाकार के साथ अन्याय है।[22] दूसरे शब्दों में, सादगी और स्पष्टता एक नहीं हैं, जटिलता और दुरूहता भी एक नहीं हैं। सादगी कला का गुण है, सपाटता दोष। उसी तरह जटिलता यथार्थ की अन्तस्सम्बद्ध प्रक्रिया का बोध है, दुरूहता उस अन्तस्सम्बद्धता को ग्रहण न कर पाने का परिणाम। कला में सादगी और जटिलता एक साथ हो सकते हैं, सपाटता और दुरूहता भी एक साथ हो सकती है।

कला की संरचनात्मक जटिलता किस स्थिति में उलझावपूर्ण नहीं होती? जब कलाकार के जटिल साहचर्य अर्थात् उसके बिम्ब, प्रत्यय आदि वस्तुगत यथार्थ तथा इस यथार्थ के प्रति कलाकार के आत्मगत दृष्टिकोण की जटिलता को व्यक्त करते हैं। दूसरे शब्दों में, जब कलात्मक अन्तर्वस्तु सघन भावात्मक प्रभाव से सम्पृक्त होती है। इसी बिन्दु पर, कलाकार से भावक तक एक अविछिन्नता की स्थिति होती है तथा कलात्मक बिम्ब, प्रत्यय और पूरी संरचना निश्चित अनुभूतिगत अर्थ से सन्दर्भित होती है।

कलाकार का दृष्टिकोण और संवेद्य यथार्थ जितना तटस्थ और निर्वैयक्तिक अर्थात् वस्तुगत और रागद्वेष-निरपेक्ष होगा, कला उतनी अधिक सशक्त और उलझाव हीन होगी। यह कलात्मक सम्प्रेषण की प्रथम शर्त भी है। प्रतीकों के सम्बन्ध में जिस अनुभव-सन्दर्भ की बात कही गयी है, वह कला के रूप को वस्तुगत प्रक्रिया से जोड़कर सम्प्रेषणीय बनाता है। इस तथ्य को अनुभव करने के नाते युंग ने

आदि-बिम्बों की भूमिका का उल्लेख इन शब्दों में किया—"जो व्यक्ति आदि-बिम्बों में बोलता है वह हजार जीभों से बोलता है।"[23]

आदि-बिम्ब जातीय अनुभव से निर्मित होते हैं। कलाकार अपने अनुभव-सन्दर्भ में उनका उपयोग ज़रूर करता है लेकिन यह वैयक्तिकता आदि-बिम्बों की उस सांस्कृतिक अन्तर्वस्तु में ढल जाती है, जो उन्हें जातीय सा सामाजिक प्रक्रिया से जोड़ता है। आदि-बिम्बों की यह निर्वैयक्तिकता ही उनमें सांस्कृतिक वासनाओं को उद्दप्ति करने की क्षमता उत्पन्न करती है। यहाँ यह उल्लेख करना अप्रासंगिक न होगा कि सांस्कृतिक सन्दर्भों से युक्त होने के नाते ही आदि-बिम्बों में वह सामर्थ्य पैदा होता है जो उन्हें व्यक्तिनिष्ठता के धरातल से उठाकर सघन भावात्मक अन्तर्वस्तु से जोड़ता है।

यदि इस प्रसंग से भावात्मक अन्तर्वस्तु की बात घटा दी जाए तो कविता की संरचना की व्याख्या नहीं की जा सकती। संक्षिप्त कविता या गीत और लम्बी कविता या प्रबन्धात्मक रचना के अन्तर का अध्ययन करते हुए हर्बर्ट रीड कहते हैं कि "छोटी कविता या गीत एक अथवा सरल भावात्मक क्षण, हस्तक्षेप रहित मनःस्थिति या प्रेरणा को सीधे-सीधे व्यक्त करती है; और लम्बी कविता में अनेक भावात्मक मनःस्थितियाँ समन्वित रहती हैं। यह बहुत सम्भव है कि कोई एक विचार प्रधान हो जो किसी कविता की भावात्मक एकता का कारण हो।"[24]

'काव्य' और 'कविता' के अन्तर को मैक्फार्लैण्ड शिल्प की समस्या के रूप में ग्रहण करते हैं। जहाँ कविता के 'शिल्प' द्वारा काव्य की रक्षा नहीं की जाती वहाँ वे गद्य के दर्शन करते हैं।[25] यह सही है कि वे रूपवाद के आत्यन्तिक आग्रह को अस्वीकार करते हैं इसलिए रूप को ही सार्थकता मानने वाली क्लीन्थ ब्रुक्स आदि की धारणाओं का खंडन करते हैं। किन्तु कविता और काव्य के बीच अन्तर को वे शिल्प की आधारभूमि से देखते हैं इसलिए रूप और वस्तु की द्वन्द्वात्मक अन्विति को नहीं समझ पाते। वे इस धारणा से ग्रस्त होते हैं कि रूप और वस्तु में सतत पार्थक्य होता है : ''रूप के अन्तर्गत वस्तु का अर्थ है कविता के भीतर काव्य।''[26]

किन्तु अपने इस अध्ययन क्रम में मैक्फार्लैण्ड स्वयं को रूपवादी चिन्तन से अलग भी करते हैं। वे कविता के रूपगत प्रयोगों की अपेक्षा सार्थक रूप को अधिक उपादेय मानते हैं। सैमुएल लेविन की मान्यता यह है कि कविता में भाषागत तत्त्व ही 'यूनिटी', 'नावल्टी', 'कम्प्रेशन' (एकता, नवीनता, सघनता) आदि गुण उत्पन्न करते हैं और उन्हीं से काव्यात्मक रूप निर्मित होता है। रिद्म (लय), छन्द आदि को भाषागत तत्त्वों की ही सीमा में बाँधते हुए लेविन प्रतिपादित करते हैं कि इन्हीं के कारण काव्य में रूप की आधारभूत अनिवार्यता सिद्ध होती है। रूप की इस अनिवार्यता का दूसरा प्रमाण यह है कि काव्य में अन्तर्वस्तु केवल सतही चीज़ बन

जाता है और जो अवशिष्ट रहता है वह है रूप।[27] मैक्फार्लैण्ड इस मान्यता का खण्डन करते हैं। उनके अनुसार, भाषागत जोड़-तोड़ से कविता भले किसी तरह बन जाय, काव्य नहीं बन सकता।[28] इस बिन्दु पर वे स्वयं को तकनीकवाद—भाषावाद, रूपवाद, संरचनावाद आदि—के आग्रहों से मुक्त करते हैं।

इससे यह सिद्ध नहीं होता कि कला में श्रेष्ठ तकनीक फालतू चीज़ है। इससे केवल यह सिद्ध होता है कि तकनीक स्वयं साध्य नहीं हो सकती; वह कलात्मक अन्तर्वस्तु की अभिव्यक्ति के एक समर्थ माध्यम के रूप में ही सार्थक होती है। सम्भवतः यही कारण था कि अपने रचनात्मक सामर्थ्य से परिचित होने पर अलेक्जेंडर ब्लाक ने अनुभव किया कि कुशल शिल्पकारी कहीं उनकी कविता की मृत्यु का कारण न बन जाय।[29]

मध्ययुग की भारतीय कविता पर एक दृष्टि डालने से अलेक्जेंडर ब्लाक की इस आशंका की सार्थकता प्रमाणित हो सकती है। भक्तिकाव्य और रीतिकाव्य में बुनियादी अन्तर यही है कि भक्तिकाव्य में मनुष्य के रागात्मक पक्ष को प्रमुखता मिली है और रीतिकाव्य में शिल्पगत तकनीक को। फलस्वरूप भक्तिकाव्य सामाजिक भावभूमि पर अधिष्ठित हुआ है और रीतिकाव्य शिल्पगत चमत्कार की ओर प्रवृत्त हुआ है। सामाजिक भावभूमि और तकनीकी-कौशल का यह अन्तर कविता की अन्तर्वस्तु और शिल्प के विकास दोनों को प्रभावित करता है। यह संयोग की बात नहीं कि भक्तिकाव्य के शिल्प में विविधता और जीवन्तता के दर्शन होते हैं, प्रबंधात्मक और गीतात्मक रूपों का व्यापक प्रयोग मिलता है और रीतिकाव्य में शिल्प का विकास बाधित होता है, दोहा, कवित्त, सवैया आदि लघु छन्द और मुक्तक रूप ही काव्य का मुख्य माध्यम बन गये हैं।

कला के अन्तर्गत रूपगत प्रयोगों में एक तरफ अन्तर्वस्तु तथा दूसरी तरफ कलाकार का वर्गीय-सामाजिक जीवन दोनों तत्त्व क्रियाशील होते हैं। भक्तिकाव्य में तत्कालीन विरोधात्मक समाज के अतिक्रमण का प्रयत्न है। इससे भक्त कवियों की मानवीय भावना प्रमाणित होती है। उनकी यह भावना ही उनके विद्रोह का कारण और उनकी कविता की शक्ति है। अगर उदाहरण के लिए राधाकृष्ण के चरित्र को लें तो पायेंगे कि चाहे सूर की प्रबन्धात्मक कृति हो या मीरा का मुक्तक काव्य-रूप, राधाकृष्ण के कथानक में निहित गीतात्मक सम्भावनाओं की रक्षा करते हुए भी उन्हें अनूठा व्यक्तित्व दिया गया है। रीतिकाव्य में उनके इस व्यक्तित्व का लोप हो गया है। रीतिकाव्य का रूप उन पर आरोपित है। वाहवाही या मुद्राप्राप्ति के लिए लिखे जाने वाले इन मुक्तकों में रागात्मक अन्तर्धारा का अभाव उन कवियों की वर्ग-स्थिति से उत्पन्न है। इससे रूप कृत्रिम हो गया है। वस्तु की आन्तरिक अनिवार्यता से उद्भूत न होने के नाते रीतिकाव्य का रूप कल्पित और आरोपित लगता है।

उपर्युक्त विवेचन से यह निष्कर्ष निकलता है कि रूप-विवेचन के लिए वस्तु-विवेचन अनिवार्य है। कलात्मक उपलब्धि वहीं मानी जा सकती है जहाँ वस्तु अपने इष्ट रूप में व्यक्त हो। रूप और वस्तु के इस प्रकृत सम्बन्ध को ध्यान में रखने पर हम देखेंगे कि रूप "कलात्मक अन्तर्वस्तु की आन्तरिक संरचना की अभिव्यक्ति" का माध्यम है।[30] कलात्मक रूप कलात्मक चिन्तन (सृजन-प्रक्रिया) में अन्तर्वस्तु के अनिवार्य साधन के रूप में विकसित होता है। सर आर्थर क्विलर-कूच के शब्दों में, "शिल्प हृदय और बुद्धि के चिन्तन में ही निहित रहता है।"[31]

संतुलन की स्थितियाँ

रूप और वस्तु के अन्तस्सम्बन्ध का रहस्य संशलिष्ट कलात्मक चिन्तन की प्रक्रिया में ही अन्तर्निहित रहता है। इस तथ्य से यह भी उद्घाटित होता है कि स्वभावतः रूप और वस्तु के सन्तुलन की कोई एक आदर्श स्थिति नहीं होती, कला-माध्यमों और विषय-वस्तु के अनुरूप सन्तुलन की स्थितियाँ भिन्न-भिन्न होती हैं।

भवभूतिकृत 'उत्तर रामचरित' और भारतीय शास्त्रीय संगीत के उदाहरणों से यह बात अधिक स्पष्ट हो सकती है। दोनों रूप और वस्तु के सन्तुलन की दो चरम स्थितियाँ हैं। भावभूति के काव्य में रूप गौण हो गया है और शास्त्रीय संगीत प्रकटतः शुद्ध रूपात्मक लगता है।

'उत्तरामचरित' के अनेक प्रसंगों में संवेदना का वह धनीभूत रूप देखने को मिलता है कि सन्दर्भ-विशेष से जुड़कर संवेदना स्वयं काव्य बन गयी है। रूप इतना गौण है कि वह अपना अस्तित्व भी नहीं जताता। वस्तुतः रूप वस्तुमय हो गया है। लेकिन इससे कलात्मकता कहीं खंडित नहीं होती। इस प्रकार, वस्तु को ही कला बनाकर भवभूति रूप और वस्तु के सन्तुलन की एक चरम अवस्था का प्रमाण देते हैं।

इसके विपरीत जहाँ वस्तु रूप में अन्तर्भुक्त होने लगती है वहाँ कला अमूर्तता की ओर बढ़ती है। शास्त्रीय संगीत में रूप की अमूर्तता है। इसका कारण अन्तर्वस्तु का अभाव न होकर वस्तु का रूप में पर्यवसान है। अन्तर्वस्तु का अभाव कला को विकृत करता है। शास्त्रीय संगीत अन्तर्वस्तुरहित नहीं है। अगर वह सर्वथा अन्तर्वस्तुहीन कला होती तो उसके लिए देश-काल की मर्यादाओं का कोई प्रश्न न उठता। भैरवी अगर प्रातः काल का राग है तो विहाग रात्रि का। इसी प्रकार, विभिन्न रागों का काल और प्रहर की विभिन्न स्थितियों से गहन सम्बन्ध है। भैरवी सुनते समय हमें ऐसा अनुभव होता है जैसे प्रत्यूष मानव-संवेदना से जुड़कर जो भी आशय, अभिप्राय, अनुभूति आदि उत्पन्न करता है वह सब कुछ भैरवी रो समाहित होकर रूपमात्र बन गया है। अगर इन रागों का सम्बन्ध अपनी संवेदनात्मक वस्तु से न

होता तो उनके गाये जाने के लिए प्रहर की मर्यादा का प्रश्न ही न उठता।

उपर्युक्त अध्ययन से तीन बातें स्पष्ट होती हैं–

1. जहाँ रूप वस्तुमय हो जाने की अपनी चरम स्थिति में होता है वहाँ मानव-संवेदना का अत्यन्त घनीभूत रूप अपेक्षित होता है। लेकिन यदि रूप के वस्तु में अन्तर्भुक्त होने के बजाय रूप से वस्तु की ओर बढ़ने का प्रयत्न होता है तो कलाहीनता की स्थिति उत्पन्न होती है। प्रगतिवाद के दौर की कविताओं के अध्ययन में हम ऐसे अनेक उदाहरण देखेंगे।
2. जहाँ वस्तु के रूपमय हो जाने की चरम स्थिति होती है वहाँ कला अमूर्तता की दिशा में बढ़ती है। लेकिन अगर रूप में वस्तु के पर्यवसित होने की जगह वस्तुहीनता और शिल्पवाद का आग्रह व्यक्त होता है तो कला विकृत रूप में सामने आती है। रूप अगर वस्तु से पृथक अपनी स्वतन्त्र सत्ता जताता है तो उसे कलाहीनता मानना चाहिए।
3. कला में वस्तु की भूमिका अपेक्षाकृत अधिक गतिशील होती है। रूप निष्चेष्ट प्रतिच्छाया नहीं होता, वह भी वस्तु की ही भाँति सक्रिय तत्त्व होता है। रूप या संरचना कलात्मक वस्तु को भी मर्यादित करती है। बहुत बार ऐसा भी होता है कि रूप पर श्रम करते हुए कलाकार को अपनी मूल अवधारणा की विचार-वस्तु में संशोधन करना पड़े। किन्तु रूप कलात्मक अन्तर्वस्तु की अभिव्यक्ति का माध्यम है और ऐतिहासिक विकास के क्रम में नयी वस्तु के साथ रूप में परिवर्तन घटित होता है, इसलिए रूप की सक्रियता वस्तु की सक्रियता से स्वतन्त्र नहीं होती।

इस प्रकार हम कह सकते हैं कि रूप और वस्तु कला में दो अविभाज्य इकाइयों के रूप में मौजूद होते हैं। इनकी अविभाज्यता द्वन्द्वात्मक आधार पर होती है। वस्तु से रूप और रूप से वस्तु मर्यादित होती है। जहाँ यह द्वन्द्वात्मक नहीं होती, रूप और वस्तु में कृत्रिम सन्तुलन या अप्राकृतिक पार्थक्य होता है वहाँ कलात्मक धरातल पर असंगति पैदा होती है। यह असंगति कलात्मक असफलता या कलाहीनता का मूल कारण है।

विद्वानों ने संगीत को रूप और वस्तु के एकमेक हो जाने का उदाहरण माना है। वाल्टर पीटर की मान्यता है कि संगीत में रूप और वस्तु के बीच अभेदात्मकता की स्थिति होती है, जबकि अन्य सभी प्रकार की कलाओं में "रूप से वस्तु को अलग करना सम्भव होता है।" चूँकि "कला का सतत प्रयास इस भेद को मिटाने की दिशा में होता है" इसलिए "सभी कलाएँ निरन्तर संगीत की आकांक्षा करती हैं।"[32]

डोनाल्ड टोबे के मत से भी कलाकृति की रचना तभी सफल होती है जब रूप

और वस्तु में निहित अन्तर्विरोध पूर्णतः शमित होता है। संगीत को आदर्श बताते हुए वे कहते हैं कि "साहित्य और दृश्य कलाओं में विषय और शिल्प के सम्बन्ध के बीच यह अन्तर्विरोध न्यूनाधिक रूप में सदैव सुरक्षित रहता है।...केवल संगीत ही ऐसी कला है, जिसमें हम यह निर्णय नहीं कर पाते कि अनेक पक्षों में से किसे विषय कहें और किसे शिल्प।"[33]

संगीत में रूप और वस्तु की आन्तरिक संगति का परिणाम यह होता है कि दोनों में अन्तर करना भी कठिन जान पड़ता है। कोई भी सफल कला इस बात का अपवाद नहीं है। किन्तु भाँति-भाँति के कलावादी-रूपवादी चिन्तन वस्तु और रूप के इस प्रकृत सम्बन्ध को अस्वीकार करते हैं। वे या तो वस्तुशून्य रूप का आग्रह करते हैं, या रूप-सज्जा के अतिरिक्त मोह में विकृत जीवन यथार्थ प्रस्तुत करते हैं, या फिर रूप चुनकर वस्तु तलाशते हैं।

रूपवाद का विवेचन

प्रश्न उठता है कि आखिर इस प्रकार के अप्राकृतिक रुझान क्यों पैदा होते हैं? इस प्रश्न के अनेक उत्तर हैं। सबसे यांत्रिक उत्तर यह है : "...शुद्ध कला उदीयमान पूँजीपति वर्ग की पताका थी, जो खुलेआम अपने पूँजीवादी चरित्र की उद्‌घोषणा नहीं कर सकता था, और साथ ही साथ जो बुद्धिजीवी समुदाय को अपनी चाकरी में लगाये रखना चाहता था।"[34]

कलावाद और रूपवाद पूँजीवादी साहित्य-दर्शन हैं, यह बात सही है किन्तु उन्हें उदीयमान पूँजीवाद का दर्शन मानने की बात सन्दिग्ध है। रूपवादी दर्शन की आवश्यकता पूँजीवाद को तब पड़ती है जब उसकी सृजनात्मक सम्भावनाओं का ह्रास होने लगता है तथा वह समाज और उत्पादन के विकास में बाधक बनने लगता है। संकटग्रस्त पूँजीवाद रूपवादी दर्शन के ज़रिये एक ओर उदीयमान सामाजिक शक्ति–सर्वहारा वर्ग–तथा उसकी चुनौतियों का वैचारिक प्रतिरोध करता है, दूसरी ओर सर्वहारा वर्ग द्वारा प्रस्तावित वर्ग-विकल्प को अप्रासंगिक सिद्ध करने के लिए रूप पर अतिरिक्त बल देता है ताकि सारा ध्यान पूँजीवादी अन्तर्वस्तु के ही दो रूपों–जनतान्त्रिक (Democratic) और तानाशाही (Dictatorial) पर ही केन्द्रित होकर रह जाय।

उदीयमान पूँजीवाद सामन्ती तन्त्र की चुनौतियों से कमोबेश टकराता है और अपने उदयकाल में वह सृजन की नयी सम्भावनाओं के साथ प्रकट होता है। उसकी अपनी विधेयात्मक भूमिका और अन्तर्वस्तु होती है। उसकी यह सृजनात्मक सम्भावना भौतिक और आत्मिक दोनों धरातलों पर होती है। पराधीन भारत में पूँजीवादी विकास की अपेक्षा 'अंधकार-युग' से निकलने वाले यूरोप में पूँजीवाद के लिए यह बात और अधिक सही है। उपनिवेशों में उसने पिछड़ी हुई विचारधाराओं

को प्रोत्साहन दिया। किंतु अपने यहाँ सामंती रूढ़िवाद से संघर्ष करते हुए उसे यथार्थपरक और वैज्ञानिक चिंतन की आवश्यकता थी। इसलिए 'उदीयमान' पूँजीपति वर्ग को रूपवाद की नहीं, वस्तुवाद की ज़रूरत पड़ती है।

रूपवाद के अध्ययन-विश्लेषण में त्रात्स्की का यान्त्रिक मार्क्सवाद कोई सहायता नहीं करता। वह अतिरंजित भावाभिव्यक्ति अवश्य है और अपने दृष्टिकोण में वह मार्क्सवाद का भाववादी संस्करण है। भाववादी दृष्टि समस्या को सुलझाने के बजाय स्वयं उलझ जाती है। इसीलिए त्रात्स्की के सूत्र से एक ओर जहाँ पूँजीवादपूर्व के पतनशील-रूपवादी साहित्य के कारणों का पता नहीं लगता, वहीं इस बात की भी कोई व्याख्या नहीं की जा सकती कि पूँजीवाद के उदय के बाद गैर-मार्क्सवादियों द्वारा विपुल यथार्थवादी साहित्य वैसे लिखा जा सका।

प्लेखानोव का मत इस सन्दर्भ में अधिक व्यावहारिक है। उनके अनुसार कलाकार और सामाजिक ढाँचे में असंगति के कारण रूपवाद का जन्म होता है। सामाजिक वातावरण से प्रचंड असामंजस्य होने पर कलावादी मान्यताएँ पैदा होती हैं।

इस मान्यता के अनुसार कलाकार अपने वातावरण से असामंजस्य-बोध का अतिक्रमण करने के लिए कला की सामाजिक अन्तर्वस्तु का निषेध करने लगते हैं। इसमें व्यवस्थागत अन्तर्विरोधों से अधिक सक्रिय भूमिका कलाकार के प्रयत्नों की मानी गयी है, व्यवस्था की भूमिका इसमें कुछ परोक्ष रूप में स्वीकार की गयी है। इससे यह मान्यता सीमित ज़रूर होती है, यान्त्रिक नहीं। इस मान्यता की मुख्य विशेषता है कलाकार के पक्ष से समस्या पर विचार करने का प्रयत्न।

वस्तुतः रूपवाद के उत्स के प्रश्न पर अधिक वस्तुनिष्ठ तरीके से विचार करने की आवश्यकता है। रूपवादी आग्रहों के पीछे दो मुख्य कारण हैं—पहला, व्यवस्थागत प्रयत्न, शासन सत्ता की सक्रिय कोशिशें; और दूसरा, कलाकार की स्थिति तथा अपने परिवेश और उसमें अपनी स्थिति के प्रति कलाकार की सजगता का स्तर।

किसी युग और किसी समाज में, यानी किसी स्थिति में रूपवाद का आग्रह तभी विकसित होता है जब कलाकार परजीवी का-सा जीवन व्यतीत करता है। यह परजीविता कलाकार की सामाजिक स्थिति और वैचारिक समझ—दोनों अथवा इनमें से किसी एक कारण से सम्भव होती है। अर्थात्, या तो कलाकार वस्तुतः परजीवी हो या वह परजीविता का दर्शन मानता हो।

यही मुख्य कारण है जिससे कलावादी रुझान विकसित होते हैं। कला को आनन्द तक सीमित कर देने वाला यथास्थितिवादी दर्शन पराङ्मुखता का मन्त्र पढ़ाता है। इससे कला वस्तुहीनता की ओर बढ़ती है। भगवतशरण उपाध्याय ने ठीक लिखा है कि "वस्तुतः विषय-वस्तु का दिवालियापन वर्तमान को अछूत मानकर उससे भागने के कारण संगठित होता है।"[36]

दिनकर के अनुसार यह वस्तुहीनता या रूपवाद का आग्रह सामाजिक सन्दर्भवत्ता से च्युत होने पर आयी रिक्तता और उसे कलाकार द्वारा 'शब्द-सौन्दर्य' और 'धुँधले रहस्यवाद' से भरने के कारण विकसित होता है।[37] परिणामस्वरूप "अर्थ अब कविता या कोई नित्य धर्म नहीं है।...कविता का प्रभाव उसमें प्रयुक्त शब्दों के संगीत का प्रभाव है ; कविता का आनन्द उन झंकृतियों का आनन्द है जो कभी पूरे तौर से पकड़ में नही आतीं...।"[38]

कहने की ज़रूरत नहीं कि अन्तर्वस्तु के निषेध से 'शुद्ध' कविता जिस रूप की साधना करती है वह अन्ततः अमूर्त झंकृतियों में पर्यवसित होती है। कला अमूर्त को मूर्त करती है। वह जीवन के रूप, रंग, अर्थ को धारण करती है और मनुष्य की संवेदनाओं, अनुभूतियों से जीवन ग्रहण करती है। साहित्य में रूप और वस्तु के परिवर्तन, विकास और आन्तरिक एकता का यही मुख्य आधार है।

अन्योन्याश्रय सम्बन्ध

कला में रूप और वस्तु की अभेदात्मक स्थिति पर लांजाइनस[39] के विचारों की उपेक्षा कर सकना असम्भव है। उन्होंने उदात्त के जिन पाँच तत्त्वों का अपने कला- सिद्धान्त में उल्लेख किया है वे वास्तव में रूप और अन्तर्वस्तु के सम्बन्ध की व्याख्या के प्रयत्न में ही विकसित हुए हैं। अन्तरंग और बहिरंग तत्त्वों की कोटियों में विभाजित करके लांजाइनस ने उदात्त के निम्नलिखित पाँच तत्त्व निर्धारित किये हैं–

अन्तरंग तत्त्व

1. चिन्तन की गरिमा,
2. आवेगों का स्फूर्त और जीवन्त निर्वाह,

बहिरंग तत्त्व

3. वाक्यालंकारों का सुष्ठु प्रयोग,
4. शब्दचयन, सादृश्य-विधान, और अंलकार योजना,
5. स्थापत्य कौशल और महिमामंडित प्रयोग।

यहाँ ध्यान देने की बात यह है कि जिन तत्त्वों को हम कला की अन्तर्वस्तु से सम्बद्ध मान सकते हैं, लांजाइनस उन्हें काव्य के अन्तरंग तत्त्व बताते हैं, और रूप सम्बन्धी तत्त्वों को काव्य के बहिरंग तत्त्व के रूप में स्वीकार करते हैं। उदात्त के ये तत्त्व अलग-अलग रहकर उदात्त की संज्ञा नहीं पा सकते। उदात्त में अन्तरंग और बहिरंग तत्त्व समाहित होते हैं। उदात्त का प्रभाव आत्मा का उत्कर्ष करता है तथा उसे हर्ष और उल्लास से भर देता है। श्रेष्ठ और सच्चा औदात्य सार्वभौमिक और सार्वकालिक होता है। वह मात्र रूप-योजना द्वारा सम्भव नहीं। रूप-योजना आत्मनिर्भर या स्वयंसाध्य नहीं है इसलिए वे उसे उदात्त के बहिरंग तत्त्वों के रूप में स्वीकार करते हैं। किन्तु इस रूप-योजना के बिना चिन्तन

और आवेग (अर्थात् कलात्मक अन्तर्वस्तु) का प्रभाव क्षीण होता है। इसलिए वे उदात्त में अन्तरंग और बहिरंग गुणों के सामंजस्य पर बल देते हैं।

लांजाइनस का उदात्त-विश्लेषण रूपवाद का निषेध करता है। उनके शब्दों में, "विचार और पद-विन्यास अधिकतर एक-दूसरे के आश्रय से विकसित होते हैं।"[40] उनके चिन्तन में इस द्वन्द्वात्मक पद्धति का आधार यह है कि वे मनुष्य को साध्य मानते हैं,"...जो बात मनुष्य के विषय में सही है, वही उदात्त के विषय में भी है।"[41] इसलिए लांजाइनस कल्पना-निर्भर काव्य को अनुदात्त[42] और "यथार्थता और सत्यता" पर निर्भर काव्य को उदात्त मानते हैं।[43]

रूप और वस्तु के अन्तस्सम्बन्ध में वस्तु की भूमिका ही अधिक महत्त्वपूर्ण है : "महान शब्द उन्हीं के मुख से निःसृत होते हैं जिनके विचार गहन और गम्भीर हों। यही कारण है कि मनीषियों को भव्य वाणी सहज प्राप्त होती है।"[44] क्लाइव बेल और रोज़र फ्राय आदि का रूपवाद लांजाइनस की इस धारण का विलोम है कि "जिस प्रकार सूर्य के प्रखर आलोक में सभी मंद दीपक बुझ जाते हैं, उसी प्रकार 'उदात्त' के सर्वव्यापी ऐश्वर्य में नहाकर सभी आलंकारिक चमत्कार दृष्टि से ओझल हो जाते हैं।"[45] अर्थात्, उदात्त की स्थिति में रूप की स्वतन्त्र-सत्ता खुद-ब-खुद समाप्त हो जाती है।

एक मान्यता के अनुसार वस्तु ओझल हो जाती है और रूप मात्र शेष रहता है। दूसरी मान्यता के अनुसार रूप मानवीय आलोक के सर्वव्यापी ऐश्वर्य में नहाकर उस उदात्तता को प्राप्त होता है जहाँ आलंकारिक चमत्कार गौण हो जाते हैं, कविता का संश्लिष्ट प्रभाव प्रधान हो जाता है। 'उदात्त' की यह दृष्टि कला में रूप और वस्तु सम्बन्धी विवाद में युग-युग तक मार्ग-दर्शन करने वाली दृष्टि है। मानवीय सत्य से जुड़कर, मानवीय संवेदनाओं और अनुभूतियों से भरकर कला का रूप सार्थक होता है।

उपर्युक्त अध्ययन के निष्कर्ष सूत्रित करते हुए हम कह सकते हैं कि रूप और वस्तु के बीच द्वन्द्वात्मकता का सम्बन्ध होता है। उनका अन्तर्विरोध परस्पर बहिष्कारी न होकर द्वन्द्वात्मक एकता में घटित होता है। दोनों का अस्तित्व एक-दूसरे के अस्तित्व की अनिवार्य शर्त है। यह संसार की रचना में ही निहित है कि 'अणोरणीयान महतीमहीयान' सभी कुछ किसी न किसी रूप में व्यक्त होने वाले गुण हैं। रूप और वस्तु की द्वन्द्वात्मक एकता का तर्क यहीं से विकसित होता है।

यह सही है कि अन्तर्वस्तु की भूमिका अपेक्षाकृत अधिक गतिशील होती है। किन्तु यह भी उतना ही सही है कि रूप अन्तर्वस्तु की निष्चेष्ट प्रतिच्छाया मात्र न होकर उस पर असर डालने वाला सक्रिय सत्त्व होता है। रूप काव्य पर आरोपित नहीं होता वरन् उसका अनिवार्य आन्तरिक अंग होता है।

कला के रूपों और साहित्य की विधाओं में परिवर्तन के साथ रूप और वस्तु के सन्तुलन की अनेक अवस्थाएँ हो सकती हैं और होती भी हैं, लेकिन काव्यात्मक गरिमा (जिसे लांजाइनस 'उदात्त' कहते हैं) वहाँ उत्पन्न होती है जहाँ वस्तु अपने इष्टतम, उपयुक्ततम रूप में व्यक्त हो और दोनों के बीच अविभाज्यता और अविच्छिन्नता की स्थिति विद्यमान हो। रूप और वस्तु सम्बन्धी वस्तुवादी विश्लेषण का यही निष्कर्ष है।

सन्दर्भ-सूची

1. फाउंडेशंस ऑफ मार्क्सिस्ट इस्थेटिक्स पृष्ठ 124
2. आर्ट, पृष्ठ 30-31
3. क्रिटिक ऑफ जजमेंट, पृष्ठ 62
4. 'दि प्रायरिटी ऑफ एक्सप्रेशन', जर्नल ऑफ इस्थेटिक्स एंड आर्ट क्रिटिसिज़्म, अंक-8, दिसम्बर, 1949, पृष्ठ 106
5. दि मीनिंग ऑफ आर्ट, पृष्ठ 36
6. फंडामेंटल्स ऑफ मार्क्सिस्ट-लेनिनिस्ट फिलॉसफी, पृष्ठ 185
7. समीक्षा-शास्त्र, पृष्ठ 547
8. आर्ट एंड ह्यूमन वैल्यूज, 41
9. वही, पृष्ठ 43
10. आर्ट एंड ह्यूमन वैल्यूज, पृष्ठ 43
11. फार्म इन माडर्न पोएट्री, पृष्ठ 65
12. कला और संस्कृति, पृष्ठ 14
13. वही, पृष्ठ 14
14. "सौन्दर्यमूलक विचार अमूर्त भाव नहीं, बल्कि कलाकृति का साक्षात्कार करने वाले व्यक्ति द्वारा अनुभूत संस्कारों, भावनाओं, संवेगों, मनोदशाओं, मननों का समुच्चय होते हैं—मूर्त कलात्मक बिम्ब कला में और कला के माध्यम से यथार्थ के साथ उसके सम्बन्ध को अभिव्यक्त करता है।"—फाउंडेशंस ऑफ मार्क्सिस्ट इस्थेटिक्स, पृष्ठ 128-29
15. फूल नहीं, रंग बोलते हैं, पृष्ठ 4
16. सहचिन्तन, पृष्ठ 68
17. दि मीनिंग ऑफ मीनिंग, पृष्ठ 209
18. कंट्रीब्यूशन टु एनालिटिकल साइकालाजी, पृष्ठ 19
19. सौन्दर्यशास्त्र के तत्त्व, पृष्ठ 203
20. इस्थेटिक्स एंड पोएटिक्स, पृष्ठ 169
21. वही, पृष्ठ 169
22. वही, पृष्ठ 193
23. कंट्रीब्यूशन टु एनालिटिकल साइकालाजी, पृष्ठ 248
24. फार्म इन मॉडर्न पोएट्री, पृष्ठ 62
25. लिटरेरी थियरी एंड स्ट्रक्चर, पृष्ठ 90

26. वही, पृष्ठ 97
27. वही, पृष्ठ 94
28. वही, पृष्ठ 98
29. फाउंडेशंस ऑफ मार्क्सिस्ट इस्थेटिक्स, पृष्ठ 143
30. वही, पृष्ठ 143
31. ज्ञान दि आर्ट ऑफ राइटिंग, पृष्ठ 210
32. दि रेनेसाँ, पृष्ठ 140
33. उद्धृत : 'रस सिद्धान्त और सौन्दर्यशास्त्र', डॉ. निर्मला जैन, (नेशनल पब्लिसिंग हाउस, दिल्ली, 1967), पृष्ठ 284-85
34. लिअन त्रात्स्की : मार्क्सिस्ट्स आन लिटरेचर, पृष्ठ 368
35. आर्ट एंड सोशल लाइफ, पृष्ठ 184 और 188
36. साहित्य और कला, पृष्ठ 64
37. शुद्ध कविता की खोज, पृष्ठ 145
38. वही, पृष्ठ 17
39. काव्य में उदात्त तत्त्व।
40. वही, पृष्ठ 90
41. वही, पृष्ठ 51
42. वही, पृष्ठ 60
43. वही, पृष्ठ 72
44. वही, पृष्ठ 55
45. वही, पृष्ठ 77

अध्याय-6

सौन्दर्य और विचारधारा

सौन्दर्य सम्बन्धी रुचि और अवधारणा की आवश्यकता मनुष्येतर प्राणियों को नहीं होती। इस आवश्यकता की अनुभूति मनुष्य की प्रबल सृजनात्मक वृत्ति की सूचक है। जिस अनुपात में मानवीय सृजनवृत्ति तात्कालिकता के धरातल से उठकर सशक्त और सघन होती गयी है, उसकी सौन्दर्याभिरुचि उसी अनुपात में अधिक गहन, अन्तरंग और चिरस्थायी होती गयी है। जो लोग मनुष्य के रचनात्मक चरित्र को सौन्दर्य का कारक नहीं मानते वे न केवल मनुष्य के जन्मदाता—श्रम—के रचनात्मक चरित्र से इनकार करते हैं बल्कि खुद कला-सृजन में मनुष्य के सजग दायित्व से इनकार करते हैं।

कला एक सृजनात्मक इकाई है। कलाकार इस सृजन का माध्यम है। सृजन कर्म में सर्जक की निमित्तता को अतिरंजित करके देखने वाली दृष्टि कलाकार को सभी प्रकार के दायित्वों से मुक्त करती है। जैसे भाग्यवादी चिन्तन मनुष्य को निमित्त मानता है, उसके प्रत्येक कार्य को पूर्वनिश्चित और ब्रह्म को एक मात्र संचालक मानता है—मनुष्य को हर प्रकार के दायित्व-विवेक से मुक्त कर देता है। इस दृष्टि के अनुसार कोई अज्ञात सत्ता कलाकार को वशीभूत करके सृजन करा लेती है।[1] और कलाकार अवाक्, विवश, विस्मृत और स्तब्ध रह जाता है। 'असाध्य वीणा' कविता में अज्ञेय ने सृजनकर्म सम्बन्धी अपनी सैद्धान्तिक मान्यताएँ प्रतिपादित की हैं—

> श्रेय नहीं कुछ मेरा
> मैं तो डूब गया था स्वयं शून्य में—
> वीणा के माध्यम से अपने को मैंने
> सब कुछ को सौंप दिया था...
> सुना आपने जो वह मेरा नहीं,
> न वीणा का था
> वह तो सब कुछ की तथता थी।[2]

यही नहीं, रचना-कर्म के सम्बन्ध में सजगता को वे अस्वास्थ्यकर मानते हैं।[3]

इसके विपरीत दूसरा दृष्टिकोण कलाकार के सजग और कर्ता व्यक्तित्व पर अमर्यादित बल देता है। कला की कृतकार्यता कला-सम्पादन का माध्यम बन जाने में नहीं, 'शिल्पी' या 'गढ़िया' बनने में है। इस मत के अनुसार कवि का कर्तृव्य उसकी इच्छा और संकल्प से शत-प्रतिशत अनुशासित होता है। कला के अपने आन्तरिक तर्क को पूर्णतः नज़रन्दाज़ करके चलने वाली यह कल्पना भी अतिवादी है। हिन्दी साहित्य के रीतिकाल में 'गढ़िया' कवि को सच्चा कवि माना जाता था। इसका परिणाम भावहीन शिल्प-साधना और कामोत्तेजना के रूप में हमारे सामने है।

पहली स्थिति रचनाकर्म में रचनाकार को हर प्रकार के दायित्व से मुक्त करती है। दूसरी स्थिति उसकी सचेतन भूमिका और दायित्व-पक्ष पर अमर्यादित बल देती है। पहली स्थिति स्वयंस्फूर्तता और सहजता पर अतिरिक्त बल देती है; दूसरी स्थिति बुद्धि-विवेक साध्यता और असहजता पर।

यह निर्विवाद है कि दोनों अतिवाद अवैज्ञानिक और भ्रान्त हैं। एक-दूसरे से प्रकट अलगाव के बावजूद कलात्मक धरातल पर दोनों स्थितियाँ एकीभूत होती हैं। महान् कवियों में 'रचयिता' और 'आविष्ट' दोनों का समन्वय हुआ करता है।[4] यह समन्वय यान्त्रिक अन्तस्सम्बन्ध न होकर द्वन्द्वात्मक एकता का सम्बन्ध होता है। इनमें द्वन्द्वात्मक सामासिकता का यह अन्तस्सम्बन्ध सौन्दर्यानुभूति से लेकर उसकी अभिव्यक्ति तक संश्लिष्ट रूप में विद्यमान रहता है। अनुभूति क्षण से लेकर अभिव्यक्ति क्षण तक की इस अत्यन्त जटिल और संश्लिष्ट विकास-प्रक्रिया को मुक्तिबोध इस प्रकार कहते हैं—

> "वीरान मैदान, अँधेरी रात, खोया रास्ता, हाथ में एक पीली मद्धिम लालटेन। यह लालटेन समूचे पथ को पहले से उद्घाटित करने में असमर्थ है। केचल थोड़ी-सी जगह पर ही उसका प्रकाश है। ज्यों-ज्यों वह पग बढ़ाता जायेगा, थोड़ा-थोड़ा उद्घाटन होता जायेगा।"[5]

लालटेन उन उद्वेगों और अनुरोधों का प्रतीक है जिनके सहारे रचना बढ़ती है।[6]

कलाकार के इस आन्तरिक संघर्ष को नज़रन्दाज़ करने के नाते ही स्वयंस्फूर्तता या गढ़िया की आत्यन्तिक मान्यताएँ सामने आती हैं। इन सिद्धान्तों का सबसे बड़ा दोष यह है कि वे कला को कलाकार के अपने अनुभूत यथार्थ से काट देते हैं। इसका परिणाम यह होता है कि कला यथार्थ जगत् से विच्छिन्न सर्वथा नवीन सृजन प्रतीत होती है। श्रीमती सूज़ेन लैंगर के शब्दों में, ''कलाओं में व्यक्त प्रत्येक वस्तु का सृजन किया जाता है, वास्तविकता से कभी भी आयात नहीं किया जाता।''[7] भ्रम की गुंजाइश न छोड़ते हुए उन्होंने आगे और भी स्पष्ट किया है कि कला में सम्भाव्य वस्तु का 'पूर्णतः सृजन'[8] किया जाता है। श्री अन्स्र्ट क्रिस के विचार में भी "कलाकार न तो प्रकृति का 'पुनर्चित्रण' करता है, न उसका 'अनुकरण' ही करता है, अपितु वह नये सिरे से इसकी रचना करता है।"[9]

कला जीवन की वास्तविकताओं का ब्यौरा नहीं होती। इसीलिए वह इतिहास या राजनीति से भिन्न होती है। वह मनुष्य और संसार के अन्तस्सम्बन्धों का सैद्धान्तिक विवेचन भी नहीं करती। इसलिए वह दर्शनशास्त्र से भी भिन्न होती है। किन्तु इस आधार पर हम श्रीमती लैंगर की भाँति कला के बिम्बों और वास्तविकताओं के बीच 'तात्त्विक अन्तर'[10] प्रतिपादित नहीं कर सकते। कलाकार अपनी रचना में जिन बिम्बों की सृष्टि करता है वे इसी वस्तुजगत् के अनुभूत बिम्ब होते हैं। यह सही है कि बिम्बों का कलात्मक मूल्य उनकी यथातथ्यता में नहीं, कलाकार के 'संवेदनात्मक उद्देश्य' (मुक्तिबोध द्वारा प्रयुक्त पद) में निहित होता है। इनमें से किसी एक पक्ष पर—वस्तुपक्ष या आत्मपक्ष पर—अमर्यादित बल देने पर हम कलासृजन की वास्तविक समझ तक, उसकी गहराइयों तक कभी नहीं पहुँच सकते।

कला की प्रेरणा आकाश से नहीं आती। अपने सृजनकर्म के लिए कलाकार यथार्थ से टकराता है। वह यथार्थ का अनुसरण करने के लिए उससे नहीं टकराता, बल्कि उसे आत्मसात् करने और उसे मानवीय महत्ता प्रदान करने के लिए उससे टकराता है।[11] यथार्थ को आत्मसात् करने से लेकर उसकी कलात्मक अभिव्यक्ति तक की आन्तरिक प्रक्रिया में कलाकार वास्तविकता का लोप नहीं कर देता। वह वास्तविकता के उस रूप का निषेध ज़रूर कर देता है जिससे उसे प्रथम अनुभूति प्राप्त हुई है। वह अपने अनुभूत सत्य को अपने संवेदनात्मक उद्देश्य के अनुरूप रूपाकार देता है और तब वह यथार्थ एक नये यथार्थ में परिणत हो जाता है। यह यथार्थ कलात्मक बिम्बों में व्यक्त होने वाला उच्चतर—सौन्दर्यात्मक—यथार्थ होता है। रचना की इस समूची आन्तरिक प्रक्रिया में कलाकार वस्तुजगत् के मूल अनुभवों से विच्छिन्न नहीं हो जाता। उसकी कलात्मक अनुभूतियाँ वस्तुजगत् के विशिष्ट साक्षात्कार का परिणाम होती हैं। इसीलिए मुक्तिबोध रचना-प्रक्रिया को 'बाह्य का आभ्यन्तरीकरण' और इस 'आभ्यन्तर का बाह्यीकरण' कहकर परिभाषित करते हैं।[12] रचना-प्रक्रिया की जटिल अन्तर्बाह्य द्वन्द्वात्मकता के सम्बन्ध में राल्फ फाक्स ने लिखा था—

"कला एक साधन है जिसके द्वारा मानव वास्तविकता से जूझता और उसे आत्मसात् करता है। अपनी भीतरी चेतना की निहाई पर लेखक वास्तविकता रूपी लाल भभूका धातु को रखता, हथौड़ियों की चोट से ठोंक-पीटकर अपने उद्देश्य के अनुकूल उसे नयी शक्ल में ढालता और एकदम बेसुध होकर...विचारों के हिंस्र हथौड़े उस पर बरसाता है। सृजन की समूची प्रक्रिया, कलाकार की सम्पूर्ण वेदना वास्तविकता के साथ इसी हिंस्र द्वन्द्व में, और दुनिया का एक सत्यपूर्ण चित्र गढ़ने के प्रयास में, निहित है।"[13]

संक्षेप में, कलाकार यथार्थजगत् के साक्षात्कार से जागृत बिम्बों की कलात्मक बिम्बों के रूप में पुनर्रचना करता है। कला हमारे अन्तर्जगत् की अभिव्यक्ति है

लेकिन उसे बाह्यजगत् के पार्थक्य में नहीं देखा जा सकता। हमारी चेतना से स्वतन्त्र जो सत्ता है वही हमारे भीतर प्रतिबिम्बित होकर हमारे अन्तर्जगत् की रचना करती है। हमारा अन्तर्जगत् बाह्यजगत् के प्रतिबिम्बित रूपों के अलावा पहले से संचित हमारे निजी भावों, विचारों, संस्कारों, अनुभवों, प्रागनुभवों आदि से भी निर्मित होता है। इसलिए जब हम कला में अपने अन्तर्जगत् की अभिव्यक्ति करते हैं तो वस्तुतः यथार्थ का ही "सौन्दर्यात्मक और विचारधारात्मक मूल्यांकन" करते हैं।[14]

इससे स्पष्ट है कि रचना सामान्य (अर्थात् जीवन जगत्) और विशिष्ट (अर्थात् कलाकार) के जटिल अन्तस्सम्बन्ध का परिणाम है। कलाकार का आभ्यन्तरीकृत जीवन-यथार्थ जब उसके अन्तःकरण में पहुँचता है तब वह जीवन-मूल्य, जीवन-दृष्टि आदि के मनोवैज्ञानिक रूपों में ढल जाता है।[15] इसीलिए मुक्तिबोध लेखक को जीवन तथ्यों और भावों का स्रष्टा नहीं मानते, वरन् "उनका केवल अनुभविता, भोक्ता और अभिव्यंजक" मानते हैं। कारण यह कि वस्तुतः वे जीवन तथ्य लेखक के भीतर उपस्थित होते हुए भी, अपने अस्तित्व के लिए मात्र उसकी सत्ता पर *अवलम्बित* नहीं रहते। वे सामाजिक अनुभवों के रूप में सबके हृदय में विराज़मान रहते हैं।"[16]

इसका यह अर्थ नहीं है कि कलाकार की अनुभूतियों और संवेदनाओं की कोई विशिष्ट भूमि नहीं होती। इसका केवल यह अर्थ है कि नित-नवीनताओं की ओर आकृष्ट होने वाले कलाकार की विशिष्ट और अद्वितीय अनुभूतियाँ उसके समग्र अस्तित्व की व्यंजक होती हैं और इसलिए उनकी विशिष्टता कलाकार की जीवन-दृष्टि और सामाजिक अनुभव-प्रतिबद्धता पर निर्भर होती है। यही कारण है कि कोई दो कलाकार समान विषय से, और समान विषय होने पर भी समान रूप से आन्दोलित नहीं होते। विषय ही वह केन्द्रीय उद्दीपक है जो हमारी मनःस्थिति और सजग प्रयत्न की अत्यन्त संश्लिष्ट और गतिशील समष्टि होता है। अतः महत्त्व दोनों बातों का है–

1. कौन-सा विषय उद्दीप्त करता है, और
2. यह उद्दीपक किस प्रकार उद्दीप्त करता है। अर्थात् ज्ञान, बुद्धि, अनुभवों, संस्कारों, रुचियों, मनःस्थितियों आदि से सम्पृक्त कलाकार विषय से कैसे उद्दीप्त होता है।

उदारहण के लिए मृत्यु के साक्षात्कार से सम्बद्ध दो स्थितियाँ लें। एक ऐसी स्थिति है जिसमें महीने भर की रसद जोड़कर बर्फ के नीचे दबे मकान में दार्शनिक बहस करते हुए मृत्यु का साक्षात्कार है।[17] और दूसरी स्थिति है 'गोदान' के होरी की जो सुबह-शाम की रसद जुटाने की चिन्ता करता हुआ मौत के चक्के में पिस रहा है।[18] एक मौत भरे पेट की दार्शनिक ऊहा का परिणाम है जिसमें निष्क्रिय और नपुंसक ठंडापन है। दूसरी मौत जिन्दगी के जद्दोजहद में गले तक डूबे हुए बेबस आदमी की सचाई है जो सामाजिक अन्तर्विरोधों को निर्ममतापूर्वक उद्घाटित करती

है और एक तिलमिला देने वाले व्यंग्य में परिणत होती है।

दोनों स्थितियाँ सच हैं। दोनों इसी समाज की सचाई हैं। दोनों दो जीवनानुभव से सम्बद्ध सचाइयाँ हैं। यह कलाकार की संवेदना, सहानुभूति और विचारधारा पर निर्भर है कि उसका अन्तर्जगत् किस सचाई से आन्दोलित होता है। यह दावा करना भ्रामक है कि "कलाकार यथार्थ से कुछ भी आयात नहीं करता।" इसके विपरीत, यह कहना अधिक उपयुक्त जान पड़ता है कि कला वस्तुजगत् के साथ कलाकार के विशिष्ट सम्बन्ध को व्यक्त करने वाली कल्पना-सृष्टि है, इसलिए वह "जगत् की वस्तुओं के प्रति उसके प्रेम या घृणा का फल"[19] है। प्रेम या घृणा के भाव कलाकार को शून्य से नहीं मिलते। ये राग-द्वेष जगत् की वस्तुओं से उसके विशिष्ट साक्षात्कार का परिणाम होते हैं। जीवन के व्यावहारिक अनुभवों से निर्मित कलाकार का अन्तर्जगत् समूचे बाह्य यथार्थ के सन्दर्भ में कलाकार की स्थिति और इस स्थिति के प्रति कलाकार के दृष्टिकोण का परिणाम और व्यंजक है।

जिस प्रकार कला में केन्द्रीय महत्त्व विषय का है उसी प्रकार कलाकार के अन्तर्जगत् के सन्दर्भ में केन्द्रीय महत्त्व कलाकार के दृष्टिकोण का है। यह दृष्टिकोण बाह्य जगत् को ग्रहण और आत्मसात् करने, मूल्यबोध के धरातल पर उसे स्वीकार या अस्वीकार करने, तथा अपने निजी भावों, विचारों, संस्कारों, अनुभवों, प्रागनुभवों, मनःस्थितियों आदि के साथ उसका अविरोधात्मक सम्बन्ध स्थापित करने की मूल धुरी है। इस आधारभूत दृष्टिकोण पर निर्भर विचारों की निश्चित पद्धति को, इस पद्धति के अन्तर्गत आने वाले मूल्यों, अभिरुचियों आदि को डेविड आप्टर विचार-धारा के नाम से अभिहित करते हैं।[20] कला सर्जक के आन्तरिक मूल्य-जगत् से गहरे स्तर पर जुड़ी होती है, वह कलाकार के समूचे अन्तर्बाह्य व्यक्तित्व को व्यंजित करती है। इसलिए वह कलाकार की विचारधारा को भी धारण करती है।

यह आवश्यक नहीं है कि प्रत्येक व्यक्ति अपनी विचारधारा निश्चित कर ले। एक ही व्यक्ति में भिन्न जीवन-प्रसंगों या स्थितियों में विरोधी वैचारिक संस्कार प्रकट हो सकते हैं। लेकिन इसे चिन्तन का दोष मानेंगे, गुण नहीं। जो व्यक्ति जितना सजग और विवेकसम्पन्न होगा, जिसकी चेतना जिस अनुपात में आवयविक और अन्तर्विरोधरहित होगी, उसकी विचारधारा उसी अनुपात में अखण्ड, निर्भ्रान्त और समर्थ होगी। मानव समाज और चेतना का विकास व्यवस्थाबद्धता और सजगता की दिशा में हुआ है। विचारधारा व्यवस्थाबद्ध चिन्तन का परिणाम है। इन्द्रियजन्य ज्ञान से विचारात्मक ज्ञान तक का विकास यह रेखांकित करता है कि मानव-चेतना का विकास सीमित से विस्तृत की दिशा में हुआ है तथा बौद्धिकीकरण और सजगता की भूमिका उत्तरोत्तर बढ़ती गयी है। मानव-चेतना के विकास की इस गति को समझते हुए शुक्ल जी ने भावप्रसार को ज्ञानप्रसार में निहित बताया है, और इस

प्रकार बौद्धिकीकरण की बढ़ती हुई भूमिका को भाव एवं ज्ञान की व्यापकता का आधार बताया है।[21]

मनुष्य की भौतिक और आत्मिक सीमाएँ तोड़कर उसकी सृजनात्मक क्षमताओं के नये-नये क्षितिज उद्घाटित करने में विज्ञान की भूमिका अत्यन्त महत्वपूर्ण है। विज्ञान मनुष्य के बौद्धिक विकास का चरमोत्कर्ष है। विज्ञान की विशेषता यह है कि उसने ज्ञान और कर्म को पारस्परिक सम्बद्धता में परिभाषित किया है। जेम्स कोनेन्त ने विज्ञान को निरीक्षणों-परीक्षणों पर आधारित तथा भावी निरीक्षणों-परीक्षणों में मददगार प्रत्ययों और अवधारणात्मक पद्धतियों की अन्तस्सम्बद्ध शृंखला[22] कहकर सिद्धान्त और व्यवहार के द्वन्द्वात्मक सम्बन्ध को ही विज्ञान का आधार बताया है। यह द्वन्द्वात्मकता मानव समाज और मानव-चेतना के विकास की मूल धुरी है। इस द्वन्द्वात्मक अन्तस्सम्बन्ध के बिना मनुष्य के रूप में मनुष्य का विकास ही सम्भव नहीं था। अपने परिवेश से जटिल क्रियात्मक सम्बन्ध मनुष्य के भौतिक और आत्मिक विकास का आधार है, यह हम पहले अध्याय में देख चुके हैं। मनुष्य का अपने परिवेश से यह सम्बन्ध जिस अनुपात में जटिलतर होता गया, बाह्य जगत् को ग्रहण करने की मनुष्य की आन्तरिक युक्ति उसी अनुपात में जटिल होती गयी। विचारधारा व्यक्ति की अपने परिवेश से साक्षात्कार की मूल युक्ति है। इसलिए वह बाह्यजगत् से मनुष्य के घात-प्रतिघातात्मक सम्बन्ध को, इस सम्बन्ध के प्रति मनुष्य की सजगता को व्यक्त करने वाली व्यवस्थित अन्तर्दृष्टि का पर्याय होती है।

कुछ विद्वान् विचारधारा को भ्रान्त और मिथ्या चेतना से बढ़कर कुछ नहीं मानते। श्लेसिंजर के मतानुसार विचारधारा वास्तविकताओं की तस्वीर न होकर वास्तविकताओं से ग्रहण किया गया आदर्श होती है इसलिए वह यथार्थ के अनेक ज्वलन्त पहलुओं की उपेक्षा करती है।[23] इस परिभाषा की असंगति यह है कि इसमें मनुष्य के चिन्तन को यथार्थ का यान्त्रिक प्रतिबिम्ब माना गया है। विचारधारा वास्तविकता से टकराती है, वास्तविकता के सन्दर्भ में मनुष्य की स्थिति से प्रभावित होती है और वास्तविकता को अपने अनुरूप ढालने का यत्न करती है, इन बातों को नज़रअन्दाज़ करके चलने के परिणामस्वरूप वे विचारधारा की सक्रिय भूमिका को पहचान पाने में असमर्थ रहते हैं। वास्तविकताओं के ग्रहण से आदर्श का निर्माण भी वस्तुतः विचारधारा का एक कार्य है।

कला सम्बन्धी कार्य में विचारधारा की यह भूमिका अनेक रूपों में प्रकट होती है। सामाजिक विरोधों से घिरे वर्तमान समाज में कलाकर न तो यथार्थ की उपेक्षा कर सकता है और न आदर्शों और मूल्यों के अपने आन्तरिक जगत् की। कलाकार जिस सामाजिक समुदाय का अंग होगा या जिससे खुद को जोड़ेगा उसके आदर्शों और मूल्यों को भी अपनायेगा। लेकिन अगर वह इन अन्तर्विरोधों में अपने को पक्षधर

न बनाकर तटस्थ रहना चाहता है तो भी उसे वास्तविकता के अपने साक्षात्कार के आधार पर एक आदर्शजगत् और मूल्य-जगत् की रचना करनी होगी। इस आन्तरिक जगत् से खुद को जोड़कर ही वह कला की साधना कर सकता है। सम्भवतः इसीलिए जोसेफ च्यारी यह मानते हैं कि "सृजनात्मक कल्पना सोद्देश्य कल्पना होती है।"[24]

कलात्मक सोद्देश्यता का स्वरूप क्या है यह कलाकार की सामाजिक और वैचारिक प्रतिबद्धता या सहानुभूति पर निर्भर है। सच पूछा जाय तो कलाकार द्वारा समाज या उसके अन्तर्विरोधों के अतिक्रमण की कल्पना भी असम्भव है। आज की सामाजिक स्थिति ऐसी नहीं है कि दैनन्दिन जीवन की चिन्ताओं से सर्वथा मुक्त होकर हम दस्तकारी या कला के किसी क्षेत्र में सर्वतोभावेन निमग्न हो जायें। आदिम समाज में मनुष्य की आवश्यकताएँ सीमित थीं। उसका सार्थक क्रिया-व्यापार भी सीमित था। शिकारादि सम्बन्धी उत्पादन-कर्म, मूलतः व्यक्ति-प्रयास पर निर्भर था। आज का उत्पादन अत्यन्त जटिल सामाजिक चरित्र ग्रहण कर चुका है। कला के धर्म के निर्वाह के लिए आज रचनाकार-व्यक्ति की आन्तरिक तैयारी और इच्छा ही पर्याप्त नहीं है। सामाजिक तन्त्र उसमें बाधा बनता है। श्रम और सम्पत्ति के अन्तर्विरोध पर आधारित सामाजिक उत्पादन जिस तन्त्र को जन्म देता है वह कलाकार की कलात्मक संलग्नता का नियमन करता है। सम्पत्तिशाली वर्ग के रचनाकार समस्याओं से मुक्त होते हैं, वे चाहें तो कलात्मक सिद्धि के लिए जीवन अर्पण कर सकते हैं। जिन्हें खाने-पीने जैसी तुच्छ और मामूली समस्याओं के समुद्र में असहाय की भाँति संघर्ष करना हो, वे कला और सौन्दर्य की साधना किस प्रकार करें? उनकी अत्यन्त साधारण समस्याएँ श्रम के शोषण और तिरस्कार पर आधारित सम्पत्तिमूलक समाज की उत्पत्ति हैं और ये चिन्ताएँ उसकी रचनात्मक इच्छा को बाधित करती हैं।

कलाकार इसी समाज में रहता है इसलिए वह श्रम और सम्पत्ति के सम्बन्धों से उत्पन्न सामाजिक समुदायों से परे नहीं रह सकता। वह अपने जाने-अनजाने या चाहे-अनचाहे समाज के किसी-न-किसी समुदाय का सदस्य होता है। कलाकार की विचारधारा और उसका साहित्य उसकी इस सामाजिक स्थिति से प्रभावित होते हैं। अर्थात् सामाजिक स्थितियाँ मनुष्य की वैयक्तिक स्थिति को प्रभावित करती हैं, इसलिए वर्ग-विभक्त समाज में सम्पत्ति और श्रम के सम्बन्ध विचारधाराओं को प्रभावित करते हैं। विचारधारा की इस वर्गीय प्रकृति को रेखांकित करते हुए लेनिन ने कहा था कि "वर्ग-वैषम्य से जीर्ण समाज में गैर-वर्गीय या वर्गेतर विचारधारा का अस्तित्व सम्भव नहीं है।"[25]

सौन्दर्य-बोध विचारधारा की ही तरह मानव-संज्ञान का एक अंग है, उसके

वर्ग-विभाजन से निरपेक्ष रहने की बात करना भ्रामक है। वर्ग-विभाजन के मानव-चेतना पर पड़ने वाले प्रभाव को नज़रन्अदाज करके श्री स्टेस सौन्दर्य-निर्णय को 'सभी मनुष्यों का सत्य' बताते हैं।[26] किन्तु आगे चलकर वे स्वयं अपनी बात सिद्ध कर सकने में असमर्थ रहे। उन्होंने यह शंका उठायी कि सौन्दर्य के सार्वभौम चरित्र की कल्पना वास्तव में विवादास्पद है। इसका समाधान तत्सम्बन्धी दृष्टिकोण पर निर्भर है। सत्य के स्वरूप के सम्बन्ध में अपनाये गये दृष्टिकोण का सवाल सौन्दर्य-शास्त्र से बाहर का सवाल है।[27] इसलिए न वे सौन्दर्य-निर्णय की सार्वभौमता प्रमाणित कर सके और न अपनी शंका का समाधान ही प्रस्तुत कर सके।

श्री स्टेस ने सौन्दर्य-निर्णय के प्रश्न पर अपनाये गये हमारे दृष्टिकोण को केन्द्रीय महत्त्व प्रदान करके इस सम्भावना की ओर संकेत कर दिया कि उसे व्यक्ति के सामाजिक सन्दर्भ में देखा जाय। अन्तर्विरोधपूर्ण समाज में सत्य के सार्वभौम चरित्र की कल्पना अधिक-से-अधिक हमारी सदिच्छा को व्यक्त करती है, हमारे अध्ययन की व्यावहारिकता को नहीं। हावर्ड फास्ट ने वर्ग-समाजों में सत्य के चरित्र को सार्वभौम या तटस्थ न मानकर पक्षधर माना है।[28] उन्होंने हड़ताल के चित्रांकन का उदाहरण देकर यह बताया है कि हड़ताल के सम्बन्ध में अपनाया गया कलाकार का दृष्टिकोण उसकी वैचारिक प्रतिबद्धता पर निर्भर है। हड़ताल यदि मालिक के पक्ष से उसकी सम्पत्ति और मुनाफे पर गैरकानूनी हमला है तो मजदूरों के लिए वह जीवन-मरण का सवाल हो सकती है। ऐसा सम्भव नहीं है कि कलाकार उसे मालिक और मजदूर दोनों के पक्ष में देखे। जनता के अलग-अलग समुदाय अपनी स्थितियों और ज़रूरतों के अनुसार हड़ताल के सम्बन्ध में अलग-अलग दृष्टिकोण अपना सकते हैं। कलाकार उनमें से किसी एक के दृष्टिकोण से हड़ताल का चित्रांकन कर सकता है। किन्तु वह अपनी विशिष्ट स्थिति से और उस स्थिति के कारण हड़ताल के प्रति उत्पन्न हिताहित विवेक से तटस्थ नहीं हो सकता।[29]

यह सही है कि समाज में वर्गों-उपवर्गों के अनेक संवादी-विसंवादी हित होते हैं। वे आपस में अलग-अलग धरातलों पर संवाद-विसंवाद के भिन्न समुच्चय बनाते हैं। पूँजीवादी क्रान्ति के बाद वर्ग-विरोध सरल और उग्र हो जाते हैं, किन्तु पुरानी सामाजिक संरचनाओं के अवशेष बखूबी मौजूद रहते हैं। आदिवासियों के रूप में अगर आदिम सामुदायिक समाज के अवशेष पाये जा सकते हैं तो कानूनी ख़ात्म के बावजूद बन्धक श्रम प्रथा के रूप में भूदास समाज के ध्वंसावशेष भी कुछ कम तादाद में नहीं हैं। नट मदारी आदि तरह-तरह के पेशे के लोग सामन्तवाद की उपज हैं। आज भी उन्हें हर गली-मुहल्ले में आदमी को आटे-दाल की गठरी बना कर पेट ठोंकते या बन्दर-भालुओं के साथ नाचते हुए देखा जा सकता है। राजा-रानियों और जमींदारों को कानून ने खत्म कर दिया है; उनका सामाजिक-आर्थिक अस्तित्व और प्रभाव भी

खत्म हो गया है, यह दाव नहीं किया जा सकता। सामाजिक हितों और हितसमुच्चयों की बहुलता के अनुपात में विचारधाराओं की बहुलता देखी जा सकती है।

इसी सामाजिक परिप्रेक्ष्य में विचारधारा का अध्ययन करते हुए सोवियत सिद्धान्तकार मॉस्क्विचोव ने लिखा है—"विचारधारा किसी समाज, वर्ग या सामाजिक समुदाय की चेतना है जिसका निर्धारण उसके अस्तित्व की भौतिक स्थितियों द्वारा होता है तथा जो उसके व्यावहारिक क्रिया-कलाप को दिशा, सिद्धान्त और आदर्श प्रदान करती है।"[30]

पूँजीवाद और उसमें अवशिष्ट पुरानी सामाजिक संरचनाओं से व्यापक रूप में जिन वर्गों-उपवर्गों की हित-सिद्धि होती है वे आपसी हित-टकराव और तज्जन्य विचारधारात्मक पार्थक्य के बावजूद यथास्थिति में हिमायती होते हैं। मनुष्य की असमर्थता और हीनता का दर्शन प्रतिपादित करके वे निष्क्रियता और भाग्यवाद का पाठ पढ़ाते हैं। कलाकार "समाज के किसी भी तात्कालिक सुधार में अपनी असमर्थता अनुभव करता है... ।"[31] भावी परिवर्तन की भयावहता का प्रचार करके वे किसी भी सामाजिक परिवर्तन के प्रति लोगों की आस्था डिगाते हैं : "अमुक दलित वर्ग जब क्रान्ति के ज़ोर से शास्ता वर्ग बन बैठा है, तब मालूम हुआ कि वही शोषक बन गया है।"[32] इसलिए समाज के वर्गीय चरित्र और दिनोंदिन उग्र होते हुए वर्ग-विरोधों को छिपाने या नज़रन्दाज़ करने की कोशिश करते हैं और जन-संघर्षों को कुण्ठित करने के लिए यह सीख देते हैं कि "...संघर्ष से परे अस्तित्व ही तो सार्थकता है—स्वयं अर्थ है... ।"[33]

यथास्थितिवादी शक्तियों की प्रगति-विरोधी भूमिका का उद्घाटन करते हुए मॉस्क्विचोव ने लिखा था : "न तो सभी वर्ग-हित सामाजिक प्रगति को, सामाजिक अन्तर्विरोधों और समस्याओं के समाधान को प्रोत्साहित करते हैं, न ही सभी वर्ग हमेशा सामाजिक उत्पादन, विज्ञान और संस्कृति के स्वस्थ विकास में रुचि रखते हैं, क्योंकि ऐसी प्रगति उनके अस्तित्व को ही खतरे में डाल सकती है।"[34]

इसके विपरीत, अनेकानेक वर्गों-उपवर्गों में विभक्त जन-समुदाय है जिसके हित वर्तमान वर्ग-विरोधों से बाधित होते हैं। वर्ग-समाज श्रम के शोषण पर टिके होते हैं इसलिए श्रमजीवी जन-समुदाय शोषण तन्त्र को बदलना चाहता है। सम्भव है, उन्हें इस परिवर्तन की दिशा का सही बोध न हो। इस दूसरे वर्ग-समुच्चय में वह तमाम जन-समुदाय आ जाता है जो अपने भौतिक और आत्मिक श्रम से सामाजिक सम्पदा की सृष्टि करता है। औद्योगिक क्रान्ति और विज्ञान के उत्थान के साथ श्रम की सृजन-क्षमता में क्रान्तिकारी अभिवृद्धि हुई है। विज्ञान और प्रविधि के विकास के साथ मनुष्य अत्यन्त संजटिल औज़ारों को बरतने में सक्षम हो गया है। भाप, बिजली,

नाभिकीय ऊर्जा, इस्पात, इलेक्ट्रानिकी, स्वचालन और साइबरनेटिक्स ने मनुष्य के श्रम में गुणात्मक परिवर्तन ला दिया है। श्रम में एक नयी विलक्षण सृजनशक्ति आ गयी है। इस ज्ञानदीप्त श्रम का स्पर्श स्वयं एक नया जादू है। इसकी चमत्कारी सृजनशक्ति, 'अणोरणीयान् महतीमहीयान्' का सृजन कर रही है तथा परमाणु के नाभि का और पृथ्वी के गुरुत्वाकर्षण को तोड़कर अन्तरिक्ष की गहराइयों का भेदन कर रही है।

पाश्चात्य चिन्तक हर्बर्ट रीड ने लिखा है—"समाज का स्वास्थ्य और कल्याण उसके सदस्यों के श्रम और विज्ञान पर निर्भर करता है, किन्तु जब तक श्रम और विज्ञान स्वयं श्रमजीवियों द्वारा निर्दिष्ट और नियन्त्रित नहीं किये जाते तब तक न स्वास्थ्य सम्भव है और न कल्याण।"[35] वर्तमान समाज की असंगति यही है कि यन्त्र का स्वामी स्वयं श्रमजीवी नहीं है। श्रम के सृजन-सामर्थ्य में वृद्धि के अनुपात में विरोधी हितों का टकराव उग्र-से-उग्रतर और उग्रतम होता गया है। लेनिन ने इस टकराव की उग्रता को देखते हुए इसे 'समझौताविहीन-विरोध' कहा था।[36]

पूँजीवाद का सूत्रपात हुआ औद्योगिक क्रान्ति से। "सामन्ती व्यवस्था में खाने-पहनने की चीज़ें मशीनों से नहीं, हाथ से, बड़े पैमाने पर नहीं, छोटे पैमाने पर, कारखानों में नहीं, खेत, घर या दूकान पर तैयार की जाती हैं।"[37] सामन्ती व्यवस्था के ये दस्तकारी के औज़ार जब श्रम की उत्पादकता बढ़ाने में बाधक बनने लगते हैं और श्रम-विभाजन पर आधारित बड़े-बड़े मैनुफैक्चरिंग प्रतिष्ठानों का उदय होने लगता है तब श्रम अपनी नयी आवश्यकता के अनुरूप नये उपकरणों (अर्थात् यन्त्रों या औज़ारों) का आविष्कार करता है।[38] मार्क्स के शब्दों में, हाथचक्की आपको सामन्ती समाज देती है, भाप चक्की औद्योगिक पूँजीवादी।[39]

इस प्रकार, पूँजीवाद उत्पादन-साधनों (उपकरणों) में क्रान्ति लाता है, उत्पादन सम्बन्धों में नहीं। वह वर्ग समाज का ही एक रूप होता है। पूँजीवाद की विशेषता यह है कि उसमें मशीनों से बड़े पैमाने पर उत्पादन किया जाता है। औद्योगिक केन्द्रों के उदय के साथ उत्पादन-प्रक्रिया का चरित्र घर, खेत या दूकान पर होने वाले उत्पादन जैसा सरल और सीधा नहीं रह जाता, वरन् वह अत्यन्त जटिल, निर्मम और निर्वैयक्तिक स्वरूप ग्रहण करता जाता है। पूँजीवादी उत्पादन जहाँ एक ओर अत्यन्त जटिल श्रम-विभाजन पर आधारित होता है वहीं दूसरी ओर वह वर्ग-विरोधों को बेहद सरल बना देता है।

उत्पादन के नये उपकरणों और उत्पादक शक्तियों के क्रान्तिकारी परिवर्तन के साथ पूँजीवाद का जन्म विज्ञान के जन्म का भी द्योतक बन गया है। विज्ञान ने परिवेश के साथ मनुष्य के नये अन्तस्सम्बन्ध और नये अनुपात स्थापित किये हैं।

बद्रीनाथ तिवारी के शब्दों में इस अन्तस्सम्बन्ध और अनुपात-बोध के फलस्वरूप मानव समाज विकास की "उस मंजिल पर पहुँच गया है जहाँ से वह इस पूरे विकास के नियमों को पूर्ण वस्तुगत, वैज्ञानिक ढंग से सूत्रित कर सकता है, भावी दिशा का पूर्वानुमान कर सकता है और उस दिशा में समाज को आगे ले जाने के लिए अपनी 'नियति' में दखल दे सकता है।"[40] इस नयी शक्ति और सम्भावना को पहचानने और उसे साकार करने की क्षमता स्वयं विज्ञान की देन है। परिवेश के साथ मनुष्य के सापेक्ष्य-सामर्थ्य और उसके वस्तुगत ज्ञान में वृद्धि के समानान्तर मनुष्य की सजग भूमिका और उसके दायित्व में भी अभिवृद्धि होती जाती है। संक्षेप में, मानव-समाज और चेतना का विकास स्वयंस्फूर्तता से सजगता, नियति से सक्रिय हस्तक्षेप की दिशा में हुआ है।

वैज्ञानिक चेतना के विकास का परिणाम यह है कि नियति और प्रगति की शक्तियों में विरोध अधिकाधिक उग्र होता जा रहा है। कार्ल मार्क्स के शब्दों में, "...आज पूरा समाज दो विशाल शत्रु शिविरों में, एक-दूसरे के खिलाफ खड़े दो विशाल वर्गों में—पूँजीपति और सर्वहारा वर्ग में...अधिकाधिक विभक्त होता जा रहा है।"[41] यह सम्भव नहीं है कि दोनों में समन्वय स्थापित किया जाय। एक का हित दूसरे के हित का बहिष्कार करता है।[42] फलतः यथास्थितिवादी शक्तियों के विरुद्ध अविरोधात्मक समाज के निर्माण के लिए भविष्य-विधायक सर्वहारा वर्ग (श्रमजीवी जन-समुदाय) को एक नये वैचारिक अस्त्र की ज़रूरत होती है। उसका यह वैचारिक अस्त्र विश्व को समझने, उसका रूपान्तरण और पुनर्निर्माण करने में उसकी मदद करता है। विज्ञान आज की चेतना का रूप है, अर्थात् विज्ञान वर्तमान युग की विचारधारा है। इसलिए यह आवश्यक है कि भविष्य-विधायक शक्तियाँ विज्ञान की दृष्टि अपनायें और विज्ञान की विधि को अपना आधार बनायें।

विज्ञान की विचारधारा के उदय के साथ मनुष्य के श्रम को जो नवीन अर्थवत्ता और गुणवत्ता प्राप्त हुई है उसे मार्क्सवाद अपने दर्शन का केन्द्रबिन्दु मानता है। मार्क्सवाद के इस पक्ष को रेखांकित करते हुए टामस और जान चेट्टिमेट्टम ने लिखा है कि मार्क्सवाद मानवीय श्रम को मनुष्य का निर्माण करने और वस्तुगत यथार्थ को मानवीय यथार्थ में परिवर्तित करने वाले गतिशील तत्त्व के रूप में देखता है।[43] भावी परिवर्तन की दिशा का निर्धारण वह विज्ञानप्रसूत सकर्मकता के आधार पर, नियतिवाद के विरुद्ध सजग सहभागिता के आधार पर करता है। श्रम को मूल्यवत्ता प्रदान करके वह श्रमजीवी जन-समुदाय की वैचारिक-दार्शनिक विश्व-दृष्टि बन जाता है और श्रमजीवी जनता को ही भावी परिवर्तन का, समाज के अविरोधात्मक विकास का वाहक घोषित करता है। दो शत्रु-शिविरों में समन्वय स्थापित करने की मध्य-युगीन असमर्थता का अतिक्रमण करके वह सम्पत्ति के व्यावसायिक और अमानवीय

चरित्र का उद्घाटन करता है और सम्पत्ति की प्रभुता के उन्मूलन की अनिवार्यता प्रतिपादित करता है।

यह संयोग की बात नहीं है कि यथास्थिति से अपने हित जोड़कर चलने वाले विद्वान् मार्क्सवाद के विरुद्ध प्रचार करने के प्रश्न पर एकमत और दृढ़निष्ठ हैं। इस रुझान का भौतिक-दार्शनिक स्वरूप जैनेन्द्र के इस कथन से उजागर हो सकता है : "कुछ की आर्थिक सम्पन्नता के प्रति आकांक्षा और सम्पन्नता के वर्तमान भोक्ताओं के प्रति विद्वेष जगाने से उसका (मार्क्सवाद का) काम सधता है।"[44] सम्पन्नता के वर्तमान भोक्ताओं के प्रति तीव्र सहानुभूति जगाने वाला यह सिद्धान्त वर्तमान विपन्नता पीड़ितों को 'पड़ोसी की कीमत पर बड़ा न बनने'[45] की नैतिक सलाह देकर क्या स्वयं किसी वर्ग की रक्षा का प्रयत्न नहीं करता? फिर तटस्थता की मुद्रा क्यों? पूँजीवादी उत्पीड़न कायम रखने वाली विचारधाराओं की यह विशेषता है कि वे अपना मन्तव्य साफ-साफ नहीं व्यक्त कर सकतीं।

इसके विपरीत मार्क्सवाद मानवतावादी चिन्तन-परम्परा का वैज्ञानिक विकास करता हुआ अब्राहम लिंकन के 'सच्चे लोकतंत्र' सम्बन्धी इन सूत्रों को अपना मूलमन्त्र मानता है—"नागरिक के रूप में सभी नागरिक बराबर हैं" और "सभी मनुष्य समान सिरजे गये हैं।''[46] उनमें छोटे-बड़े, ऊँच-नीच आदि का भेद-भाव मनुष्य का अपना बनाया हुआ है। आज जब ये भेद-भाव समाज और मनुष्य के लिए अहितकर हो गये हैं और उनका तर्कसंगत समाधान सुलभ है तब उनको बनाये रखने की इच्छा मनुष्य के कर्म के तिरस्कार का मार्ग प्रशस्त करती है। इसीलिए कार्ल मार्क्स दृढ़ स्वर में घोषित करते हैं कि ''कम्युनिस्ट अपने विचारों और उद्देश्यों को छिपाना अपनी शान के खिलाफ समझते हैं। वे खुलेआम ऐलान करते हैं कि उनके लक्ष्य पूरी वर्तमान सामाजिक व्यवस्था को बलपूर्वक उलटने से ही सिद्ध किये जा सकते हैं। कम्युनिस्ट क्रान्ति के भय से शासक वर्ग काँपा करें। सर्वहारा के पास खोने के लिए अपनी बेड़ियों के सिवा कुछ नहीं है। जीतने के लिए सारी दुनिया है।''[47]

इस प्रकार, सर्वहारा क्रान्ति जिस वर्गहीन समाज की रचना का ध्येय लेकर चलती है वह वर्तमान विरोधात्मक समाज के उन्मूलन द्वारा ही सम्भव है। विज्ञान की विचारधारा के प्रसार के साथ मनुष्य की सजग और सक्रिय भूमिका में अभिवृद्धि के कारण सामाजिक टकरावों की उग्रता ने यथास्थितिवादी शासक वर्ग को अधिक अमानवीय बना दिया है। वह अपनी अस्तित्व-रक्षा के प्रयत्न में परिवर्तनकामी शक्तियों के विरुद्ध अपना आक्रमण घनीभूत करता है। परिवर्तन की किसी भी आशंका से भयाक्रान्त शासक-वर्ग शोषण और सामाजिक अन्तर्विरोध-उत्पीड़न कायम करने के लिए अपनी सारी शक्ति लगा देता है। इसलिए अविरोधात्मक समाज की वाहक शक्तियों को बलपूर्वक वर्तमान समाजिक व्यवस्था को उलटना पड़ता है।

टामस और चेट्टिमेट्टम का कहना है कि वर्गहीन समाज की मार्क्सवादी परिकल्पना मनुष्य के कर्ता व्यक्तित्व में उसकी आस्था का परिणाम है।[48] वैज्ञानिक विचारधारा के विकास के साथ मनुष्य की सीमाएँ टूटी हैं और उसकी रचनात्मक सम्भावनाओं के नये-नये क्षितिज उद्घाटित हुए हैं। अपनी रचनात्मक क्षमताओं को साकार करने के लिए यह ज़रूरी है कि मनुष्य ज्ञान और कर्म को पारस्परिक अन्तस्सम्बद्धता में देखे। हम पहले देख चुके हैं कि विज्ञान ने मनुष्य की सजग और सक्रिय भूमिका के तीन आयाम रेखांकित किये हैं : वस्तु या प्रक्रिया का ठोस, अखण्ड ज्ञान, उसे भौतिकतः और व्यवहारतः हासिल करने की इच्छा तथा इच्छा को मूर्त रूप देने का—कर्म का—उद्देश्य और कार्यक्रम, यानी कि वस्तु या प्रक्रिया के रूपान्तरण की सम्यक् योजना। आद्योपान्त अखण्ड प्रक्रिया होने के नाते मनुष्य के ज्ञान और कर्म में भेद करना अवैज्ञानिक है। मार्क्सवाद मनुष्य के सकर्मक अस्तित्व को अपना दार्शनिक आधार मानता है इसलिए हर्बर्ट मूलर उसे वैज्ञानिक दृष्टिकोण पर आधारित बताते हैं। उनके अनुसार मार्क्सवाद ने अपनी प्रामाणिकता विज्ञान से अर्जित की है।[49]

संक्षेप में, मनुष्य का श्रम उसके विकास की धुरी है। विज्ञान श्रम की सृजनात्मक अन्तर्वस्तु को अधिकाधिक मानवीय धरातल प्रदान करता है। अपने इस प्रयत्न में मनुष्य अन्धशक्तियों पर विजय हासिल करता है तथा श्रम की सृजनात्मक क्षमताओं में बाधक अन्तर्विरोधों का समाधान करता है। विज्ञान मनुष्य के बौद्धिक विकास की अत्यन्त उन्नत अवस्था है। वह प्रकृति और मानवमात्र के बीच अन्तर्विरोधों को तथा समाज के आन्तरिक अन्तर्विरोधों को उद्घाटित करता है। मानवीय सामर्थ्य में सृजात्मक परिवर्तन लाकर वह प्राकृतिक शक्तियों के मानवीय उपयोग का मार्ग प्रशस्त करता है। प्रकृति के साथ अपने समष्टिगत अन्तर्विरोधों को पहचानकर मनुष्य अपने सजग प्रयत्न द्वारा उन पर अपना अधिकार बढ़ाता जाता है। चूँकि सांस्कृतिक प्रक्रियाएँ मानव-अस्तित्व से स्वाधीन हैं इसलिए वह उनका नियमन-निर्धारण नहीं कर सकता। अधिक-से-अधिक वह उन पर अपना नियन्त्रण कायम करके उनका मानवीय उपयोग कर सकता है और अपने ऊपर पड़ने वाले अनिष्टकारी प्रभाव को सीमित कर सकता है। लेकिन समाज का अस्तित्व मनुष्य और उसके पुरुषार्थ (गुण) पर निर्भर है। वह अपने पुरुषार्थ द्वारा सामाजिक अन्तर्विरोधों का समाधान कर सकता है। ज्ञान और कर्म की इस नयी भूमिका के साथ मनुष्य के निर्णय और दायित्व-बोध का महत्त्व बहुत बढ़ जाता है। अपने परिवेश के मानव-बोध की दिशा बौद्धिकीकरण की दिशा है जिसे हम दो स्तरों पर देख सकते हैं—

1. इन्द्रियज ज्ञान से विचारात्मक ज्ञान तक की यात्रा में; और
2. अन्धविश्वास (वस्तु-आत्मीकरण) से विज्ञान (आत्म-वस्त्वीकरण) तक की यात्रा में।

बौद्धिक उन्मेष के इस युग में व्यक्ति के अन्तर्जगत् को आन्दोलित करने वाले वस्तु और क्रिया के बिम्बों की अन्तर्वस्तु (उनका आन्तरिक आशय) भी परिवर्तित और विकसित तथा सरल से जटिल और जटिल-से-जटिलतर होती गयी है। बिम्बों का स्वरूप मूर्त होता है। बिम्बों की अन्तर्वस्तु में जटिलता बढ़ने के साथ मनुष्य के चिन्तन में जटिलता बढ़ती है। अवधारणात्मक प्रत्ययों का विकास अत्यन्त जटिल मस्तिष्क के बिना सम्भव न था। इस प्रकार मूर्त बिम्बों से अमूर्त प्रत्ययों तक का विकास मानव-चेतना की जटिलता, सृजनात्मकता, सकर्मकता, सजगता और सामर्थ्य की संशिलष्ट अभिव्यक्ति करता है।

मनुष्य के वस्तुगत ज्ञान और सापेक्ष सामर्थ्य तथा सजग भूमिका और दायित्व में अभिवृद्धि के समानान्तर उसी अनुपात में रचनाकर्म की स्वयंस्फूर्तता (रचनाकार की नियतिबद्धता अथवा निमित्तता) घटती है और सामाजिक सन्दर्भवत्ता बढ़ती है। कपड़ा धोते समय धोबी या बोझ ढोते हुए श्रमिक के स्वर-प्रवाह में और आदिवासी समूह के स्वर-समारोह में और एक कवि के गान में इस विकासमान क्रम को बखूबी देखा और समझा जा सकता है। इस आधार पर यह सूत्रित किया जा सकता है कि मनुष्य की सजगता में अभिवृद्धि के साथ उसी अनुपात में रचनाकार की विचारधारा का महत्त्व भी बढ़ता जाता है। विचारधारा व्यक्ति की अपने अन्तर्जगत् और बाह्यजगत् की तथा इनके अन्तस्सम्बन्धों की अविकल और अविरोधात्मक समझदारी को कहते हैं इसलिए न तो किसी व्यक्ति (खासकर साहित्यकार) के विचारधाराहीन होने की कल्पना की जा सकती है और न वर्ग-आधारित समाज में विचारधारा के गैर-वर्गीय चरित्र की। मनुष्य की चेतना उसके इन्द्रियबोध, भावजगत् और विचारों की पारस्परिक विच्छिन्नता के कारण संगठित और विकसित नहीं हुई है; बल्कि ये तीनों तत्त्व गहन अन्तस्सम्बन्ध में, परस्पर घात-प्रतिघात में आकर मानव-चेतना का गठन करते हैं। इसलिए सौन्दर्य बोध और विचारधारा में भेद या विरोध दर्शाने की प्रवृति मनुष्य के व्यक्तित्व का विघटन करती है। विज्ञान मानव-अस्तित्व की सम्पूर्णता को मनुष्य की शक्ति का कारण मानता है। इससे स्पष्ट होता है कि मनुष्य के व्यक्तित्व के विघटन की प्रवृत्ति मनुष्य को शक्तिहीन और निष्क्रिय बनाने की योजना का अंग है। सामाजिक अन्तर्विरोधों के सन्दर्भ में देखने पर मालूम होगा कि मनुष्य का विघटन, उसकी शक्तिहीनता और निष्क्रियता का प्रतिपादन अन्ततः यथास्थितिवादी शक्तियों के हित में जाता है। रचनाकर्म की स्वतः स्फूर्तता और

रचनाकार की दायित्वहीनता की मान्यताएँ यथास्थिति की विचारधारा से सम्बद्ध हैं।

मानव संज्ञान के अन्य रूपों—राजनीति, दर्शन, धर्म आदि की ही भाँति विज्ञान और कला के क्षेत्र में भी यथास्थितिवादी और भविष्य-विधायक विचारधाराओं का विरोध आसानी से देखा जा सकता है। यह विरोध कला के यथार्थ आधारित चरित्र और रचना-प्रक्रिया की वस्तुनिष्ठता एवं आन्तरिकता के सम्बन्ध में उठने वाले विवादों में ही परिलक्षित नहीं होता, वरन् कला में मानव-अस्तित्व की अभिव्यक्ति के प्रश्न पर भी साफ-साफ उभरकर आता है। 'सहज-वृत्तियों' के नाम पर कला को मनुष्य के सचेतन व्यक्तित्व से असम्बद्ध करके कला की विचारहीनता या असजगता का प्रतिपादन करने वाले तरह-तरह के मनोविज्ञानवादी-स्वप्नवादी सिद्धान्त अन्ततः कला और मनुष्य को असामाजिक वृत्तियों और काम-कुंठाओं का पुंज मात्र बना देते हैं। फ्रायड के मनोविश्लेषण की सबसे बड़ी असंगति यही है कि वे लिविडो को काम-वृत्ति का पर्याय मानकर मानव-चेतना के समस्त कार्यकलाप को कामतृप्ति का स्थानापन्न मात्र घोषित करते हैं। उनकी इस असंगति को चुनौती देते हुए उन्हीं के एक अनुयायी बी. एस. लेविस ने सृजन और काम सम्बन्धी प्रक्रियाओं के मौलिक अन्तर को स्पष्ट किया और इस आधार पर दोनों से प्राप्त होने वाले परितोष या तृप्ति के स्तरों को अलग-अलग सिद्ध किया। उन्होंने यह दो-टूक निष्कर्ष निकाला कि "कविता कामतृप्ति का स्थानापन्न नहीं है।"[50]

कला मनुष्य की सृजनात्मक अन्तर्वस्तु की अभिव्यक्ति का अभेद्य दुर्ग है। कला उन क्षेत्रों में से एक है जहाँ मनुष्य अपनी "सृजनशक्ति को बारम्बार और निस्सीम हद तक चरितार्थ कर सकता है।"[51] दूसरे शब्दों में, कला मनुष्य का ऐसा सृजनात्मक प्रयत्न है जिसे वह अपनी सृजनवृत्ति के परितोष के लिए सम्पन्न करता है। मनुष्य के इस सृजनात्मक प्रयत्न में यन्त्र आदि की भूमिका जितनी सीमित होती है, इससे मिलने वाला कलात्मक परितोष उतना अधिक होता है। इस प्रयत्न के अभाव में उसे सृजनात्मक परितोष नहीं मिल सकता। कलाकर्म में मानवीय प्रयत्न की केन्द्रीय भूमिका को स्वप्न और कविता या कला के अन्तर में भी देखा जा सकता है। पं. हजारीप्रसाद द्विवेदी ने कला को "प्रयत्नसाध्य सिसृक्षा का परिणाम या फल" कहकर "प्रयत्न-निरपेक्ष सर्जनात्मक शक्ति की सूचना" देने वाले स्वप्न से उसका अन्तर स्पष्ट किया है।[52] यदि स्वप्न और कला में कोई फर्क न होता तो दोनों से मिलने वाले कलात्मक या सृजनात्मक परितोष में कोई अन्तर नहीं होना चाहिए था। दूसरी ओर, स्वप्न मनुष्य की प्रयत्न-निरपेक्ष सृष्टि है इसलिए व्यक्ति उसके लिए उत्तरदायी नहीं होता, हालाँकि स्वप्न मनुष्य चित्त को व्यक्त अवश्य करते हैं। कविता प्रयत्नसाध्य सृष्टि होने के नाते ही स्वप्न से भिन्न होती है। उसमें कवि का दायित्व और व्यक्तित्व समन्वित रहते हैं। प्रयत्नसाध्य सिसृक्षा का फल होने के कारण ही कला जीवन-जगत् और समाज के सभी पक्षों के प्रति कलाकार की 'समग्र अवधारणा'[53] को व्यक्त करती है।

बहुधा यह देखने में आता है कि कला में व्यक्तित्व अथवा यथार्थ की अखण्डता और समग्रता से इनकार किया जाता है। यह अस्वीकार किसी एक रूप या किस्म का नहीं होता। किन्तु इन मान्यताओं का अध्ययन करने पर हम पाते हैं कि उनका मूल उद्देश्य होता है कला में मनुष्य के सजग वैचारिक पक्ष का निषेध। फिनलैण्ड के बुद्धिजीवी पेण्टी होलपा ने विचारधारा को राजनीति और समाज से जोड़कर साहित्य को राजनीति से बचाने का आह्वान किया है। उनकी समझ से मनोवैज्ञानिक साहित्य ही सच्चा साहित्य होता है। और राजनीति, विचारधारा या समाज से जुड़ा साहित्य सफल या असफल प्रचार से बढ़कर कुछ नहीं होता।[54]

इसी पद्धति से विचार करने वाले राबर्ट ग्रेब्ज सोचते हैं कि "कलाकार के सामाजिक व्यवहार का कोई बना-बनाया नियम नहीं होता।" उसे किसी बने-बनाये नियम से बँधना भी नहीं चाहिए। राजनीतिक पार्टियाँ नियम-अनुशासन और विचार-धारा पर आधारित होती हैं इसलिए "कलाकार उनका सदस्य नहीं बन सकता।"[55]

राजनीतिक पार्टियाँ निश्चित विचारधारा से जुड़ी होती हैं, यह सही है। विचार-धाराएँ सदैव वर्ग-स्थिति से उत्पन्न दृष्टिकोण पर आधारित होने के नाते वर्गीय होती है, इसलिए राजनीतिक पार्टियाँ किसी-न-किसी वर्ग का प्रतिनिधित्व करती हैं। हर पार्टी अपने वर्गीय अनुशासन से आबद्ध होती है, यह बात और भी सही है लेकिन कलाकार वर्ग-स्थिति से स्वतन्त्र और विचारधाराहीन होता है, यह नहीं कहा जा सकता। विचारधारा राजनीति का पर्याय नहीं होती। मानव-संज्ञान केवल राजनीति पर आधारित या उसी में केन्द्रित है, यह धारणा भ्रामक है। विचारधारा मानव-संज्ञान का पर्याय है इसलिए उसका सम्बन्ध "केवल बुद्धि से नहीं, मनुष्य के हृदय, अनभूतियों और इच्छाओं"[56] से भी है। यही कारण है कि राजनीति के अलावा साहित्य, कला, धर्म, विज्ञान आदि विषयों पर भी राजनीतिक पार्टियों का अपना दृष्टिकोण होता है। यह दृष्टिकोण वर्ग-स्थिति से उत्पन्न होता है। यदि कलाकार राजनीति या राजनीतिक पार्टी से जुड़ता है तो वस्तुतः वह अपनी सजग सहभागिता और प्रतिबद्धता को ही साकार करता है। राजनीतिक प्रतिबद्धता से कला की क्षति नहीं होती, बल्कि उसमें निखार आता है। राजनीति या कला में मनुष्य के भावजगत् और सजग विचारात्मक व्यक्तित्व विभाजित होकर नहीं आते, बल्कि समग्र और संश्लिष्ट रूप में आते हैं। अन्तर इतना है कि राजनीति में विचारों की प्रमुखता होती है और कला में सौन्दर्य-बोध की।

किन्तु मनुष्य के सजग और सहज व्यक्तियों में द्वैत निरूपित करने वाले क्रोचे[57] का अभिव्यंजनावाद भी उक्त चिन्तकों की भाँति कला और मनुष्य सम्बन्धी भ्रान्त धारणाओं से ग्रस्त है। क्रोचे मनुष्य के व्यक्तित्व को व्यावहारिक और आत्मिक पक्षों में और फिर आत्मिक व्यक्तित्व को सजग और सहज पक्षों में विभक्त करके

देखते हैं। वह सौन्दर्य को व्यवहार-च्युत ज्ञानरूपता में स्थित मानते हैं। ज्ञान निश्चयात्मक बुद्धि से सर्वथा स्वतन्त्र है। वह बौद्धिक न होकर अन्तःप्रेरणा पर आधारित प्रातिभ या सहज होता है। कला कल्पना के सहारे अन्तःप्रेरणा की अभिव्यक्ति होती है। इस प्रकार एक ओर तो क्रोचे स्वयंस्फूर्ततावादी सृजन-सिद्धान्तों की पुष्टि करते हैं और दूसरी ओर सहज प्रज्ञा, अभिव्यंजना, रूप और सौन्दर्य सब को एकीभूत कर देते हैं।

उनका यह एकीकरण अनुपयुक्त है।[58] किन्तु इससे भी अधिक अनुपयुक्त है उनका व्यक्तित्व-विभाजन। उनका सौन्दर्य-चिन्तन जिस भेदवाद पर आधारित है, शुक्ल जी ने उसे व्याधि कहा है। इस व्याधि की जड़ है व्यक्तिवाद।[59] व्यक्तिवाद पर आधारित यह भेदभाव कला को अत्यन्त संकीर्ण धरातल पर ला खड़ा करता है। कला व्यवहार और बुद्धि से स्वतन्त्र शुद्ध अन्तःप्रेरणा है, यह मान्यता कला को कलाकार के व्यक्तित्व और इच्छाशक्ति से पृथक् करने की प्रवृत्ति को जन्म देती है। साथ ही, यह कला को निष्क्रिय, अबौद्धिक अन्तः-प्रेरणा पर आधारित काल्पनिक सृष्टि कहकर उसकी गतिहीनता और दिशाहीनता का मार्ग प्रशस्त करती है।

कहने की आवश्यकता नहीं कि बुद्धि और कर्म से स्वतन्त्र यह सौन्दर्य-बोध मनुष्य को प्रवाह-पतित, कुण्ठित, क्षुद्र और पंगु बनाता है। रचनात्मक धरातल पर यह सौन्दर्य-बोध जिस धारा को प्रवाहित करता है उसका उदाहरण अज्ञेय जी का यह कथन है–"अपने प्यार के बदले अपनी भूख का दुखड़ा रोने से कोई विशेष अन्तर नहीं पड़ता, केवल श्रोता के लिए वह दुखड़ा और भी कम प्रीतिकर हो जाता है।"[60] निश्चित जीवन-यथार्थ से जुड़कर चलने के परिणामस्वरूप कर्म और बुद्धि का बहिष्कार करने वाला सौन्दर्यशास्त्र अन्ततः 'नैसर्गिक वृत्तियों' के नाम पर उसी व्यावसायिकता का शिकार हो गया जिसकी तीखी आलोचना करते हुए स्वयं पूँजीवादी साहित्य-आलोचक रिचर्ड्स ने उसे व्यावसायिक पूँजीवाद का परिणाम बताया था। पूँजीवादी कला के इस बाजारोन्मुख चरित्र को रेखांकित करते हुए जार्ज थॉमसन ने कहा था कि पूँजीवादी उत्पादन में कलाकार के व्यक्तित्व को कोई मूल्य प्राप्त नहीं होता और ''कविता पण्य बन जाती है, कवि खुले बाजार के लिए सृजन (उत्पादन) करता है, जिसकी माँग धीरे-धीरे घटती जा रही है।''[61] पाठक के प्रीतिकर विषयों पर लिखने की अतिरिक्त चिन्ता से इसी तथ्य की पुष्टि होती है। माँग और पूर्ति के नियमों पर रचा जाने वाला पूँजीवादी साहित्य लेखक की इच्छा का कम, उसकी विवशता का परिणाम अधिक होता है। इस प्रसंग में कला और यथार्थ के जटिल रिश्ते को व्यक्त करने वाली लेव तोलस्तोय की यह आत्मस्वीकृति महत्त्वपूर्ण है–

"अपने लेखन में मैने ठीक वैसा ही किया जैसा मैं अपने जीवन में करता था। ख्याति और मुद्रा—जिसके लिए मैं लिखता था, यह ज़रूरी था कि अच्छाई (भलाई) को छिपाया जाय और बुराई को चित्रित किया जाय। और मैने वैसा किया।"[62]

वास्तविक तथ्यों को विकृत करके प्रस्तुत करने की यह विवशता (या स्वेच्छा!) इसी पूँजीवादी उत्पादन का परिणाम है। कला को धर्म के रूप में स्वीकार करने वाले कलाकार वस्तुतः इस असंगति से मुक्ति पाने के लिए छटपटाते हैं। पूँजीवादी उत्पादन के अन्तर्विरोधों को और उसकी विसंगतियों के साहित्य पर पड़ने वाले प्रभाव को न समझ पाने के कारण बहुधा कलाकार अपने सृजनात्मक कार्य को विभाजित करके उससे छुटकारा पाना चाहता है। एक ओर तो वह अभिव्यक्ति और सम्प्रेषण की अपनी आन्तरिक ज़रूरतों के लिए सृजन करता है; और दूसरी ओर बाह्य आवश्यकताओं की तुष्टि के लिए—बाजार के लिए—रचना करता है। "इस प्रकार कलाकार पूँजीवादी समाज में वास्तविक जीवन के विघटित चरित्र का पुनर्सृजन करता है।"[63] अपने इस आन्तरिक विघटन और विभाजन के प्रति भी वह सजग नहीं होता। अर्थात, अपनी आन्तरिक और बाह्य स्थितियों और उनके अन्तस्सम्बन्धों के प्रति सजग न होने के कारण कलाकार-व्यक्ति और उसकी रचना, दोनों बाह्य अन्तर्विरोधों का शिकार हो जाते हैं।

इस प्रकार, यथास्थिति से सजग रूप में अपने हित जोड़ने वाले रचनाकारों के अलावा ऐसे रचनाकारों की भी कमी नहीं है जो वास्तविकता के अन्तर्विरोधों की समझ और पकड़ न रखने के कारण स्वयं उनके वाहक बन जाते हैं। कार्ल मार्क्स ने लिखा था कि सत्ताधारी वर्ग के विचार प्रत्येक युग में सत्ताधारी विचार होते हैं। वे प्रभुता सम्पन्न भौतिक सम्बन्धों का आदर्श रूप प्रस्तुत करते हैं।[64] वास्तविक सृजन के प्रति उदासीन रहने वाला कलाकार युग की स्वीकृत विचारधारा से स्वयं को अधिक समय तक मुक्त नहीं रख सकता। यह सही है कि कलाकार सत्ताधारी भौतिक सम्बन्धों और विचारों को प्रकट रूप में स्वीकार नहीं करता। आज तक कोई भी ऐसा सच्चा कलाकार नहीं हुआ जिसे शोषक व्यवस्था का गुणगान करने की आन्तरिक आवश्यकता अनुभव हुई हो। इसीलिए लेनिन ने कहा था कि कला बहुमत पर अल्पगत के शासन को सबसे कम स्वीकार करती है। यहाँ तक कि अनेक कलाकारों का कलावाद भी पूँजीवाद की व्यावसायिक वृत्ति के निषेध का प्रयत्न है। इसका स्वर नकारात्मक है। वे कला को सामाजिक सन्दर्भों से नहीं जोड़ना चाहते हैं क्योंकि वर्तमान समाज का यथार्थ बेहद विकृत और कुरूप है। वे यथार्थ की उपेक्षा करके वर्तमान समाज की विकृतियों का अतिक्रमण करना चाहते हैं। इससे उनकी कला में दिशाहीनता आती है।

पूँजीवाद के दुष्प्रभाव को, उसके अमानवीय व्यावसायिक चरित्र और सर्वांगीण विघटनकारी स्वरूप को रेखांकित करते हुए डॉ. धर्मवीर भारती कहते हैं कि स्वतन्त्रता, गौरव, करुणा और सौन्दर्य आदि मूल्य निरर्थक हो गये हैं। इन मूल्यों में अर्थ की प्रतिष्ठा तभी की जा सकती है "जब समाज का वैषम्य दूर हो जाय और वर्ग-वर्ग का भेद मिट जाय।"[65] यह भेद और वैबम्य सामाजिक और आर्थिक है। इसका समाहार भी सामाजिक-आर्थिक धरातल पर सम्भव है। किन्तु वे इन प्रक्रियाओं को अस्वीकार करते हैं। व्यवस्थागत विकृतियों को दूर करने के लिए संगठित प्रयत्नों की आवश्यकता है, लेकिन वे इन प्रयत्नों को मानव-गरिमा की निरर्थकता का कारण मानते हैं। वह सार्थक 'निजी विकल्प' के सहारे इस व्यवस्था का अतिक्रमण करना चाहते हैं। इससे वे इस नतीजे पर पहुँचे कि कोई भी विचारधारा या दर्शन इस दुर्भाग्य से मनुष्य को मुक्ति नहीं दिला सकता। इस प्रकार, अन्तरात्मा का पूर्ण विघटन अपरिहार्य है।[66] "मनुष्य को स्वतन्त्र, सचेत, दायित्वयुक्त" और "अपनी नियति, अपने इतिहास का निर्माता"[67] मानकर प्रस्थान करने वाले डॉ. भारती सामाजिक सन्दर्भों से विच्छिन्नता का अतिरिक्त आग्रह करने के नाते उस मंजिल पर पहुँचे जहाँ असंगति ही जगत् का नियम लगने लगती है। विवेक और दायित्व, संगति और क्रमबद्धता से पूर्णतया मुक्त होने का आग्रह उठने लगता है। केवल शून्य शेष रह जाता है।[68]

इस प्रकार, वे पूँजीवाद से चलकर निषेधवाद, पराङ्मुखता और व्यक्तिवाद तक पहुँचते हैं। उनका यह बोध विसंगत और विकृत यथार्थ के रूपान्तरण की चेतना को नहीं, बल्कि विफलता-बोध और पराजय-बोध को जन्म देता है। मध्यवर्ग से आने वाले अनेक रचनाकार इसी बिडम्बना के शिकार होते हैं। उनका पराजय-बोध सामाजिक अन्तर्विरोधों और अपने मित्र और शत्रु शक्तियों को ठीक-ठीक न पहचान पाने की उनकी वैचारिक असमर्थता की सूचना देता है। उनकी पीड़ा आकांक्षा और उपलब्धि के अन्तर्विरोध से उत्पन्न है। उनकी आर्थिक हैसियत और सांस्कृतिक स्वप्न के बीच जो खाई है उसे पाटने के लिए वे सजग और सक्रिय सहभागिता के बजाय, सकारात्मक पुरुषार्थ के बजाय निषेधवादी दृष्टि अपनाते हैं। फलस्वरूप वे न श्रमजीवी वर्ग का अंग बन पाते हैं, न सम्पत्तिशाली वर्ग का। अपने आगे-पीछे की कड़ी टूट जाने से उनमें सांस्कृतिक रिक्तता जन्म लेती है। यह सांस्कृतिक रिक्तता निराशा, कुण्ठा, पराजय-बोध और व्यक्तिवाद आदि का परिणाम और कारण दोनों है। यह संयोग की बात नहीं है कि आधुनिक व्यक्तिवाद का जन्म पूँजीवादी व्यवस्था के मूलबद्ध हो जाने के बाद, 19वीं सदीं में हुआ।[69] इस भाव-बोध का साहित्य मूल्यों का नहीं, मूल्यों के विघटन से उत्पन्न दृष्टि–निराशा, शंका, त्रास, असुरक्षा आदि–का वाहक है।

अस्वीकार और निषेध सकारात्मक मूल्य नहीं हैं। इन मूल्यों को धारण करके चलने वाली साहित्य-दृष्टि मनुष्य के श्रम से अपना नाता तोड़ लेती है। समाज और संस्कृति मनुष्य के श्रम में निहित सृजन-क्षमता का परिणाम है। विश्व के श्रेष्ठतम साहित्य में समाज और संस्कृति की अवधारणाएँ समान अर्थ में प्रयुक्त हुई हैं।[70] यह साहित्य-दृष्टि कला और संस्कृति को भिन्न पथानुगामी बताती है।[71] इतना ही नहीं इस दृष्टि के अनुसार—''संस्कारों के सार्थक विस्तार में एस्थेटिक व्यापार समाप्त हो जाता है।''[72]

यह सौन्दर्य-दृष्टि यथास्थिति के हित में है। हम अपनी ओर से भले कहें कि सौन्दर्य-दृष्टि व्यवहार-दृष्टि या हिताहित भावना से मुक्त होती है,[73] किन्तु हमारी मान्यताएँ सामाजिक हितों से विच्छिन्न नहीं रह सकतीं। प्रगतिशील साहित्य विज्ञान द्वारा प्रस्तावित पुरुषार्थ के नये मूल्य को स्वीकार करके चलता है। इसलिए वह संस्कारों के सार्थक विस्तार और सांस्कृतिक-बोध और हिताहित विवेक से मुक्त होने की बात सोच भी नहीं सकता। प्रेमचन्द ने प्रगतिशील साहित्य के इस दृष्टिकोण को दो-टूक शब्दों में घोषित करते हुए कहा था कि अपनी सजग प्रखरता के कारण प्रगतिशील रचनाकार दो विरोधी धाराओं के बीच निरपेक्ष होकर नहीं रह सकता। ''अर्थात् या तो उसे प्रगतिशील बनकर श्रमजीवी श्रेणी के साथ चलना पड़ेगा या प्रतिक्रियावादी फैशिज़्म का पल्ला पकड़ना पड़ेगा।''[74]

लेनिन ने साहित्य को परिवर्तन के लिए संघर्षरत श्रमजीवी वर्ग के हितों के साथ जोड़ने की आवश्यकता पर बल दिया था।[75] लेनिन द्वारा प्रस्तावित साहित्य की इस नयी भूमिका का चरित्र कितना गरिमामण्डित है, इसकी पुष्टि हिन्दी आलोचना के जनक आचार्य रामचन्द्र शुक्ल की साहित्य सम्बन्धी मान्यताओं से होती है। क्षुद्र, संकुचित और व्यक्तिगत हितों (स्वार्थों) से ऊपर उठकर लोकसत्ता में तदाकार हुए बिना, लोक हित के लिए त्याग और उत्सर्ग की भावना से ओत-प्रोत हुए बिना कला का सच्चा प्रभाव ग्रहण कर पाने की क्षमता नहीं आती। ''जो किसी प्राणी के कष्ट व्यंजक रूप और चेष्टा पर करुणार्द्र नहीं होता, जो किसी पर निष्ठुर अत्याचार होते देख क्रोध से नहीं तिलमिलाता उसमें कला का सच्चा प्रभाव ग्रहण करने की क्षमता नहीं है।''[76] इस मानवीय बोध से सम्पृक्त होकर प्रगतिशील साहित्य मनुष्यता को जगाता है। वह ''बाह्य सौन्दर्य के ढूह में खड़े होकर आन्तरिक सौन्दर्य की उपासना'' नहीं करता, बल्कि उस भविष्य-विधायक श्रमजीवी वर्ग के हितों से अपने हित जोड़कर पुरुषार्थ की प्रेरणा देता है जो "छोटाई और बड़ाई में, धनी और निर्धन में, ज्ञानी और अज्ञानी में आकाश पाताल का अन्तर" मिटाकर सामंजस्यपूर्ण अविरोधात्मक समाज की रचना के लिए कृतसंकल्प है।[77] शुक्ल जी के शब्दों में, "कविता तो भाव प्रसार द्वारा कर्मण्य के लिए कर्मक्षेत्र का और विस्तार कर देती है।"[78]

इन मान्यताओं का आधार वह मूलभूत दृष्टि है जो कला और जीवन में अविच्छेद्य सम्बन्ध मानती है। जब शुक्ल जी कला को जीवन पर मार्मिक प्रभाव डालने वाली वस्तु कहते हैं तो वस्तुतः वे मानव-जीवन को कला के भी साध्य के रूप में स्वीकार करते हैं। उन्होंने राम के कालाग्नि-सदृश क्रोध में भी सौन्दर्य के दर्शन किये हैं।[79] इसका कारण है राम का कर्म, जिसका लक्ष्य है मानव-समाज को अत्याचार और उत्पीड़न से मुक्ति दिलाकर सर्वजन-हिताय समाज की रचना करना। यह मानवीय करुणा और मानव-कल्याण की भावना संकट की चरम स्थितियों में प्राणोत्सर्ग तक में प्रतिफलित हुई है। क्रिस्तोफर कॉडवेल, राल्फ फाक्स या निकोला वाप्त्सरोव प्रभृति साहित्यकारों ने मनुष्यता की रक्षा के लिए अपने प्राणों तक की आहुति दी। इस प्रकार के निर्णयों को उपादेय बताते हुए मुनरो बीयड्र्सले ने निष्कर्ष दिया है कि ऐसी स्थितियाँ आ सकती हैं जहाँ संकट में पड़े हुए मूल्य अधिक उच्च हों और उनकी रक्षा के लिए कलाकार को सौन्दर्यात्मक दृष्टिकोण त्यागना पड़े। दुर्घटना का उदाहरण देकर उन्होंने अपनी बात अधिक स्पष्ट की है। उन्होंने प्रश्न किया कि दुर्घटना के समय चित्रकार दर्द से छटपटाते व्यक्ति की मदद करे या उसका चित्र बनाये? चित्र बनाने पर उसका कलात्मक मूल्य निस्सन्देह बहुत उच्च होगा। किन्तु घायल व्यक्ति के प्राण-पखेरू उड़ जायेंगे। और यदि वह घायल व्यक्ति की मदद करता है तो उसे कला की बलि देनी पड़ती है। ऐसी स्थित में चुनाव की समस्या मूल्यों के प्रति हमारे दृष्टिकोण से जुड़ी है।[80] लेनिन ने ऐसी ही मर्मान्तक स्थितियों में अपने परमप्रिय संगीत की जगह क्रान्ति का पक्ष लेना मुनासिब समझा था।[81]

महान् उद्देश्य के लिए यह उत्सर्ग-भाव निराशावादी भावबोध का परिणाम नहीं है जो असांस्कृतिक प्रेम-प्रकरणों या काल्पनिक आत्महत्या में ही जीवन की सार्थकता अनुभव करता है। यह दृष्टिकोण मनुष्य मात्र में, उसके कर्म और भविष्य में आस्था का परिणाम है। यथास्थिति से जुड़ने पर कुण्ठा, निराशा और विफलता-बोध पैदा होता है। मरणासन्न सत्य स्वस्थ और आशावादी भाव कैसे उत्पन्न करेगा? इस मरणासन्न वर्तमान के स्थान पर अविरोधात्मक भविष्य में आस्था रखने के नाते प्रगतिशील साहित्य-दृष्टि कला को पूँजीवादी संस्कृति के खिलाफ संघर्ष में एक अस्त्र मानकर चलता है।[82]

सौन्दर्य और विचारधारा के बीच की द्वन्द्वात्मक सन्धि-रेखा (किसी भी युग में) युग-सन्दर्भ और कलाकार व्यक्ति के सामाजिक सन्दर्भ से अनुशासित-अनुप्राणित होती है। विधवा ब्राह्मणी का तिरस्कृत पुत्र कबीर अपने सामाजिक परिवेश की विषमताओं का भुक्तभोगी था। उसे काशी के पण्डितों की विदग्धता के दो-चार घूँट मिल चुके थे और वह उनके पाखण्ड से भली-भाँति परिचित था। इसलिए

नायिकाभेद, नखशिख वर्णन या बारहमासे में उसे जीवन और साहित्य की सार्थकता नहीं महसूस हुई। उसका फक्कड़ाना अन्दाज़, उसका मर्माहत करने वाला व्यंग्य, 'सत्-चित्-ज्ञान' रूपी प्रिय से सन्दर्भित है। यह कबीर की विचारधारा है। इसमें उसके युग और व्यक्तिगत वर्गीय जीवन की मिली-जुली छवि विद्यमान है।

तुलसीदास गँवई वायुमण्डल में पले और गरीब ब्राह्मण परिवार की सन्तान थे। संस्कारतः परम्परानुगामी होते हुए भी वे सामन्ती व्यवस्था की अमानवीयता से प्रताड़ित थे। इसलिए सामन्ती व्यवस्था की अनेक संस्थाओं और परम्पराओं को तद्वत् अंगीकार करते हुए भी उन्हें अपनी एक आदर्श-सृष्टि रचने की आवश्यकता अनुभव हुई। उनका यह वैचारिक आदर्श सामन्ती समाज के आदर्शीकरण से निर्मित है। इसी में उनकी सौन्दर्य-चेतना और विचारधारा का अभेदात्मक सम्बन्ध निहित है। राम उनकी विचारधारा के प्रतीक हैं। तत्कालीन राजाओं पर कविता न लिखकर वे राम के नाते से सारा सम्बन्ध निर्धारित करते हैं—नाते नेह राम के मनियत सुहृद सुसेव्य जहाँ लौं। यह सामाजिक विसंगतियों का अतिक्रमण करने की चेष्टा का परिणाम है।

इसके विपरीत बिहारी हैं जो रीति को काव्य में अंगीकार करते हैं। वे दरबार में पोषित होते हैं इसलिए उसी संस्कृति को तद्वत् अंगीकार कर लेते हैं। उन्हें नये आदर्शों की दुनिया रचने की ज़रूरत नहीं महसूस होती। भक्ति भी उनके लिए अवान्तर हो गयी—राधिका कन्हाई नाम सुमिरन का बहाना भर रह गये। इस विचार-धाराहीनता ने शैलीबद्धता को प्रेरित किया। इसके विपरीत, नये आदर्शों के प्रति वैचारिक प्रतिबद्धता के कारण तुलसीदास के काव्य में भाषा, शैली, अनुभूति और सामाजिक सम्बन्धों तथा सांस्कृतिक ऐश्वर्य की आदर्शीकृत ॠद्धि के दर्शन होते हैं।

उपर्युक्त अध्ययन से यह स्पष्ट हो जाता है कि कलाकार अपने जाने-अनजाने सामाजिक और वैचारिक संस्कारों से सम्पृक्त रहता है। कला उसके व्यक्तित्व की संश्लिष्ट अभिव्यक्ति होती है। उसके संस्कार उसकी कला में व्यक्त होते हैं। दूसरी तरफ, उसकी कला उसके वैचारिक आधार से इतने गहरे स्तर पर जुड़ी होती है कि कलागत मूल्यों का स्वरूप उसकी विचारधारा द्वारा निर्धारित होता है। यथास्थितिवादी विचारधारा साहित्य में असांस्कृतिक और पराङ्मुख मूल्यों की प्रेरणा देती है। प्रगतिशील विचारधारा साहित्य को सांस्कृतिक ऐश्वर्य की ऋद्धि प्रदान करती है। इन दोनों प्रकार की कलाओं का यह मुख्य अन्तर है कि यथास्थिति से जुड़ी कला सामाजिक अंतर्विरोधो और अपने उद्‌देश्यों को छिपाती है, जबकि प्रगतिशील कला अपने लक्ष्यों और आदर्शों को छिपाना अपनी शान के खिलाफ समझती है। वर्तमान युग सामन्ती असमर्थता का युग नहीं है। इसलिए यथास्थितिवादी कला जहाँ अपने अन्तर्विरोधों का शिकार होकर पूँजीवादजन्य संकट, त्रास, मृत्यु-बोध आदि के भावों

को व्यक्त करने लगती है वहीं प्रगतिशील कला स्वस्थ, जीवनोन्मुख मूल्यों के विकास में सहायक बनती है। पहली कला श्रम से घृणा करने वाली पूँजीवादी नैतिकता की कला है जो श्रमजीवियों की "सेवा के बल पर विशुद्ध चिन्तन द्वारा निष्क्रिय 'हीरो' की रचना करती है।"[83] दूसरी कला उस जागरूक और कर्मण्य जनता में आस्था रखकर चलती है "जो इतिहास का निर्माण करती है तथा दुनिया का और अपना रद्दोबदल करती है।"[84] इतिहास और भविष्य का निर्माण करने वाली जनता के प्रयत्नों, उसकी बढ़ती हुई सामाजिक और आत्मिक सहभागिता के साथ आवयविक रूप में स्वयं को जोड़ लेने के नाते प्रगतिशील कला मनुष्यता के सर्वोच्च गुणों का प्रतिनिधित्व करती है। इस भावभूमि को समझकर ही डॉ. श्यामसुन्दरदास ने कहा था कि "मार्क्सवादी साहित्य समीक्षा कलाकार को युग का उपभोक्ता और निर्माणकर्त्ता दोनों ही मानती है।"[85]

अन्त में यह स्पष्ट कर देना आवश्यक है कि जिस प्रकार इन्द्रिय-बोध, भाव-बोध और विचारों के स्तरों पर वर्ग हितों और विचारधारा की समान रूप से अभिव्यक्ति नहीं होती, उसी प्रकार सभी कला-रूपों, संगीत, चित्रकला, मूर्तिकला, कविता, उपन्यास आदि में उनकी भूमिका समान नहीं होती। साहित्य का कार्य है भाषा के ज़रिये बिम्ब-रचना। वह अन्य कला-रूपों से इसी अर्थ में विशिष्ट है। भाषा बिम्बों को जागृत करने का बाह्यजगत् के समानान्तर एक सम्पूर्ण तन्त्र है। यह कला का भी सबसे विकसित माध्यम है। भाषा को माध्यम बनाकर आत्माभिव्यक्ति करते समय कलाकार की भूमिका, उसके सामाजिक दायित्व और विचारधारा का महत्त्व बहुत बढ़ जाता है।

सन्दर्भ-सूची

1. दि क्रियेटिव प्रासेस, पृष्ठ 194
2. आज के लोकप्रिय हिन्दी कवि : अज्ञेय, पृष्ठ 126
3. आधुनिक हिन्दी साहित्य, पृष्ठ 150
4. रेनेवेलेक, ऑस्टिन वारेन : साहित्य सिद्धान्त, अनु0 बी. एस. पालीवाल, पृष्ठ 109
5. नयी कविता का आत्मसंघर्ष तथा अन्य निबन्ध, पृष्ठ 26-27
6. नयी कविता का आत्मसंघर्ष तथा अन्य निबन्ध, पृष्ठ 27
7. प्राब्लम्स ऑफ आर्ट, पृष्ठ 84
8. वही, पृष्ठ 148
9. साइकोएनालिटिक एक्सप्लोजन इन आर्ट्स, पृष्ठ 51
10. फीलिंग एण्ड फॉर्म, पृष्ठ 46
11. आर्ट एण्ड सोसाइटी, पृष्ठ 106
12. नयी कविता का आत्मसंघर्ष, पृष्ठ 27-28
13. उपन्यास और लोकजीवन, पृष्ठ 21

14. दि फण्डामेण्टल्स ऑफ मार्क्सिस्ट-लेनिनिस्ट फिलॉसफी, पृष्ठ 489
15. नयी कविता का आत्मसंघर्ष, पृष्ठ 5
16. नये साहित्य का सौन्दर्यशास्त्र, पृष्ठ 145
17. अज्ञेय : 'अपने-अपने अजनबी
18. प्रेमचन्द : गोदान
19. राल्फ फाक्स : उपन्यास और लोकजीवन, पृष्ठ 13
20. आइडियालॉजी एण्ड डिस्कण्टेण्ट, पृष्ठ 17
21. आचार्य रामचन्द्र शुक्ल : रस-मीमांसा, पृष्ठ 16
22. साइंस एण्ड कॉमन मैन, पृष्ठ 25
23. पाथ्स ऑफ अमेरिकन थॉट, पृष्ठ 534
24. आर्ट एण्ड नॉलेज, पृष्ठ 41
25. लेनिन : कलेक्टेड वर्क्स, खंड—38, पृष्ठ 384
26. दि मिनिंग ऑफ ब्यूटी, पृष्ठ 206
27. वही, पृष्ठ 209
28. लिटरेचर एण्ड रियलिटी, पृष्ट 21
29. वही, पृष्ठ 21।
30. दि एण्ड ऑफ आइडियालॉजी थियरी : इल्यूजंस एण्ड रियलिटी, पृष्ठ 66
31. पोएटिक क्राफ्ट एण्ड प्रिंसिपिल्स, पृष्ठ 112
32. जैनेन्द्र कुमार : प्रस्तुत प्रश्न, पृष्ठ 82
33. अज्ञेज : आत्मनेपद, पृष्ठ 253
34. दि एण्ड ऑफ आइडियालॉजी थियरी, पृष्ठ 68
35. सेलेक्टेड राइटिंग्स, पृष्ठ 333
36. लेनिन : कलेक्टेड वर्क्स खण्ड 6, पृष्ठ 29
37. डॉ. रामविलास शर्मा : 'निराला की साहित्य साधना-2, पृष्ठ 27
38. विवरण के लिए देखिए : ऐतिहासिक भौतिकवाद, पृष्ठ 122, 124-25, और फण्डामेण्टल्स ऑफ मार्क्सिज्म-लेनिनिज्म, पृष्ठ 129-33
39. पावर्टी ऑफ फिलॉसफी, पृष्ठ 95
40. बद्रीनाथ तिवारी : 'जनता से जुड़ने की ज़रूरत' परिचर्चा ('मुक्तधारा', नयी दिल्ली, वर्ष - 6, अंक-7, 17 मार्च, 1976), पृष्ठ 11
41. मार्क्स-एंगेल्स : कम्युनिस्ट पार्टी का घोषणापत्र, (प्रगति प्रकाशन, मास्को), पृष्ठ 36
42. लेनिन एण्ड गोर्की : लेटर्स, रेमिनिसेंसेज, आर्टिकल्स, पृष्ठ 68
43. इमेजेज ऑफ मैन : ए फिलॉसफिक एण्ड साइण्टिफिक इंक्वायरी, पृष्ठ 105
44. जैनेन्द्र : प्रस्तुत प्रश्न, पृष्ठ 109
45. वही, पृष्ठ 109
46. लिंकन वाणी, पृष्ठ 107
47. कम्युनिस्ट पार्टी का घोषणापत्र, पृष्ठ 80
48. इमेजेज ऑफ मैन, पृष्ठ 111
49. साइंस एण्ड क्रिटिसिज्म, पृष्ठ 188
50. सेलेक्टेड लिटरेरी एसेज, पृष्ठ 295

51. आर्ट एण्ड सोसाइटी, पृष्ठ 205
52. आलोचना (नयी दिल्ली, पूर्णांक-40, अक्टूबर-दिसम्बर, 1967), पृष्ठ 33
53. रेनेवेलेक, आस्टिन वारेन : साहित्य सिद्धान्त, पृष्ठ 125
54. उद्घृत : फाउण्डेशन्स ऑफ मार्क्सिस्ट इस्थेटिक्स, पृष्ठ 63
55. पोएटिक क्राफ्ट एण्ड प्रिन्सिपिल्स, पृष्ठ 108
56. लेनिन एण्ड दि प्रॉब्लम्स ऑफ लिटरेचर, पृष्ठ 139
57. इस्थेटिक्स : क्रोचे
58. इन्साइक्लोपीडिया ब्रिटानिका, खण्ड-1, पृष्ठ 155
59. रस-मीमांसा, पृष्ठ 271
60. आत्मनेपद, पृष्ठ 29
61. मार्क्सिज्म एण्ड पोएट्री, पृष्ठ 53
62. ए कन्फेशन, दि गास्पेल इन ब्रीफ एण्ड ह्वाट आइ बिलीव, पृष्ठ 8
63. आर्ट एण्ड सोसाइटी, पृष्ठ 213
64. ऑन लिटरेचर एण्ड आर्ट, : मार्क्स-मएंग्रेल्स, पृष्ठ 70
65. मानव-मूल्य और साहित्य, पृष्ठ 28 और 41
66. वही, पृष्ठ 33
67. वही, पृष्ठ 21
68. मानव-मूल्य और साहित्य, पृष्ठ 33-34
69. इण्ट्रोडक्शन टु मॉडर्न पोलिटिकल थियरी, पृष्ठ 24
70. ए. आर. क्रोवर और टेस्काट पार्सन्स : अमेरिकन सोश्योलॉजिकल रिव्यू, जिल्द 23, अंक 5, अक्टूबर, 1958, पृष्ठ 582
71. आत्मनेषद', पृष्ठ 257
72. लीलाधर गुप्त : पाश्चात्य साहित्यालोचन के सिद्धान्त, पृष्ठ 197
73. डॉ. नगेन्द्र : भारतीय सौन्दर्यशास्त्र की भूमिका, पृष्ठ 28
74. 'हंस', 'प्रगतिवाद ही क्यों' परिचर्चा, अप्रैल-मई, 1943
75. संकलित रचनाएँ, भाग - 1, पृष्ठ 232
76. रस-मीमांसा, पृष्ठ 213
77. हजारीप्रसाद द्विवेदी : अशोक के फूल, पृष्ठ 189
78. रस मीमांसा, पृष्ठ 18
79. वही, पृष्ठ 54
80. पर्सपेक्टिब्ज इन एजूकेशन, रेलिजन एण्ड दि आर्ट्स, पृष्ठ 235
81. वही, पृष्ठ 220
82. इल्या इहरेनवर्ग : दि राइटर एण्ड हिज क्राफ्ट, पृष्ठ 15
83. डॉ. रामविलास शर्मा : आस्था और सौन्दर्य, पृष्ठ 9
84. मार्क्सिस्ट्स ऑन लिटरेचर, वर्तोल्त ब्रैख्त, पृष्ठ 423
85. साहित्यालोचन, पृष्ठ 226

अध्याय-7

कला के उपकरण

रचनात्मक साहित्य के कलात्मक पक्ष पर विचार करते समय हमारे सामने सबसे मूलभूत प्रश्न यह उपस्थित होता है कि सामाजिक और सांस्कृतिक जीवन में उपेक्षित जनता के लिए लिखे गये साहित्य का रूप क्या हो? साहित्य के रूप के सम्बन्ध में प्रगतिशील सौन्दर्य-चिन्तन की यह बहुत स्पष्ट मान्यता रही है कि किसी कलाकृति का रूप महज उसकी अन्तर्वस्तु से निर्धारित नहीं होता, उसके निर्धारण में अनेक दूसरे तत्त्व भी गतिशील रहते हैं। सोवियत सौन्दर्यशास्त्री अनातोली लुनाचर्स्की के शब्दों में कहें तो कला के रूप को निर्धारित करने वाले अन्य प्रमुख तत्त्व हैं—उस वर्ग या वर्ग-समूह की जीवन-विधि जिसने किसी भी रूप में कलाकृति को प्रभावित किया हो; उस समाज की भौतिक संस्कृति का सामान्य धरातल, पड़ोसियों का असर, अतीत के संस्कार या उनके पुनर्जागरण के प्रयत्न जो जीवन के सभी पक्षों में घटित हो सकते हैं। ये सभी चीज़ें रूप पर असर डाल सकती हैं या उसे परिभाषित चरित्र प्रदान करने में सहायक कारण बन सकती हैं।[1]

संक्षेप में, कलाकृति के रूप को प्रभावित करने वाला तत्त्व यांत्रिक ढंग से उसकी अन्तर्वस्तु भर नहीं है। कलाकृति एक संश्लिष्ट इकाई है। इसलिए वह सम्पूर्ण वस्तुगत, ऐतिहासिक प्रक्रिया से सम्बद्ध है। जिसमें कलाकार अभिव्यक्ति का संघर्ष झेलता है। यह संघर्ष पेचीदा है। इसलिए नहीं कि कलाकार जिनसे कला के आन्तरिक नियमों के बतौर टकराता है वास्तव में वे सब कलाकृति से बाहर खड़े हैं—समाज में और कलाकार में। बल्कि इसलिए भी कि कलाकृति में अन्तर्भुक्त वह बाह्य परिवेश एक विचित्र द्वैत से, विसंगतियों और अन्तर्विरोधों से भरा है। इस विचित्र स्थिति में अभिव्यक्ति के लिए संघर्षरत कलाकार प्रागनुभवों, संस्कारों, विचारों आदि की विभिन्न स्थितियों और अवस्थाओं के कारण भिन्न प्रतिक्रियाएँ करता है। अतः यह स्वाभाविक है कि एक ही विषय पर एक ही युग सन्दर्भ में लिखी गयी कविताएँ भिन्न अर्थ और गति दें, भिन्न रचना पैटर्न पर विकसित हों, यहाँ तक कि भिन्न कोणों से सम्बोधित हों और उसके सम्भावित पाठक भी भिन्न हों।

जो बात सामान्य होगी वह यह कि सभी कलाकार कल्पना या वास्तविकता के चित्रों द्वारा अमूर्त विचारों और भावों को सभी के लिए ग्राह्य बनाते हैं। यह ग्राहयता रूप-रस-गन्ध-ध्वनि आदि के इन्द्रियगम्य बिम्बों और तत्प्रसूत प्रत्ययों द्वारा सम्भव होती है।

इस आधार पर हम यह कह सकते हैं कि कवि के अपने विचार, भाव-संस्कार, इन्द्रिय-बोध और वह दृष्टि-बिन्दु जिससे कवि अपनी संवेद्य वस्तु को आत्मसात् और कविता में रूपायित कर रहा है—सभी मिल कर कविता की अखण्ड-अविभाज्य इकाई को अस्तित्व में लाते हैं। कला की अन्तर्वस्तु और रूप में यान्त्रिक विभाजन या आरोपित एकता सम्भव नहीं है। इसलिए आधुनिक युग की जटिलतर होती परिस्थितियों में किसी साहित्य के लिए शिल्प का आदर्श साँचा नियत करना भी सम्भव नहीं है।

हिन्दी के प्रगतिशील कवि सृजन-प्रक्रिया की चुनौतियों से गुज़रते हुए काव्य-शिल्प सम्बन्धी दो भिन्न निष्कर्षों पर पहुँचे हैं। आधुनिक जीवन के बौद्धिक दबावों और तनावों को झेलते हुए कुछ कवि इस नतीजे पर पहुँचे कि इन जटिल संवेदनाओं को सर्वसाधारण की भाषा में व्यक्त नहीं किया जा सकता। इस आन्तरिक विवशता को बहुत पीड़ा के साथ अनुभव करते हुए प्रतिपादित किया गया कि कविता सर्वसाधारण को सम्बोधित हो या न हो, उसका दृष्टिकोण, उसकी दिशा और भावना सार्वसाधारण की हो। जनप्रिय रूप को आवश्यक न मानकर प्रगतिशील वस्तु की अनिवार्यता स्थापित करते हुए मुक्तिबोध ने लिखा :

"'जनता का साहित्य' का अर्थ जनता को तुरन्त समझ आने वाले साहित्य से हरगिज नहीं। .... साहित्य का उद्देश्य सांस्कृतिक परिष्कार है, मानसिक परिष्कार है। किन्तु यह परिष्कार तभी सम्भव है जब सुनने वाले या पढ़ने वाले की अवस्था स्वयं शिक्षित हो।...'जनता का साहित्य' का अर्थ 'जनता के लिए साहित्य से है' और वह जनता ऐसी हो जो शिक्षा और संस्कृति द्वारा कुछ स्टैण्डर्ड प्राप्त कर चुकी हो।"[2]

लेकिन दूसरा दृष्टिकोण केवल शिक्षित-संस्कृत जन को काव्य का एकमात्र अधिकारी नहीं मानता। उसके अनुसार समाज में ताडना के अधिकारी किसान और श्रमिक भी साहित्य-सुधा के पात्र हैं—अधिक नहीं तो उतने ज़रूर जितने भद्रजन हैं। इसलिए यह मान्यता बनी कि जनता के साहित्य का रूप भी जनवादी होना चाहिए। विशिष्ट बौद्धिक तनाव की स्थिति में जटिल अभिव्यंजना की अनिवार्यता या विवशता को स्वीकार किया गया लेकिन उसे जनवादी कला का अनुकरणीय आदर्श नहीं माना गया।

इस दृष्टि से प्रगतिशील लेखक संघ के प्रयत्नों की सफलता का स्वागत करते

हुए केदारनाथ अग्रवाल ने लिखा कि "तब कविता और आम जनता का सीधा-सीधा आमने-सामने का साक्षात्कार होने लगा।"[3] उन्होंने बल देकर कहा कि कवि जब तक अपनी आत्मग्रस्तता तोड़कर अपनी बौद्धिकता को दूसरों की मानसिकता से माँजता और निखारता नहीं तब तक वह अपनी कला को 'सार्वजनिक रूप' नहीं दे सकता।[4] स्वयं मुक्तिबोध की "बौद्धिक यंत्रणा और सम्प्रेषणीयता इसलिए गूढ़ हो गयी है क्योंकि वह उनकी वैयक्तिकता से निकल कर आम आदमी की वैयक्तिकता से जुड़ नहीं सकी।"[5] और मुक्तिबोध के ज्वलन्त आत्मसंघर्ष का कारण भी नहीं था। इस विवेचन से हम दो निष्कर्ष प्राप्त करते हैं :

1. दुरूहता से लेकर सुबोधता तक प्रगतिशील कविता का शिल्प-विस्तार प्रकटतः दो विरोधी सीमान्तों के बीच फैला हुआ है। इस व्यापक प्रसर के बीच रूप और वस्तु के सन्तुलन की अनेक अवस्थाएँ हैं; और
2. प्रगतिशील कवि का कलात्मक संघर्ष अपनी अभिव्यक्ति को अधिक-से-अधिक जनोन्मुख बनाने की दिशा में ही है।

काव्य-संरचना : प्रगीतात्मक और नाटकीय

कहने की ज़रूरत नहीं कि जितना व्यापक प्रगतिशील कविता का जनाधार है, उतनी ही व्यापकता और विविधता उसके शिल्प में है। प्रगतिशील काव्य के बिम्ब, प्रतीक, भाषा, तेवर आदि का मूल्यांकन करने से पहले, संक्षेप में, उसकी काव्य-संरचना सम्बन्धी इस विविधता का आकलन आवश्यक है। शिल्प सम्बन्धी विविधताएँ कविता के स्थापत्य और पद्धति में अनेक स्तरों पर विद्यमान हैं। छोटी और प्रदीर्घ कविताएँ, गीतात्मक और नाटकीय विधान की कविताएँ, सहजता में अभिधा के स्तर पर चलने वाली और सांकेतिकता में फैण्टेसी का रूप धारण कर लेने वाली कविताएँ—सबका प्रयोग प्रगतिशील कविता में मिल जायगा। मूलभूत संरचना की दृष्टि से हम इन सभी तरह की कविताओं को मुख्यतः दो संवर्गों में विभक्त कर सकते हैं : गीतात्मक और प्रबन्धात्मक अथवा नाट्यात्मक। इस वर्गीकरण का आधार कविता की संरचना के दो मूलभूत पक्ष है :

1. विस्तार : कविता का दृश्यफलक। देश-कालगत परिधि पर निर्भर;
2. आयाम : कविता का घनत्व। संवेदनात्मक गहराई पर निर्भर।

कविता का दृश्यफलक उसके घनत्व को भी प्रभावित, निर्धारित करता है। भावात्मक गहराई देश-कालगत विस्तार के साथ आकाश के शून्य में कवि का दायरा बढ़ाने में सहायक होती है। विस्तार कविता के विकास को अनवरुद्ध, प्रवाहपूर्ण बनाता है; आयाम (घनत्व) अनवरुद्ध विकास को बाधित करता है।

कविता में आयाम और विस्तार की भूमिकाएँ बहुत महत्त्वपूर्ण है। मुक्तिबोध

की अधिकांश कविताएँ कलेवर में लम्बी हैं। लेकिन सभी में विस्तार की अधिकता आवश्यक नहीं है। घनत्व इनकी मुख्य विशेषता है। इसलिए फैण्टेसी और आत्म-संवाद की शैली के बावजूद ये कविताएँ गीत नहीं बनतीं। प्रसाद जी का 'आँसू' कलेवर की दृष्टि से 'राम की शक्तिपूजा' (निराला), 'हरिजन गाथा' (नागार्जुन), 'चाँद का मुँह टेढ़ा है (मुक्तिबोध) आदि से कहीं अधिक विस्तृत है। देश-कालगत विस्तार और जीवन के आयामों की दृष्टि से उसकी भूमि अत्यन्त सीमित है। इसलिए उसमें प्रबन्धात्मकता के स्थान पर गीतात्मकता है। अन्य उल्लिखित कविताएँ आकार की लघुता के बावजूद प्रबन्धात्मक है।

स्पष्ट है कि प्रवाह की तरलता गीतात्मकता की दिशा में विकसित होती है और प्रभाव का घनत्व प्रबन्धात्मकता की दिशा में। यह आशय नहीं कि रागात्मक तरलता के कारण गीत वैयक्तिक होते हैं और नाटकीय द्वन्द्व पर आधारित कृति वैयक्तिक नहीं होती। कवि की वैयक्तिकता दोनों में होती है। फर्क होता है दोनों में वैयक्तिकता की स्थिति में।

गीतों में इतिवृत्तात्मकता और वर्णनात्मकता का निषेध करते हुए अज्ञेय जब उसमें अनुभूति की संहित बनाये रखने के लिए आकार की लघुता को अनिवार्य बताते हैं तब वस्तुतः वे उसकी 'पर्सनल टोन' और अन्तरंग वैयक्तिकता को ही प्रकारान्तर से स्वीकार करते हैं। अतिशय वैयक्तिकता या 'पर्सनलिज़्म' ही आत्मग्रस्तता में तब्दील होकर गीतात्मक वृत्ति का रूप धारण कर लेती है।

प्रबन्धात्मक कृति में कवि की वैयक्तिकता का स्तर इससे भिन्न है। कवि के संवेदना जगत् में प्रतिबिम्बित वस्तु विकसित होकर जिस चित्र द्वारा व्यक्त होती है उस चित्र में कवि की सम्पूर्ण वैयक्तिकता अन्तर्निहित होती है। दूसरे शब्दों में, कवि वस्तु की संवेदना में प्रवेश करता है और वर्ण्य-विषय कवि की संवेदना में। गीत और प्रबन्ध दोनों इसी द्विविध धरातल पर रूपायित होते हैं। नाटकीय संयोजन की भिन्नता यह है कि गीत का टोन जहाँ वैयक्तिक होता है, वहीं प्रबन्ध का टोन निर्वैयक्तिक होता है—कवि उसके शिल्पगत विकास से तटस्थ रहता है, उसमें हस्तक्षेप नहीं करना। वह अपना सम्प्रेष्य वक्तव्यों द्वारा कहकर नहीं, प्रकट व्यापार द्वारा उद्‌घाटित करके पाठक तक पहुँचाता है।

संक्षेप मे, नाटकीय अथवा प्रबन्धात्मक विन्यास वाली कृतियाँ इसी शर्त पर सफल और सक्षम बनती हैं कि अन्तर्वस्तु के धरातल पर कवि की संवेदना वस्तु की संवेदना में एकमेक हो जाय तथा शिल्प के धरातल पर कवि निर्वैयक्तिक तटस्थता बरते। अन्तर्वस्तु और शिल्प का यह प्रकट विरोध प्रस्तुतः द्वन्द्वात्मक एकता का पर्याय है।

आधुनिक जीवन की तनावपूर्ण स्थितियाँ मानवीय सम्बन्धों के रागात्मक

तन्तुओं को तोड़ती हैं, मानसिक तनाव और बौद्धिक दबाव उत्पन्न करती हैं। ज्वलन्त यथार्थ की भूमि पर चलने वाली कला का यथार्थवादी होना उसके जीवित रहने के लिए ज़रूरी है। प्रगतिशील कविता अभिव्यक्ति की यथार्थवादी तकनीक को अपनाती, उपजाती और विकसित करती हुई आगे आयी। इस क्रम में उसने यदि नाटकीय विन्यास को अधिक अपनाया तो यह स्वाभाविक था। निराला की कलात्मक विशेषताओं पर प्रकाश डालते हुए डॉ. रामविलास शर्मा ने नाटकीय संवाद के बारे में लिखा,"दार्शनिक स्तर पर विचार-मन्थन, भावात्मक स्तर पर मन के उद्वेग, क्या गीत और क्या लम्बी कविता—दोनों में सफलता से चित्रित होते हैं।"[6] स्पष्ट है कि नाटकीय द्वन्द्व के स्तर पर पहुँच कर गीत और प्रबन्ध दोनों के बीच की दूरी कम होती है, गीत सामाजिक सन्दर्भवत्ता के नये क्षितिज पर पहुँचते हैं।

बिम्ब और प्रतीक

अक्सर यह मान लिया जाता है कि बिम्ब और प्रतीक समानार्थक हैं क्योंकि दोनों कला को चित्रमय बनाते हैं। इसमें सन्देह नहीं कि बिम्ब और प्रतीक दोनों चित्रों और मूर्तियों की उद्‌भावना करते हैं इसलिए रचना के विषय में संक्षिप्तता और रूप में गठन एवं मूर्तता लाते हैं, लेकिन इस आधार पर दोनों को एक मान लेना संगत नहीं है। बिम्ब हमारे ज्ञान का प्राथमिक आधार हैं। बिम्ब केवल चाक्षुष नहीं होते, उन्हें शब्द, स्पर्श, रूप, रस और गन्ध के पाँच संवर्गों में विश्लेषित किया गया है। इसलिए बिम्ब हमारे संवेदनात्मक बोध के सभी रूपों, प्रकारों के मूल घटक हैं लेकिन प्रतीक हमारे संवेदनात्मक बोध से अधिक संवेदनात्मक उद्देश्य से जुड़े होते हैं। संक्षेप में, बिम्ब बाह्य जगत् से हमारे साक्षात्कार की, बाह्य जगत् को आत्मसात् करने की मूल युक्ति हैं और प्रतीक बाह्य पर आत्म का प्रक्षेपण। मूर्ति-विधान अथवा चित्र-निर्माण दोनों का मध्यवर्ती सम्बन्ध-सूचक बिन्दु है। कदाचित् इसीलिए प्रतीकात्मक रूप का दर्शन प्रतिपादित करते हुए अन्स्र्ट काज़िरेर कहते हैं कि प्रतीकों का निर्माण बिम्बों द्वारा ही किया जाता है, फिर भी दोनों के बीच एक पार्थक्य की स्थिति बनी रहती है। इसका कारण यह है कि बिम्ब स्वतःसम्भवी होते हैं जबकि प्रतीक बौद्धिक प्रयत्नों द्वारा निर्मित होते हैं।[7]

जाहिर है कि बिम्ब हमारी अन्तर्वृत्तियों से सम्पृक्त होकर अर्थ-विशेष अथवा प्रभाव-विशेष के संकेतक की भूमिका निभाने लगते हैं और इस प्रकार घनीभूत बिम्ब ही प्रतीकार्थ धारण करते हैं। दूसरे शब्दों में, अतिरिक्त आशय से गर्भित होकर बिम्ब ही प्रतीक बनते हैं। बिम्बों को यह अतिरिक्त आशय हम अपने बौद्धिक प्रयत्नों द्वारा प्रदान करते हैं इसलिए उसे बिम्बों का अलंकरण भी कहा जा सकता है। बौद्धिक उन्मेष के साथ मनुष्य की चेतना अधिक-से-अधिक वस्तुनिष्ठता की दिशा

में विकसित होती है; किन्तु प्रतीक की रचना में निहित बौद्धिक प्रयत्न वस्तुतः आत्मनिष्ठता को बढ़ाने में मददगार होता है क्योंकि इसके ज़रिये हम किसी बिम्ब पर आत्मगत भाव या विचार का प्रक्षेपण, उसका आरोपण करते हैं। बौद्धिक प्रयत्न और आत्मगत प्रक्षेपण के इस विरोधाभास से न केवल यह सिद्ध होता है कि बिम्ब और प्रतीक में द्वैत का होना स्वाभाविक है, बल्कि यह भी पता चलता है कि प्रतीक अभिव्यक्ति का स्वाभाविक माध्यम नहीं रह जाते।

प्रतीक अभिव्यक्ति के कितने अस्वाभाविक माध्यम हैं इसका अनुमान स्वयं प्रतीकवादी चिन्तक ए. एम. ह्वाइटहेड की मान्यताओं द्वारा लगाया जा सकता है। ह्वाइटहेड के अनुसार 'प्रतीक सन्दर्भ' का समुचित ज्ञान हुए बिना प्रतीकार्थ तक पहुँच पाना असम्भव है क्योंकि प्रतीक की अर्थवत्ता प्रयोगकर्ता की मनोदशा पर निर्भर है। इतना ही नहीं, किसी प्रतीक का ठीक-ठीक अर्थ पाने के लिए ज़रूरी है कि प्रयोगकर्ता की मनोदशा के उस अंश-विशेष का मूल्यांकन किया जाय जिसमें प्रतीक अर्थगर्भ हुआ है।[8] इस तरह, प्रतीक का अर्थ पाने के लिए कलाकृति मात्र का आधार पर्याप्त नहीं है, उसके लिए कवि की मनोदशाओं के गूढ़ातिगूढ़ अंशों का विश्लेषण भी आवश्यक है। उल्लेखनीय है कि प्रतीक के ये सन्दर्भ कृति में विद्यमान नहीं होते क्योंकि प्रतीकवादी कला का आदर्श है 'एक शब्द—एक प्रतीक, एक चित्र या मूर्ति; अर्थात् एक सम्पूर्णता।' स्पष्ट है कि प्रतीकवादी कला मूलतः सम्प्रेषण विरोधी और स्वभावतः साधारणीकरण विरोधी कला है।

किन्तु प्रतीक की मूलभूत शर्त है वस्तुगत पर आत्मगत का प्रक्षेपण या आरोपण। यह स्थिति आदिम मानव की जीवन-विधि का स्वाभाविक अंग थी। वह प्रतीक की ही भाषा में चीज़ों को जानता और उनके बारे में सोचता-समझता था। अभिव्यक्ति की मूल इकाई—भाषा—भी विकास की अवस्था में थी इसलिए तरह-तरह के संकेत उन प्रतीकों की अभिव्यक्ति के माध्यम थे। निम्नतर जीवों में यह स्थिति आज भी देखी जा सकती है। विभिन्न ध्वनि-संकेत, स्वर-प्रवाह की गतियाँ ही उनके प्रतीक हैं। वस्तुगत को वस्तुगत के रूप में जानना और उनके अमूर्तन से प्रत्ययों का विकास करना—यह विकसित मानव-मस्तिष्क की ही देन है। और इसका असर यह हुआ कि तरह-तरह के निरर्थक ध्वनि-प्रतीक सार्थक होकर भाषा में बदल गये। आधुनिक मनुष्य का बोध आत्मीकृत नहीं है—वह हर चीज़ को आत्मगत धरातल पर ही नहीं जानता, सप्राण और निष्प्राण का फर्क जानता है। आत्मगत चिन्तन-प्रक्रिया टूटने के बाद भी आदिम मानसिकता की भाषा को आज की अभिव्यक्ति का माध्यम बनाया जाय तो क्या इससे अभिव्यक्ति आदिम की ओर उन्मुख नहीं होगी? यह संयोग की बात नहीं है कि मध्य-युग में भी प्रतीकों पर आधारित सृजन नहीं हुआ। जहाँ हुआ वहाँ सम्प्रेषण को बाधित करने के लिए, जैसे तन्त्र-मन्त्र में। गोपनीयता

बनाये रखने के लिए गूढ़ातिगूढ़ प्रतीकों का उपयोग तन्त्र-मन्त्र को लोक-जीवन के नजदीक नहीं लाया, बल्कि उससे दूर ले गया।

बिम्ब और प्रत्यय

बिम्ब-ग्रहण की प्रक्रिया मूलतः इन्द्रियज है और इन्द्रियग्राह्य ज्ञान को शब्द, स्पर्श, रूप, रस और गन्ध के पाँच संवर्गों में विश्लेषित किया गया है। स्वभावतः कला इन्द्रियग्राह्य बिम्बों के माध्यम से संश्लिष्ट वस्तु-बोध को जितना ही मूर्त करती है, उक्त गुणों को जितनी प्रखरता से व्यक्त करती है, उसका कलात्मक मूल्य उतना ही श्रेष्ठ होता है। भाव और प्रत्यय इन प्रत्यक्ष संवेदनात्मक बिम्बों का ही आभ्यंतरीकृत प्रभाव हैं इसलिए कविता में भाव या प्रत्यय भी चित्र या बिम्ब का रूप धारण करके प्रकट होते हैं। आचार्य रामचन्द्र शुक्ल की ये पंक्तियाँ इस सन्दर्भ में पर्याप्त प्रकाश डालती हैं :

> ''ज्ञानेन्द्रियों से समन्वित मनुष्य जाति जगत् नामक अपार और अगाध रूप-समुद्र में छोड़ दी गयी है।....इसी की रूप-तंरगों से ही उसकी कल्पना का निर्माण और इसी की रूपगति से उसके भीतर विविध भावों या मनोविकारों का विधान हुआ है। सौन्दर्य, माधुर्य, विचित्रता, भीषणता, क्रूरता इत्यादि की भावनाएँ बाहरी रूपों और व्यापारों से ही निष्पन्न हुई हैं।''[9]

शुक्ल जी माधुर्य, सौन्दर्य आदि जिन गुणों को भाव या मनोविकार की संज्ञा देते हैं क्या उन्हें मधुर, सुन्दर आदि वस्तुओं के गुणों के विश्लेषण और संश्लेषण से अर्जित अमूर्त अवधाराणाएँ नहीं कहा जा सकता? वस्तुतः शुक्ल जी ने भाव या मनोविकार कहकर यह निर्देशित किया है कि अमूर्त भाव, प्रत्यय या अवधारणाएँ मूर्त जगत् के इन्द्रियगाह्य रूपों का ही परिणाम हैं और कला में उनकी अभिव्यक्ति मूर्त चित्रों द्वारा ही होती है।

बिम्ब का संवेदनात्मक आधार स्पष्ट करते हुए गिरिजा कुमार माथुर ने कहा है कि बिम्ब वस्तुजगत् के क्रियाकलापों को अपनी वर्द्धमान उँगलियों से छूकर उन्हें ग्रहण करने का पर्याय है।[10] ये वर्द्धमान उँगलियाँ हैं कवि की सर्जक कल्पानाएँ। कलात्मक बिम्ब को मूलतः कल्पनाश्रित मानने के कारण डॉ. कुमार विमल लिखते हैं, ''बिम्ब-विधान कला का क्रियापक्ष है, जो कल्पना द्वारा उत्थित होता है।'' इसी प्रसंग में बिम्ब और 'कन्सेप्ट' का अन्तर बताते हुए वे लिखते हैं : ''विचार-चित्र प्रत्याक्षाश्रित धारणाओं—'कन्सेप्ट्स' को आधार प्रदान करता है। वह अर्थग्रहण का प्रकट हरकारा होता है। किन्तु, बिम्बों का प्रत्यक्ष धारणा से कोई सीधा सम्बन्ध नहीं होता है।...उत्पादक कल्पना से हमें विचार-चित्रों की प्राप्ति होती है और पुनरुत्पादक कल्पना से बिम्बों की।''[11]

डॉ. विमल की इस मान्यता का सम्बन्ध उसी धारणा से है जिसके अनुसार बिम्ब ''पूर्वानुभूत किन्तु तत्काल अनुपस्थिति'' मनस्-चित्र है। ऐसी मिथ्या-धारणा के कारण डॉ. विमल आगे चलकर ''मानसिक बिम्ब'' की विशेषता बताते हैं कि ''अनुभूति-रंक व्यक्ति भी मानसिक बिम्बों की सृष्टि कर सकता है। मनुष्य के जीवन में कुछ ऐसे क्षण आते हैं, जिनमें अघटित अनुभूतियाँ भी बिम्ब का उपजीव्य बन जाती हैं।''[12] गौर करने की बात है कि अघटित घटनाएँ नहीं, अपघटित अनुभूतियाँ भी बिम्बों का उपजीव्य बनती हैं। वस्तुजगत् के निषेध का यह चरम रूप है। किन्तु वास्तविकता से इस सिद्धान्त की पुष्टि नहीं होती। कल्पना में आयी अनुभूतियाँ भी घटित और वास्तविक ही हैं क्योंकि कल्पना भी (यही नहीं, स्वप्न भी) वस्तुगत प्रक्रिया है। उसका गहरा सम्बन्ध वस्तुगत अनुभवों से होता है और कल्पना या स्वप्न में वैचित्र्य चाहे जितना हो, दिखते हैं वस्तुजगत् के ही रंग-रूप।

कल्पना-विलास की प्रवृत्ति कला में रूपवादी प्रेरणाओं को जन्म देती है। क्रीड़ावृत्ति या रचना-वैचित्र्य के ध्येय से प्रतिपादित इन ''काल्पनिक'' सिद्धान्तों के खतरे को देखते हुए ही गिरिजा कुमार माथुर ने कहा था कि चमत्कार के लिए प्रयुक्त बिम्ब कलात्मक नहीं होते क्योंकि वे उपमान और उपमेय में खाई पैदा करते है। फलतः बिम्ब वस्तु-छवि को अंकित करने की जगह उसे पूर्णतः मिटा देते हैं।[13] इसके विपरीत, प्रगतिशील कविता के प्रयोग वस्तु को लेकर हुए हैं इसलिए बिम्ब उसमें वस्तु के अभिव्यञ्जक हैं। मुक्तिबोध के रूपगत प्रयोगों के बारे में कवि शमशेर ने उचित लिखा है कि ''मुक्तिबोध के सारे प्रयोग विषयवस्तु को लेकर हुए है।''[14]

संक्षेप में, जहाँ ''घटित अनुभूतियाँ'' कला का विषय बनती हैं वहाँ बिम्ब संवेदनयुक्त होते हैं और उनकी कलात्मक शक्ति भी अपूर्व होती है। और जहाँ ''अघटित अनुभूतियाँ'' बिम्बों का उपजीव्य बनती है वहाँ अशक्त, निर्जीव रूपवाद विकसित होता है। कला को इन्द्रियबोध तक सीमित रखने का विरोध करते हुए डॉ. रमेश कुन्तल मेघ कहते हैं कि शुद्ध इन्द्रियबोध से उत्पन्न उद्वेलन क्षीण और क्षणिक होता है, हालाँकि ''कलाकृति की भौतिक सत्ता के ये पहले सन्देशवाहक हैं''; यह स्तर वैयक्तिक होता है इसलिए अपने इन्द्रियबोधों और संस्कारों को अधिकाधिक प्रशिक्षित करना और तीक्ष्ण बनाना सृजन को स्थायी मूल्य प्रदान करने के लिए अत्यन्त आवश्यक है।[15]

डॉ. मेघ की मान्यता का आधार यही है कि इन्द्रियबोधात्मक रूप किसी वस्तु-सत्य के उद्‌घाटन का माध्यम बनकर आयें, महज खेल या चमत्कार के ध्येय से उनका उपयोग कला को छिछला बनाता है। निश्चय ही, वही काव्य-बिम्ब सजीव-सप्राण होते हैं जिनका जागृत इन्द्रियबोध सघन भावशक्ति से प्रेरित और परिचालित होता है। इन्द्रियबोध और भावशक्ति से रहित बिम्ब चमत्कारिक चाहे जितने हों,

काव्यात्मक नहीं हो सकते। कला और कलावाद के इस नाजुक अन्तर को समझकर ही बाउमगार्तेन ने भावशक्ति पर अधिक बल देते हुए कहा था कि बिम्बों की तुलना में भाव अधिक काव्यात्मक होते है। उसके कथन का स्पष्ट आशय है कि भावात्मक शक्ति से क्षीण बिम्बों की कलात्मक क्षमता भी शून्य होती है। प्रगतिशील कविता के बिम्बों का वैशिष्ट्य यही है कि उनमें मानवीय अन्तर्वस्तु अत्यन्त सघन रूप में विद्यमान है। यह मानवीय भावशक्ति जनता के गुणों को समझने, उसके जीवन से जुड़ने और उसी की स्थिति से विचार करने का परिणाम है।

सन्दर्भ-सूची

1. ऑन लिटरेचर ऐण्ड आर्ट, पृष्ठ 12
2. नये साहित्य का सौन्दर्यशास्त्र, पृष्ठ 78-9
3. विचार-बोध, पृष्ठ 74
4. वही, पृष्ठ 76
5. वही, पृष्ठ 76
6. निराला की साहित्य साधना, खण्ड-2, पृष्ठ 290
7. फ़िलॉसफ़ी ऑफ सिंबॉलिक फॉर्म, पृष्ठ 69
8. सिंबॉलिज़्म : इट्स मीनिंग ऐण्ड इफेक्ट, पृष्ठ 15
9. रस मीमांसा, पृष्ठ 211
10. धूप के धान, 'निवेदनम्'
11. सौन्दर्यशास्त्र के तत्त्व, पृष्ठ 201
12. वही, पृष्ठ 206
13. अवन्तिका (काव्यालोचनांक, पटना, जून, 1954), पृष्ठ 248
14. चाँद का मुँह टेढ़ा है, पृष्ठ 27
15. सौन्दर्य-मूल्य और मूल्यांकन, पृष्ठ 65-66

सन्दर्भ-ग्रन्थ-सूची

Bibliography Books in English

1. *A confession, The Gospel in Brief and What I believe,* Leo Tolstoy, (Oxford University Press, London, Huimphrey Milford)
2. *Aesthetics*, Benedetto Croce, (Macmillan, London, 1922)
3. *Aesthetics and Poetics*, Yuri Barabash, (Progress Publishers, Moscow, 1977)
4. *A History of Aesthetics*, Bernard Bosanquet. (George Allen & Unwin Ltd. London; Humanities Press Inc., New York, Second Edition: 1904, Seventh Reprint : 1966)
5. *An Approach to Indian Art*, Niharranjan Ray, (Publication Bureau, Punjab University, Chandigarh, 1974)
6. *A New Theory of Beauty*, Guy Sircello (Princeton University Press, Princeton & London, 1975)
7. *Anti-Duhring*, Fredeich Engels, (Foreign Language Publishing House, Moscow, 1962)
8. *Art*, Clive Bell (Chitto & Winsus, London, 1949)
9. *Art and Human Values*, Melvin Rader & Bertram Jessup (Prentice Hall, Inc., Englewood)
10. *Art and Knowledge*, Joseph Chiari, (Paul Elek, London, 1977)
11. *Art and Society*, Adolfo Sanchez Vazqueze (Merlin Press, London, 1973)
12. *Art and Social Life*, G.V. Plekhanov, (Peoples Publishing House, New Delhi, 1953)
13. *Collected Works*: V. I. Lenin, Vol. 6, (Foreign Language Publishing

House, Moscow)
14. *Collected Works*: V. I. Lenin, Vol. 38, (Foreign Language Publishing House, Moscow)
15. *Contribution to Analytical Psychology*, C.G. Jung (Routledge & Kegan Paul, London, 1950)
16. *Creative Intuition in Art and Poetry*, Jaquais Maritain (New American Library, New York, 1974)
17. *Critique of Judgement*, Imanual Kant, (Translation : J.C. Meredith Clarendon Press, London, 1911)
18. *Culture in a Changing World*, V.J. Jerome, (New Century Publications, New York, 1947)
19. *Dialectics of Nature*, Frederich Engles (Progress Publishers, Moscow, 1966)
20. *Encyclopaedia Britanica* (Macropaedia, Vol. 1, Helen Hemingway Benton, U.S.A., 15th Edition: 1974)
21. *Feeling and Form*, Susanne K. Langer (Routledge and Kegan Paul, London, 1953)
22. *Form in Modern Poetry*, Herbert Read (Vission Press, London, Second Impression)
23. *Foundations of Marxist Aesthetics*, Avner Zis (Progress Publishers, Moscow, 1977)
24. *Fundamentals of Indian Art*, S.N. Dasgupta (Bhartiya Vidya Bhavan, Bombay, 1960)
25. *Fundamentals of Marxism-Leninisn*, O.V. Kuusinen & Others (Foreign Language Publishing House, Moscow, 1963)
26. *Further Studies in a Dying Culture*, Christopher Caudwell (The Bodly Head, London, 1950)
27. *Human Types*, Raymond Firth (New American Library, New York, 1958)
28. *Idiology and Discontent*, David E. Apter, (The Free Press, New York, 1964)
29. *Illusion and Reality*, Christopher Caudwell, (Peoples Publishing House, New Delhi, 1966)
30. *Images of Man : A Philosophical and Scientific Enquiry*, T.M.

Tomas, John B. Chettimettam (Dharamram Publications, Dharamraj College, Benglore, 1974)

Imagination, Joun Paul Sartre, (Translation Forert Williums)

31. *Introduction to Modern Political Theory*, C.E.M. Joad (Oxford, at the Clarendon Press, London, 1959)
32. *Lenin and Gorky : Letters, Reminiscences, Articles*, (Progress Publishers, Moscow, 1973)
33. *Lenin and the Problems of Literature*, Vladimir Shcherbina (Progress Publishers, Moscow, 1974)
34. *Literary Theory and Structure*, Editors : Frank Brady, John Palmer & Martin Price, (Yale University Press, New Haven & London, 1973)
35. *Literature and Marxism*, Editor : Angel Flores (India Publishers, Allahabad, 1945)
36. *Literature and Reality*, Howard Fast, (Peoples Publishing House, New Delhi, 1955)
37. *Literature in Upheaval : West German Writers and the Challenge of 1960's*, Thomas R. Hinton, Keith Bullivant, (Manchester University Press, 1974)
38. *Man : His First Million Years*, Ashley Montagu (The New American Library, New York, 1958)
39. *Marx and the Authentic Man*, Henry J. Koren (Duquense University Press, Pittsbury, 1967)
40. *Marxism and Poetry*, George Thomson, (Lawrence and Wishart, London, 1945)
41. *Marxists-Leninist Aesthetics and Life*, (Collection of Articles; (Progress Publishers, Moscow, 1976)
42. *Marxists of Literature* (An Anthology) Editor: David Graig (Penguin Books, 1975)
43. *Modern Art and the Object*, Ellen H. Johnson (Thames & Hudson, London, 1976)
44. *On Literature*, Maxim Gorky (Progress Publishers, Moscow)
45. *On Literature and Art*, A Lunacharsky, (Progress Publishers, Moscow)

46. *On Literature and Art*, K. Marx & F. Engels (Progress Publishers, Moscow, 1976)
47. *On Literature and Art*, V.I. Lenin (Progress Publishers, Moscow, 1970)
48. *On the Art of Writing,* Sir Arther Quiller Coouch, (Cambridge, The University Press, 1932)
49. *Paths of American Thought*, Editors : A. Schlesinger, M. White (Boston, 1963)
50. *Patterns of Culture*, Ruth Benedict (New American Library, New York, 1951)
51. *Perspectives in Education*, Religion and the Arts, Editors : Howard E. Kiefe & Milton K. Munitz (State University of New York Press, Albany, Yew York, 1970)
52. *Philosophies of Beauty*, Selected and Edited by : E.F. Carritt (Oxford, At the Clarendon Press, Great Britain, 1931)
53. *Philosophy of Symbolic Form*: Earnst Cassirer (Translated by Ralph Manheim, New Haven, London, 1953)
54. *Poetic Craft and Principles*, Robert Graves, (Cassell, London, 1967)
55. *Poverty of Philosophy*, Karl Marx (Progress Publishers, Moscow, 1973)
56. *Primitive Art*, Leonard Adam, (Penguin Books, Melbourn, London, Baltimore)
57. *Principles of Literary Criticism*, I.A. Richards, (Routledge & Kegan Paul Ltd., London, 1967)
58. *Problems of Art*, Sussanne K. Langer (Scribners, New York, 1957)
59. *Problems of Modern Aesthetics* (Collection of Articles, Progress Publishers, Moscow, 1969)
60. *Psychoanalytic Exploration in Art*, Ernst Cris (International University Press, New York, 1952)
61. *Roger Fry*, Virginia Woolf (Harcourt, Brace, New York, 1940)
62. *Science and Common Man*, James J. Conant, (Yale University Press, New Haven, 1951)
63. *Science and Criticism*, Herbert Muller, (Yale University Press,

New Haven, 1943)

64. *Selected Literary Essays*, C.S. Lewis, Editor: Walter Hooper (Cambridge University Press, 1969)
65. *Selected Writing (Poetry and Criticism)*, Herbert Read, (Forewarded by Allen Tate, Fabre and Fabre, London, 1963)
66. *The Sense of Beauty*, George Santayana, (Dover Publications, New York, 1955)
67. *Social Roots and Arts*, Lovis Harap (International Publishers, New York, 1949)
68. *Studies and Further Studies in a Dying Culture*, Christopher Caudwell (Monthly Review Press, Paperback Edition, U.S.A., 1972)
69. *Symbolism: Its Meaning and Effect*, A.N. White head (Cambridge University Press,1928)
70. *The Arts and the Art of Criticim*, T.M. Greene, (Princeton University Press, U.S.A., 1965)
71. *The Creative Process*, (A Symposium) Edited and Translated by : Brewster Ghiselin (New American Library, New York & Toranto, 1952)
72. *The Descent of Man*, Charles Darwin (A.L. Burt, New York)
73. *The Economic and Philosophical Manuscripts of 1844*, Karl Marx (International Publishers, New York, 1964)
74. *The End of Idiology Theory : Illusions and Reality.* L.M. Moskvichov, (Progress Publishers, Moscow, 1974)
75. *The Fundamentals of Marxist-Leninist Philosophy*, F.V. Konstantinov & Others, (Progress Publishers, Moscow, 1974)
76. *The Growth of Sociability*, H.R. Schaffer, (Penguin Books, 1971)
77. *The Indian Society*, R.P. Saraf (Progressive Studies, Kashmir, 1974)
78. *The Meaning of Art*, Herbert Read (Fabre and Fabre Ltd., London, Third Edition,Reprint: MCM (XII)
79. *The Meaning of Beauty*, W.T. Stace (The Cayme Press, London, 1929)
80. *The Meaning of Meaning*, C.K. Ogden & I.A. Richards (Routledge & Kegan Paul, London, 1950)

81. *The Origin of Life*, A.I. Oparin (Foreign Language Publishing House, Moscow, 1955)
82. *The Pleasures of Philosophy*, Will Durant, (Simon and Schuster, New York, 1953)
83. *The Psychology of Imagination*, Jean Paul-Sartre (Washington Square Press, New York, 1966)
84. *The Quest For Beauty*, James L. Jarret, (Prentice Hall, New York, 1957)
85. *The Renaissance*, Walter Peter (Macmillon, London, 1894)
86. *The Response to Poetry*, Dr. G.B. Mohan, (Peoples Publishing House, New Delhi, 1968)
87. *The Writer's Creative Individaulity and the Development of Literature*, M. Khrapchenko (Progress Publishers, Moscow, 1977)
88. *What is Literatures*, Jean Paul-Sartre, (Macmillon, London, 1950)
89. *Work and the Brain*, Prof. Yuri Forlov (Foreign Language Publishing House, Moscow)
90. *Writer and Critic*, George Lucacs (Edited and Translated by : Prof. Arthur Kahn, Merlin Press, London, 1970)

हिन्दी ग्रन्थ सूची

1. *अपने-अपने अजनबी*, स. ही. वात्स्यायन 'अज्ञेय' (भारतीय ज्ञानपीठ, काशी, 1961)
2. *अशोक के फूल*, आचार्य हजारी प्रसाद द्विवेदी (सस्ता साहित्य मंडल, नयी दिल्ली, 1950)
3. *आज के लोकप्रिय हिन्दी कवि : अज्ञेय*, सं. विद्यानिवास मिश्र, (राजपाल एंड संस, दिल्ली, 1963)
4. *आत्मनेपद*, स. ही. वात्स्यायन 'अज्ञेय' (भारतीय ज्ञानपीठ, काशी, 1960)
5. *आधुनिक हिन्दी साहित्य*, स. ही. वात्स्यायन 'अज्ञेय' (राजपाल एंड संस, दिल्ली 1976)
6. *आस्था और सौन्दर्य*, डॉ. रामविलास शर्मा (किताब महल, इलाहाबाद, 1983 शकाब्द)
7. *उपन्यास और लोकजीवन*, राल्फ फाक्स (अनुवादक : नरोत्तम नागर, पीपुल्स पब्लिशिंग हाउस, नयी दिल्ली 1957)
8. *ऋग्वेदिक आर्य*, (ऐतिहासिक और सांस्कृतिक अध्ययन) राहुल सांकृत्यायन,

(किताब महल, इलाहाबाद, दिल्ली, 1957)
9. *ऐतिहासिक भौतिकवाद*, प्रो. व. केल्ले, प्रो. म. कोआलजोन, (अनु. अली अशरफ, प्रगति प्रकाशन, मास्को, 1974)
10. *कम्युनिस्ट पार्टी का घोषणापत्र*, मार्क्स-एंगेल्स, (प्रगति प्रकाशन, मास्को)
11. कला और संस्कृति, सुमित्रानन्दन पन्त (किताब महल, इलाहाबाद, 1965)
12. *काव्य बिम्ब*, डॉ. नगेन्द्र (नेशनल पब्लिशिंग हाउस, दिल्ली)
13. *काव्य में उदात्त-तत्त्व*, सम्पादक : डॉ. नगेन्द्र, नेमिचन्द्र जैन, (राजपाल एंड संस, दिल्ली 1958)
14. *गोदान*, प्रेमचन्द, (सरस्वती प्रेस, इलाहाबाद, 1970)
15. *चाँद का मुँह टेढ़ा है*, ग. मा. मुक्तिबोध (भारतीय ज्ञानपीठ प्रकाशन, वाराणसी, 1965)
16. *दर्शन, साहित्य और आलोचना*, बेलिंस्की, हर्जन, चेर्नीशेव्स्की, दोबोल्युबोव (अनुवादक : नरोत्तम नागर, पीपुल्स पब्लिशिंग हाउस, नयी दिल्ली, 1980)
17. *द्वन्द्वात्मक और ऐतिहासिक भौतिकवाद की सरल रूपरेखा*, व.अ.कापूशिन, व.य.वोगुस्लाव्स्की, अ.इ.रकीतोव, ग.इ.एज़रिन, व.ए.वर्तीखिन (अनुवादक : बुद्धिप्रसाद भट्ट, प्रगति प्रकाशन, मास्को, 1977)
18. *धूप के धान* गिरिजा कुमार माथुर (भारतीय ज्ञानपीठ प्रकाशन, काशी, 1955)
19. *ध्वन्यालोक लोचन* (अनुवादक : जगन्नाथ पाठक, चौखम्भा, विद्याभवन, वाराणसी, 1965)
20. *नये साहित्य का सौंदर्यशास्त्र*, ग. मा. मुक्तिबोध, (राजकमल प्रकाशन, दिल्ली, पटना, 1972)
21. *नयी कविता का आत्म संघर्ष तथा अन्य निबन्ध*, ग. मा. मुक्तिबोध, (विश्व भारती प्रकाशन, नागपुर, 1964)
22. *निराला की साहित्य साधना, खण्ड-2*, डॉ. रामविलास शर्मा (राजकमल प्रकाशन, दिल्ली, पटना, 1972)
23. *पाश्चात्य साहित्यालोचन के सिद्धान्त*, लीलाधर गुप्त (हिन्दुस्तानी एकेडमी, इलाहाबाद, 1952)
24. *प्रस्तुत प्रश्न*, जैनेन्द्र (पूर्वोदय प्रकाशन, दिल्ली, 1953)
25. *फूल नहीं, रंग बोलते हैं*, केदारनाथ अग्रवाल (परिमल प्रकाशन, इलाहाबाद, 1965)
26. *भारत : आदिम साम्यवाद से दास-प्रथा तक का इतिहास*, श्रीपाद अमृत डांगे, (पीपुल्स पब्लिशिंग हाउस, 1978)

27. *भारतीय सौन्दर्यशास्त्र की भूमिका*, डॉ. नगेन्द्र (नेशनल पब्लिशिंग हाउस, नयी दिल्ली, 1974)
28. *भाषा और समाज*, डॉ. रामविलास शर्मा (पीपुल्स पब्लिशिंग हाउस, नयी दिल्ली, 1961)
29. *मनोविश्लेषण और मानसिक क्रियाएँ*, डॉ. पद्मा अग्रवाल, (मनोविज्ञान प्रकाशन, 1955)
30. *मानव-मूल्य और साहित्य*, डॉ. धर्मवीर भारती (भारतीय ज्ञानपीठ, काशी, 1966)
31. *मिथक और यथार्थ*, डी.डी. कोसाम्बी (अनुवादक : नन्दकिशोर 'नवल', मैकमिलन कं. ऑफ इंडिया लि., 1976)
32. *रस-मीमांसा*, आ. रामचंद्र शुक्ल, (स्वंवत् 2006, नागरी प्रचारिणी सभा, काशी, चतुर्थ संस्करण 2023)
33. *रस-सिद्धान्त और सौन्दर्यशास्त्र*, डॉ. निर्मला जैन (नेशनल पब्लिशिंग हाउस, दिल्ली, 1967)
34. *राजनीतिक अर्थशास्त्र की आलोचना में योगदान*, कार्ल मार्क्स (अनु. गिरीश मिश्र, पीपुल्स पब्लिशिंग हाउस, नयी दिल्ली, 1977)
35. *लिंकन-वाणी*, (मूल सन्दर्भों से सच्चिदानन्द वात्स्यायन द्वारा अनूदित, इंडियन प्रेस, पब्लिकेशंस, इलाहाबाद, 1959)
36. *लिखि कागद कोरे*, स. ही. वात्स्यायन 'अज्ञेय' (राजपाल एंड संस, दिल्ली, 1972)
37. *लोकजीवन और साहित्य*, डॉ. रामविलास शर्मा (विनोद पुस्तक मन्दिर, आगरा, 1955)
38. *विचार-बोध*, केदारनाथ अग्रवाल (परिमल प्रकाशन, इलाहाबाद, 1980)
39. *शुद्ध कविता की खोज*, रामधारी सिंह 'दिनकर' (उदयाचल, पटना, 1966)
40. *संकलित रचनाएँ*, भाग-1, ब्ला. इ. लेनिन (प्रगति प्रकाशन, मास्को, 1974)
41. *संकलित रचनाएँ*, भाग-2, ब्ला. इ. लेनिन (प्रगति प्रकाशन, मास्को)
42. *समय-समय पर*, केदारनाथ अग्रवाल (परिमल प्रकाशन, इलाहाबाद, 1970)
43. *समाजवादी विचारधारा और संस्कृति*, ब्ला. इ. लेनिन (प्रगति प्रकाशन, मास्को)
44. *समीक्षा-शास्त्र*, साहित्याचार्य पं. सीताराम चतुर्वेदी (अखिल भारतीय विक्रम परिषद, काशी)
45. *सहचिन्तन*, अमृतराय (सर्जना प्रकाशन, इलाहाबाद, 1967)
46. *साहित्य और कला*, भगवतशरण उपाध्याय (आत्माराम एंड संस, दिल्ली 1977)

47. *साहित्य दर्पण,* बिमला टीका, शालग्राम शास्त्री (मोतीलाल बनारसीदास, पटना, 1961)
48. *साहित्य-सिद्धान्त,* रेनेवेलेक और आस्टिन वारेन (अनुवादक : बी.एस. पालीवाल, लोकभारती प्रकाशन, इलाहाबाद)
49. *साहित्य : स्थायी मूल्य और मूल्यांकन,* डॉ. रामविलास शर्मा (अक्षर प्रकाशन, दिल्ली, 1968)
50. *साहित्यालोचन,* डॉ. श्यामसुन्दर दास (इंडियन प्रेस, इलाहाबाद, 1973)
51. *सौन्दर्य-मीमांसा,* इमेनुएल कांट (अनु. रामकेवल सिंह, किताब महल, इलाहाबाद, 1964)
52. *सौन्दर्य-मूल्य और मूल्यांकन,* डॉ. रमेशकुन्तल मेघ (गुरु नानक युनिवर्सिटी, अमृतसर, 1975)
53. *सौन्दर्य शास्त्र के तत्त्व,* डॉ. कुमार विमल (राजकमल प्रकाशन, दिल्ली, पटना, 1967)
54. *श्रीमद्भागवत्गीता,* (गीता प्रेस, गोरखपुर)

Journals in English

1. American Sociological Review (New York)
2. The Journal of Aesthetics and Art Criticism
3. The Times of India, New Delhi

हिन्दी पत्र-पत्रिकाएँ

1. आन्तिका (पटना)
2. आलोचना (दिल्ली)
3. मुक्तधारा (नयी दिल्ली)
4. हंस (बनारस)

❑❑